JOHANNES EHRMANN

SÖHNE

DER

FREIHEIT

Eine deutsche Einwandererfamilie und
die Gründung der Vereinigten Staaten

Klett-Cotta

Klett-Cotta
www.klett-cotta.de
© 2023 by J. G. Cotta'sche Buchhandlung Nachfolger GmbH,
gegr. 1659, Stuttgart
Alle Rechte vorbehalten
Cover: Rothfos & Gabler, Hamburg
unter Verwendung einer Abbildung von © Wikimedia:
Washington Crossing the Delaware von Emanuel Leutze, 1851
Gesetzt von Dörlemann Satz, Lemförde
Gedruckt und gebunden von GGP Media GmbH, Pößneck
ISBN 978-3-608-98718-8
E-Book ISBN 978-3-608-12145-2

Bibliografische Information der Deutschen Nationalbibliothek
Die Deutsche Nationalbibliothek verzeichnet diese Publikation
in der Deutschen Nationalbibliografie; detaillierte bibliografische
Daten sind im Internet über http://dnb.d-nb.de abrufbar.

Do I contradict myself?
Very well then I contradict myself,
(I am large, I contain multitudes.)
Walt Whitman

Immigrants – we get the job done.
Lin-Manuel Miranda

INHALT

PROLOG
DUNKELHÄUTIGE DEUTSCHE

Wer den Leuten erzählt, dass er ein Buch über die deutschen Gründer der Vereinigten Staaten schreibt, bekommt fast immer die gleiche Reaktion: *Ah, interessant. Wäre das Deutsche nicht mal um ein Haar offizielle Landessprache geworden? Stimmt das eigentlich?* Über 42 Millionen US-Bürgerinnen und -Bürger beriefen sich beim *Community Survey* des Zensusbüros im Jahr 2021 auf eine deutsche Herkunft, das sind 12,7 Prozent der Bevölkerung. Zur Zeit der Amerikanischen Revolution 1776 war der Anteil der deutschen Migranten in den dreizehn Kolonien nur unwesentlich geringer, er wird auf zehn Prozent geschätzt. Was heute also die spanischsprachigen Lateinamerikaner sind, die Latinos oder Hispanics, waren damals die Deutschen: die größte nicht-englischsprachige Gruppe einer englisch dominierten Gesellschaft.

Eine rasant wachsende Minderheit, insbesondere in Pennsylvania, wo sie im 18. Jahrhundert wohl mehr als ein Drittel der Bevölkerung ausmachte. Außerhalb Philadelphias, »in diesem waldreichen Pennsylvanien«, hatten sich bereits 1683, kurz nach Gründung der Kolonie, 13 Familien von Religionsflüchtlingen aus Krefeld angesiedelt und ein erstes deutsches Städtlein in Amerika gegründet: Germantown.

Sie waren Quäker und Mennoniten, eingeladen vom ebenfalls religiös unterdrückten Engländer William Penn. Ihnen folgten alle möglichen Glaubensgruppen: Lutheraner, Herrnhuter, Tunker, auch die heutige Touristenattraktion, die Amische, eine radikale Gruppe von Anabaptisten. Bald aber, spätestens mit der großen deutschen Migrationswelle der 1740er und 1750er Jahre, kamen bereits vorwiegend, wie man heute sagen würde, Wirtschaftsflüchtlinge. Menschen auf der Suche nach einer neuen Chance, einem besseren Leben. Im feudal organisierten Deutschland, damals ein Flickenteppich Hunderter unterschiedlicher Fürstentümer und Grafschaften, gab es gerade für die einfachen Leute viele Gründe, unzufrieden zu sein. Dazu gehörten Frondienste ebenso wie Perspektivlosigkeit durch das Erbteilrecht, verpflichtender Militärdienst, Willkür und Drangsalierung durch die Herrschenden sowie teils sehr hohe Steuern und Abgaben. Auch in Nordamerika mochte das Leben »beschwerdt« sein, wie ein 1711 ausgewanderter Deutscher nach Hause schrieb, doch war die Steuerlast in Pennsylvania im Vergleich so gering, »daß mancher mehr im zapfhauß verdrinkt auf einmahl, denn des Jahres Tax ist«.

Nicht nur Pennsylvania, auch andere Kolonien wie Maine, Massachusetts oder North Carolina warben deutsche Siedler an. Die allermeisten Deutschen aber kamen in Philadelphia an – zunächst fast ausschließlich aus dem südwestdeutschen Raum, aus dem Rheinland, der Pfalz, Rheinhessen und Württemberg stammend, später auch aus anderen Regionen wie Hamburg oder dem Hannoverschen. Meist waren sie zwischen 20 und 40 Jahre alt, etwas häufiger Männer als Frauen, oft Kleinbauern und Handwerker aller Art, die in Amerika in allen möglichen Gewerken Arbeit fanden – als Weber, Schumacher, Schmiede, Fleischer, Bäcker, Fassbinder, Drucker oder Schiffbauer. Sehr oft auch als Farmer, freie Bauern, sobald ein eigenes Stück Land außerhalb Philadelphias für sie erschwinglich wurde.

Bis zum Ausbruch der Revolution waren etwa 110 000 Deutsche und deutschsprachige Schweizer in den englischen Kolonien angekommen, zusammen mit ihren Nachkommen machten sie im Jahr 1776 etwa eine Viertelmillion Menschen aus. Das blieb nicht ohne Folgen in der Kolonialgesellschaft. Der stetige Zustrom an Fremden hatte schon bald nach dem Tod William Penns im Jahr 1718 für Argwohn gesorgt – und für konkrete, steuernde Maßnahmen. Man ließ die deutschen Neuankömmlinge noch auf den Schiffen in Listen eintragen und sie als Erstes einen Treueeid auf den englischen König schwören. Durch strategische Ziehung der Wahlbezirke marginalisierte man sie politisch.

Die Deutschen, das waren die Anderen, Bürger zweiter Klasse, von den Englischstämmigen misstrauisch beäugt. Man hielt sie für ignorante Trampel, belächelte ihren legendären Geiz und ihre seltsamen Manieren. Mussten sie denn auch so viel Bier trinken und Kraut und Schweinefleisch in sich hineinstopfen? Mussten sie so laut und so sichtbar sein, dass sie gleich ganze Stadtviertel übernahmen? Wenn das so weiter ging, würden sie Pennsylvania, von Engländern gegründet, noch »germanisieren statt dass wir sie anglisieren«, wie Benjamin Franklin bereits 1751 unkte. »Sie haben eine deutsche Zeitung und eine halbdeutsche«, bemerkte Franklin zwei Jahre später,

»Werbeanzeigen … werden nun auf Deutsch und Englisch gedruckt; die Schilder in unseren Straßen tragen Inschriften in beiden Sprachen und mancherorts nur Deutsch.« Das Deutsche als Landessprache? Für den einflussreichen Drucker, Politiker und späteren Gründervater Franklin war das, zumindest für eine Weile, ein realistisches Szenario.

Die xenophobe Hysterie um die deutsche »Otherness« nahm teils groteske Züge an, als Franklin ihnen in einem 1755 veröffentlichten Aufsatz sogar das Weißsein absprach. Die Deutschen hätten – wie die meisten Kontinentaleuropäer – »generell eine Hautfarbe, die wir dunkelhäutig *(swarthy)* nennen«, erklärte Franklin. Die einzige Ausnahme bildeten die Sachsen, die mit den von ihnen abstammenden Engländern oder Angelsachsen »den Hauptteil Weißer Menschen auf der Erde« ausmachten.

Auch diese Ressentiments durch die angloamerikanische Elite müssen wir mitdenken, wenn wir die rasche Assimilation der Deutschen sehen, die oftmals gleich als Erstes ihre Nachnamen verenglischten, ihre Umlaute strichen und deutsche durch englische Laute ersetzten: Aus Huber wurde so etwa Hoover, aus Gräf wurde Graff, aus dem deutschen Müller der englische Miller.

Trotz allem aber versprach das Leben gerade im vergleichsweise diversen und demokratischen Pennsylvania, *»the best poor man's country«*, wie es hieß, ein deutlich besseres zu sein als in der alten Heimat. Wenn man denn erst einmal da war. Die Überfahrt von Europa konnte lebensgefährlich sein, nicht selten brach an Bord der Atlantiksegler das »Schiffsfieber« aus, meist Ruhr, Typhus oder Pocken, übertragen durch verdorbenes Trinkwasser, Ungeziefer oder die Atemluft unter Deck. Mitunter war das Wasser in den modrigen Holzfässern schon bald nach Ablegen »sehr schwarz, dick und voller Würmer«, wie ein Deutscher mit Grausen berichtete. Wenn die Passage etwa wegen schlechter Winde zu lange dauerte, gingen Vorräte und das Trinkwasser aus. Ein Schreckensbeispiel war die Fahrt der »Good Intent«, die im Herbst 1751 nicht in Philadelphia anlanden konnte, weil der Delaware River bereits zugefroren war. Als nach Monaten der Irrfahrt im Juni 1752 endlich der Bestimmungshafen erreicht war, hatten von 200 Passagieren nur 19 überlebt. »Only a few left«, notierte man lapidar in der Passagierliste.

Als der lutherische Pastor Heinrich Melchior Mühlenberg Ende November 1742 mit einem der letzten Schiffe der Saison in Philadelphia ankommt, ist er mit 31 Jahren im typischen Auswandereralter. Drei Lutheranergemeinden in Pennsylvania, mehr schlecht als recht organisiert, haben in Deutschland dringend um einen ordentlichen Geistlichen nachgesucht. Mühlenberg, noch ledig und kinderlos, jedoch bereits mit Gemeindeerfahrung, ist nun von seinen Vorgesetzten entsandt worden.

Mühlenberg und die deutsch-amerikanische Familie, die er in den folgenden 45 Jahren gründen wird, das sind die Hauptfiguren dieser Geschichte. Ein Mensch der alten Welt, der zum Zeitzeugen der Zeitenwende wird. Ein Deutscher mit Zuwanderungsgeschichte, der zunächst vor den gleichen Aufgaben steht wie alle Migranten – der sich auf eine ihm völlig fremde Kultur und Sprache einstellen muss, der in den unfertigen Provinzen aus dem Nichts einen Geltungsbereich aufzubauen sucht, sich einen Namen machen will. Eine automatische Autorität als Geistlicher wie im Deutschland seiner Zeit ist Mühlenberg in Nordamerika nicht. Es gilt hier der Sinnspruch:

»Pennsylvania ist ein Himmel für Farmer, ein Paradies für Handwerker und eine Hölle für Offizielle und Prediger.« Die Organisation ist laxer. Das Klima, die Gesellschaftsstruktur, die langen Wege, alles scheint hier anders als in Kontinentaleuropa zu sein. Selbst die Zeitrechnung ist zunächst noch eine andere, Englands Domäne lebt noch nach »altem Stil« im Julianischen Kalender, während in Deutschland schon der genauere, Gregorianische, eingeführt ist. Erst 1752 zieht schließlich England nach und überspringt im September ganze elf Tage, inklusive Mühlenbergs 41. Geburtstag. Den 31. hatte er auf dem Atlantik verbracht.

Doch der Pastor ist anpassungsfähig, ein Sprachtalent und Menschenfänger. Innerhalb der deutschen Gemeinde in Amerika steigt er rasch zur Führungsfigur auf, wird kirchenväterliche Respektsperson. Spätere Lutheraner-Generationen werden ihn den Patriarchen nennen. Und natürlich ist es verlockend, seine Geschichte, sein Hadern mit der beginnenden Revolution, die seine Kinder bald mitreißt, heute eben auch so zu lesen: als die eines alternden, europäischen Mannes, der die Welt nicht mehr versteht. Eine Welt, die um ihn herum noch einmal ganz neu gedacht, ganz »neu begonnen« wird, wie es der amerikanische Revolutionär Thomas Paine formuliert.

Schockwellen gehen durch die pietistische Familie: Zwei von Mühlenbergs Söhnen verlassen in der Revolution ihre Priesterämter und beschließen, der neu entstehenden Nation zu dienen, als Militärs, als Politiker. Das ist der eigentliche Skandal, der Riss im Weltbild des Vaters: Seine Kinder kehren ihrer gottgegebenen Berufung den Rücken, *seiner Kirche*, und versündigen sich damit vor Gott, dem Vater. Währenddessen entfremdet sich Mühlen-

berg selbst immer mehr von seinen Autoritäten im weit
entfernten Europa, denen er zuvor mit kindlicher Demut
begegnet ist. Eine Selbstermächtigung auf mehreren Ebe-
nen also.

Heinrich Mühlenberg ist der wortmächtigste und ein-
flussreichste Deutsche in Nordamerika. Akribisch führt
er über 45 Jahre hinweg ein tägliches Journal und eine er-
schöpfende Korrespondenz. Seine Schriften bilden einen
Großteil der Quellen für dieses Buch. Doch für das Pa-
norama der Zeit braucht es auch die anderen Stimmen
aus Gesellschaft und Familie, all der Söhne und Töchter
der Freiheit. Gerade die weibliche Perspektive ist essen-
tiell, wird sie auch, wie bei allen Darstellungen der Zeit,
durch die äußerst dünne Quellenlage erschwert. Doch
natürlich haben die Frauen des 18. Jahrhunderts Einfluss
und *agency*, sie sind Teil der Geschichte, formen sie mit.
Seinen schnellen Aufstieg hat Heinrich Mühlenberg nicht
zuletzt seiner Heirat mit Anna Maria Weiser zu verdanken,
deren Vater Conrad Weiser Chefdolmetscher und Diplomat der Kolonien bei den indigenen Stämmen der Region
ist.

Es ist Anna Marias guter Name, das politische Netzwerk ihrer Familie, das den Weg des Pastors ebnet. Ohne
ihre Mitgift und ein späteres üppiges Erbe wäre die finanzielle Situation der wachsenden Familie – bald sind elf
Kinder geboren, sieben von ihnen werden erwachsen –
noch prekärer gewesen als ohnehin schon. Anna Maria
ist es, die nicht nur den Haushalt schmeißt und bei stän-
diger Abwesenheit ihres Mannes die Kinder großzieht, sie
kümmert sich auch um die Finanzen des Hausstandes,
verwaltet das Erbe ihres Vaters selbst. Mühlenberg, der
große Prediger, versteht nicht viel vom Wirtschaften.

Die Frauen sind es, die während der Revolution, die vor allem ein jahrelanger, zermürbender Bürgerkrieg ist, an der Heimatfront die Hauptlast der Mühen tragen und inmitten von rasender Inflation, Güterknappheit und zusammengebrochener Handelswege mit höchstem Einsatz das Leben managen. Sicher, rein äußerlich schien die Macht klar verteilt. Die Politik war ebenso wie die Geschäftemacherei Männersache. Und doch finden sich allerorten Beispiele, wo die alte Hierarchie bereits aufgebrochen wird, wo Frauen die Geschäfte ihrer verstorbenen Männern übernehmen und eigenmächtig fortführen. Frauen wie Clementina Rind aus Williamsburg, die 1776 die *Virginia Gazette* betreibt und dort über die frührevolutionären Komitees der abtrünnigen Kolonie berichtet.

Aus all diesen Stimmen soll die Innenperspektive eines revolutionären Umbruchs entstehen, ein Bild der Jahre, in denen eine diverse und oft widersprüchliche Gesellschaft sich unter großen Mühen eine Verfassung gab, die bis heute nur leicht verändert in Kraft ist, als ein Ideenkonstrukt entworfen wurde, ein politisch-gesellschaftliches System, das in bald 250 Jahren der Prototyp für viele Weiterentwicklungen weltweit geworden ist – nicht zuletzt in Deutschland. Es war dabei das Ziel, die vorliegende wahre Geschichte möglichst nahbar zu erzählen, auf Fußnoten wurde daher verzichtet, verwendete Quellen, Literatur und Archive sind im Anhang belegt. Eine Erzählung über die Kolonialzeit muss sich deren Begrifflichkeiten stellen. Von den Indigenen Amerikas ist dabei nur dort als Indianer die Rede, wo die Schilderung besonders dicht an den historischen Figuren bleibt. In einem Zitat wird außerdem das N-Wort wiedergegeben (Kapitel »Am Ohio«).

Die Mühlenbergs stehen als Familie stellvertretend für Zehntausende von deutschen Einwanderern in Amerika. Zwei Mühlenberg-Kinder saßen im ersten Kongress und entschieden wegweisende Abstimmungen der noch jungen Republik. Sie übten einen derart starken Einfluss auf die deutschstämmige Wählerschaft aus, dass sie bei Präsidentschaftswahlen wie der »Revolution von 1800« das Zünglein an der Waage waren – im Schlüsselstaat, der Pennsylvania damals schon war.

Als ethnische Minderheit sind sie – wie Iren, Schweden und andere – eben keine Marionetten, die bloß von der englischen Elite mitgezogen werden, sondern Akteure mit Bewusstsein und Agenda. Die Deutschen mögen vielleicht nicht die Ideen formulieren, auf denen der amerikanische Aufbruch in die Moderne basiert, doch sie sind definitiv deren Mitträger. Sie sitzen, wenn nicht direkt in der obersten Schaltzentrale der Macht, dann aber sehr wohl im Maschinenraum. Sie legen sich ins Zeug, setzen ihr Leben ein, sind nicht wegzudenken aus dieser Story, die oft genug als anglo-zentristische Heldengeschichte erzählt worden ist.

Überall stoßen wir auf die blinden Flecken dieser Erzählung. Hätte es das Boston Massacre gegeben, ohne dass zwei Wochen zuvor ein deutscher Schuljunge von einem Königstreuen bei einem Tumult in Boston getötet worden wäre? Wäre die bewaffnete Revolution ohne die deutschen Scharfschützen bereits vor den Toren von Boston 1775 im Keim erstickt worden? Es ist unmöglich zu sagen. Wichtig ist es, um diese Stränge zu wissen, um die Beteiligung nicht-englischer Migranten, deren Handlungsraum und Bedeutung. Weil es den Blick auch auf die Gegenwart schärft, denn um die Frage, wie viel »Fremdheit« eine Gesellschaft, eine nationale Erzählung, verträgt, wird auch heute noch bitter gestritten – in Deutschland wie in den USA.

Fast sieben Millionen Deutsche sind in die heutigen
Vereinigten Staaten migriert. Anfangs hat die herrschende
Elite auf sie herabgeblickt. Sie waren die »*swarthy Germans*«, Neuankömmlinge mit dunkler Hautfarbe, *Aliens*,
so sah sie jedenfalls die englische Mehrheit. Doch das
Gerede vom mehrheitlich »weißen Amerika«, an das sich
nicht wenige bis heute klammern, war immer schon ein
haltloses Konstrukt. Eine Legende, wie die von der eingangs erwähnten Abstimmung über das Deutsche als Landessprache. Die sogenannte Mühlenberg-Legende. Frederick Mühlenberg, der Sohn des Pastors, soll im Kongress
mit seiner Stimme das Deutsche als Amtssprache verhindert haben. Ausgerechnet er – der deutsche Einwanderersohn. Dabei gibt es bis heute gar keine Amtssprache in
den Vereinigten Staaten. Das Englische hat sich schlicht
als Gebrauchssprache durchgesetzt, es hat sich, nun ja:
eingebürgert.

»Je schneller die Deutschen Amerikaner werden, desto
besser«, so soll Mühlenberg seine anti-deutsche Stimme
begründet haben. Das ist die Moral der (erfundenen) Geschichte: Der gute Deutsche, der sich für seine Unterordnung entschieden hat, gegen die eigene Herkunft und für
die Assimilation.

Einmal, Anfang der 1970er Jahre, fiel die Wochenzeitung DIE ZEIT auf die Story herein. Eine Richtigstellung
wurde gedruckt. »Wenn man es sich aber genauer überlegt, so ist die Geschichte ja völlig unmöglich«, befand
dort der Historiker und Schriftsteller Golo Mann. »Die alten Kolonien im Osten waren ganz englisch, und englisch

war die Revolution der 1770er und 80er Jahre … Sich etwa Jeffersons ›Unabhängigkeitserklärung‹ in deutscher Sprache vorzustellen – völlig unmöglich.« Gerade mit diesem Beispiel aber hätte er nicht falscher liegen können, wie wir sehen werden.

I.
GOTT WIRD AMERIKANER
1776/77

Im Congreß, den 4ten July, 1776.

Eine Erklärung
durch die Repräsentanten der
Vereinigten Staaten von America,
im General-Congreß versammlet.

Wenn es im lauf menschlicher Begebenheiten für ein Volk nöthig wird die Politischen Bande, wodurch es, mit einem andern verknüpft gewesen, zu trennen, und unter den Mächten der Erden eine abgesonderten und gleiche Stelle einzunehmen, wozu selbige die Gesetze der Natur und des GOttes der Natur berechtiget; so erfordern Anstand und Achtung für die Meinungen des menschlichen Geschlechts, daß es die Ursachen anzeige, wodurch es zur Trennung getrieben wird.

Wir halten diese Wahrheiten für ausgemacht, daß alle Menschen gleich erschaffen worden, daß sie von ihrem Schöpfer mit gewissen unveräußerlichen Rechten begabt worden, worunter sind leben, Freyheit und das Bestreben nach Glückseligkeit. Daß zur Versicherung dieser Rechte Regierungen unter den Menschen eingeführt worden sind, welche ihre gerechte Gewalt von der Einwilligung der Regierten herleiten; daß sobald einige Regierungsform diesen Endzwecken verderblich wird, es das Recht des Volks ist sie zu verändern oder abzuschaffen, und eine neue Regierung einzusetzen, die auf solche Grundsätze gegründet, und deren Macht und Gewalt solchergestalt gebildet wird, als ihnen zur Erhaltung ihrer Sicherheit und Glückseligkeit am schicklichsten zu seyn dünket. Zwar gebietet Klugheit, daß man langer Zeit her eingeführte Regierungen nicht um leichter und vergänglicher Ursachen willen verändern werden sollte; und demnach hat die Erfahrung von jeher gezeigt, daß Menschen, so lange das Uebel noch zu ertragen ist, lieber leiden und dulden wollen, als sich durch Umstossung solcher Regierungsformen, zu denen sie gewöhnt sind, selbst Recht und Hülfe verschaffen. Wenn aber eine lange Reihe von Mißhandlungen und gewaltsamen Eingriffen, auf einen und eben den Gegenstand unablaßig gerichtet, einen Anschlag an den Tag legt sie unter unumschränkter Herrschaft zu bringen, so ist es ihr Recht, ja ihre Pflicht, solche Regierung abzuwerfen, und sich für ihre zukünftige Sicherheit neue Gewähren zu verschaffen. Dies war die Weise, wie die Colonien ihre Leiden geduldig ertragen; und so ist jetzt die Nothwendigkeit beschaffen, welche sie zwinget ihre vorigen Regierungs-Systeme zu verändern. Die Geschichte des jetzigen Königs von Großbrittanien ist eine Geschichte von wiederholten Ungerechtigkeiten und gewaltsamen Eingriffen, welche alle die Errichtung einer absoluten Tyranney über diese Staaten zum geraden Endzweck haben. Dies zu beweisen, wollen wir der unpartheyischen Welt folgende Facta vorlegen:

Er hat seine Einwilligung zu den heilsamsten und zum Oeffentlichen Wohl nöthigsten Gesetzen versagt.

Er hat seinen Gouvernörs verboten, Gesetze von unverzüglicher und dringender Wichtigkeit heraus zu geben, es sey dann, daß sie so lange keine Kraft haben sollen, bis seine Einstimmung erhalten würde; und wenn ihre Kraft und Gültigkeit so aufgeschoben war, hat er solche gänzlich aus der Acht gelassen.

Er hat sich geweigert andere Gesetze zu bekräftigen zur Bequemlichkeit von grossen Districten von Leuten, wofern diese Leute das Recht der Repräsentation in der Gesetzgebung nicht fahren lassen wollten, ein Recht, das ihnen unschätzbar, und nur Tyrannen fürchterlich ist.

Er hat Gesetzgebende Körper an ungewöhnlichen, unbequemen und von den Niederlage ihrer öffentlichen Archiven entfernten Plätzen zusammen berufen; zu dem einzigen Zweck, um sie so lange zu plagen, bis sie sich zu seinen Maßregeln bequemen würden.

Er hat die Häuser der Repräsentanten zu wiederholten malen aufgehoben, dafür, daß sie mit männlicher Standhaftigkeit seinen gewaltsamen Eingriffen auf die Rechten des Volks widerstanden haben.

Er hat, nach solchen Aufhebungen, sich eine lange Zeit widersetzt, daß andere erwählte werden sollten; wodurch die Gesetzgebende Gewalt, die keiner Vernichtung fähig ist, dem Volk überhaupt wiederum zur Ausübung zurück gekehrt ist; mittlerweile daß der Staat allen äusserlichen Gefahren und innerlichen Zerrüttungen unterworfen blieb.

Er hat die Bevölkerung dieser Staaten zu verhindern gesucht; zu dem Zweck hat er die Gesetze zur Naturalisation der Ausländer gehindert; andere, zur Beförderung ihrer Auswanderung hieher zu lassen, verweigert heraus zu geben, und hat die Bedingungen für neue Anweisungen von Ländereyen erhöhet.

Er ist der Verwaltung der Gerechtigkeit verhinderlich gewesen, indem er seine Einstimmung zu Gesetzen versagt hat, um Gerichtliche Gewalt einzusetzen.

Er hat Richter von seinem Willen allein abhängig gemacht, in Absicht auf die Besitzung ihrer Aemter, und den Belauf und die Zahlung ihrer Gehalte.

Um solche durch ein Schein-Verhör vor Bestrafung zu schützen für einige Mordthaten, die sie an den Einwohnern dieser Staaten begehen würden:

Um unsere Handlung mit allen Theilen der Welt abzuschneiden:

Um Taren auf uns zu legen, ohne unsere Einwilligung.

Um uns in vielen Fällen eines Verhörs durch eine Jury zu berauben.

Um uns über See zu führen, für angegebene Verbrechen gerichtet zu werden:

Um das freye System Englischer Gesetze in einer benachbarten Provinz abzuschaffen, eine mittelmäßige Regierung darinn einzusetzen, und deren Gränzen auszudehnen, um selbige zu gleicher Zeit zu einem Exempel sowol als zu einem gerechten Werkzeug zu machen, dieselbe absolute Regierung in diese Colonien einzuführen.

Um unsere Freyheitsbriefe uns zu entziehen, unsere kostbarsten Gesetze abzuschaffen, und von unsern Gesetzgebungen auf zuheben:

Um unsere eigenen Gesetzgebungen aufzuheben, und sich selbst zu erklären, als wenn sie mit voller Macht versehen wären, uns in allen Fällen Gesetze vorzuschreiben.

Er hat die Regierung allhier niedergelegt, indem er uns ausser seinen Schutz erklärt hat, und gegen uns Krieg führet.

Er hat unsere Seen geplündert, unsere Küsten verheert, unsere Städte verbrannt, und unser Volk ums Leben gebracht.

Er ist, zu dieser Zeit, beschäftiget mit Herübersendung grosser Armeen von fremden Mieth-Soldaten, um das Werck des Todes, der Zerstörung und Tyranney zu vollführen, die bereits mit solchen Umständen von Grausamkeit und Treulosigkeit angefangen worden, welche selbst in den barbarischsten Zeiten ihres Gleichen nicht finden, und dem Haupt einer gesitteten Nation gänzlich unanständig sind.

Er hat unsere auf der hohen See gefangene Mitbürger gezwungen die Waffen gegen ihr Land zu tragen, um die Henker ihrer Freunde und Brüder zu werden, oder von ihren Händen den Tod zu erhalten.

Er hat unter uns häusliche Empörungen und Aufstände erregt, und gesucht über unsere Gränz-Einwohner die unbarmherzigen wilden Indianer zu bringen, deren bekannte Gebrauch vom Krieg zu führen ist, ohne Unterschied von Alter, Geschlecht und Stand, alles niederzumetzeln.

Auf jeder Stufe dieser Drangsale haben wir in den demüthigsten Ausdrücken um Hülfe und Erleichterung gesucht: Unsere wiederholten Bittschriften sind nur durch wiederholte Beleidigungen beantwortet worden. Ein Fürst, dessen Character so sehr jedes einzeln Tyrannen unterscheidende Merkmal trägt, ist unfähig der Regierer eines freyen Volks zu seyn.

Auch haben wir es nicht an unserer Achtsamkeit gegen unsere Brittische Brüder ermangeln lassen: Wir haben ihnen von Zeit zu Zeit Warnung ertheilt von den Versuchen ihrer Gesetzgebung eine unverantwortliche Gerichtbarkeit über uns auszudehnen. Wir haben ihnen die Umstände unserer Auswanderung und unsrer Niederlassung allhier zu Gemüthe geführet. Wir haben uns zu ihrer angebohrnen Gerechtigkeit und Großmuth gewandt; und bey den Banden unserer gemeinschaftlichen Verwandtschaft beschworen, diese gewaltsamen Eingriffe zu mißbilligen, welche unsere Verknüpfung und unsern Verkehr mit einander unvermeidlich unterbrechen würden. Auch sie sind gegen die Stimme der Gerechtigkeit und Blutsfreundschaft taub gewesen. Wir müssen uns deßhalben der Nothwendigkeit fügen lassen, welche unsere Trennung ankündiget, und sie, wie der Rest des menschlichen Geschlechtes, im Krieg für Feinde, im Frieden für Freunde, halten.

Indem wir, derohalben, die Repräsentanten der Vereinigten Staaten von America, im General-Congreß versammlet, in allen Fällen der Redlichkeit unserer Gesinnungen auf den allerhöchsten Richter der Welt berufen, so Veröffentlichen wir hiemit feyerlich, und Erklären, im Namen und aus Macht der guten Leute dieser Colonien, Daß diese Vereinigte Colonien Freye und Unabhängige Staaten sind, und von Rechtswegen seyn sollen; daß sie von aller Pflicht und Treuergebenheit gegen die Brittische Krone frey- und losgesprochen sind, und daß alle Politische Verbindung zwischen ihnen und dem Staat von Großbrittanien hiemit gänzlich aufgehoben ist, und aufgehoben seyn soll; und daß als Freye und Unabhängige Staaten sie volle Macht und Gewalt haben, Krieg zu führen, Frieden zu machen, Allianzen zu schließen, Handlung zu errichten, und alles und jedes andere zu thun,

»Leben, Freyheit und das Bestreben nach Glückseligkeit ...«
Unabhängigkeitserklärung auf Deutsch, Philadelphia,
Juli 1776

»WIR HALTEN DIESE WAHRHEITEN FÜR AUSGEMACHT«

Im Druckerviertel von Philadelphia herrscht am späten Nachmittag des 4. Juli 1776 Hochbetrieb. Bei dem Nordiren John Dunlap in der Second Street ist ein Eilauftrag des amerikanischen Kontinentalkongresses eingegangen. Die Wege in der Hauptstadt sind kurz, die Delegierten der 13 Kolonien tagen keine zehn Gehminuten entfernt im State House von Pennsylvania in der Chestnut Street. Nach Tagen zäher Beratungen haben sie sich nun endlich auf den finalen Wortlaut ihrer Erklärung geeinigt.

Dunlap und seine Leute arbeiten die ganze Nacht hindurch. Das Setzen ist eine mühselige, kraftraubende Arbeit. Jede der gut 8000 Bleilettern muss einzeln von Hand in die Druckform eingefügt werden. Um Zeit zu sparen, bricht man den Text in mehrere Teile herunter, die zeitgleich gesetzt und vor der Drucklegung wieder zusammengefügt werden. Am nächsten Morgen schon können die ersten Exemplare an den Kongress ausgeliefert werden, insgesamt 200 Stück. Ein berittener Bote wird zu General Washington ins Feldlager der amerikanischen Armee geschickt. Zwei Kopien sollen mit dem nächsten Schiff an den britischen König nach London gehen. Um ihn geht es schließlich.

Fast zeitgleich machen sich 300 Meter die Straße hinauf zwei deutschsprachige Einwanderer an die erste und wichtigste Übersetzung dieser Erklärung. Melchior Steiner und Charles Cist sind sich der Größe ihrer Aufgabe zweifellos bewusst. Schnelligkeit und Genauigkeit sind gleichermaßen gefragt. Die Deutschen sind die größte nicht-englischsprachige Gruppe in Amerika. Sie machen

nach Schätzungen mehr als zehn Prozent der Bevölkerung aus; in Pennsylvania wohl sogar mehr als ein Drittel,
niemand weiß es genau. Sie sind jedenfalls viele, die deutschen Einwanderer. Sie müssen von der amerikanischen
Sache überzeugt werden, ja, ohne die Unterstützung der
Deutschen wird der Krieg gegen England schlicht nicht
zu gewinnen sein.

Seit anderthalb Jahren befanden sich die dreizehn
nordamerikanischen Kolonien nun schon in gewaltsamer
Auflehnung gegen das Mutterland, seit im April 1775 in
den beiden Bostoner Vororten Lexington und Concord
die ersten Schüsse gefallen waren. Was als Widerstand
gegen die Steuerpolitik des Königs und seines Parla-
mentes in London begonnen hatte, hatte sich zu einem
zähen Ringen um nationale Souveränität ausgeweitet.
Der Kontinentalkongress, also das Behelfsparlament der
Revolutionäre, in dem Delegierte aller Kolonien saßen,
strebte nun die Gründung eines eigenen Staatenbundes
an.

Melchior Steiner und Charles Cist waren, wie ihr iri-
scher Kollege Dunlap, in Europa geboren. Cist stammte
aus einer deutschen Familie in St. Petersburg und hatte
an der Martin-Luther-Universität im sächsischen Halle
Medizin studiert, Steiner war ein Pastorensohn aus der
deutschsprachigen Schweiz. Zu Werbezwecken nutzte er
oft eine anglisierte Variante seines Nachnamens: Styner.
Das weckte Vertrauen bei der englischsprachigen Mehrheit, die immer noch zahlreiche Ressentiments gegen die
Deutschen hegte, diese »Pfälzer Bauernlümmel«, wie
Philadelphias bekanntester Bürger Benjamin Franklin
sie einst genannt hatte. Steiners Partner hatte aus diesem
Grund gleich einen ganz neuen Namen aus seinen Initia-

len gebildet: Aus Carl Jacob Sigismund Thiel war das Englisch klingende »Cist« geworden.

Die beiden deutschen Drucker arbeiten sorgfältig und mit Sinn für ihre Leserschaft. Der englischen Vorlage folgend entscheiden sich Steiner und Cist beim Papier für große Einzelbögen, so genannte *broadsides*, wie sie für öffentliche Bekanntmachungen und Aushänge in der Stadt zur damaligen Zeit üblich sind. Einseitig bedruckbares Büttenpapier von 16 mal 12 ¾ Zoll, rund 41 mal 32 Zentimeter. Anders jedoch als John Dunlap, der die im Englischen gebräuchliche Antiqua-Schrift Caslon genutzt hatte, setzten Steiner und Cist ihre Version in Fraktur – ein Service an das deutsche Auge. Außerdem teilten sie ihr Layout in leserfreundliche zwei Spalten auf statt nur einer.

Fieberhaft brütet Charles Cist über der Übersetzung ins Deutsche, wägt die Formulierungen dieses hochbrisanten Dokuments. Im Kern besteht es aus 27 Vorwürfen an den britischen König Georg III. Sorgfältig prüft Cist die Schlüsselbegriffe, das lateinische Lehnwort *usurpations* etwa taucht gleich dreimal im Textverlauf auf. Es ist ein Spagat nötig zwischen Bedeutungskern und Zielgruppe, die meisten Deutschen in den Kolonien stammen nun einmal, da hatte Franklin nicht ganz unrecht, aus einfachen, um nicht zu sagen: bäuerlichen, Verhältnissen. *Usurpations, usurpations* … Am Ende entscheidet sich Cist für »gewaltsame Eingriffe«, etwas sperrig vielleicht, aber immerhin unlateinisch.

Schon einen Satz später stockt er erneut: *To prove this*, liest der Drucker wieder und wieder den letzten Teil der Einleitung, »let Facts be submitted to a candid World.« Hier versteckte sich der wahre Adressat dieser

Unabhängigkeitserklärung: Nicht nur dem König und dem Parlament in London wollten die Amerikaner ihre Forderungen präsentieren, sondern der ganzen Welt. Bloß wie war diese Welt am ehesten beschaffen? Redlich? Offen? Oder doch eher aufrichtig? »Unpartheyisch«, brummte Steiner schließlich ungeduldig. Oder war es Cist selber gewesen? Im stickigen Hinterzimmer des Druckhauses schien er sich in einen traumartigen Geisteszustand gearbeitet zu haben. Egal, damit konnte man jedenfalls arbeiten.

»Dis zu beweisen«, schreibt Cist, »wollen wir der unpartheyischen Welt folgende Facta vorlegen«. Zeile um Zeile überträgt er die englischen Worte ins Deutsche. Der Schweiß rinnt ihm in den Nacken. Immer schneller kommt er voran. Bald schon ist er beim letzten Anwurf gegen den König angelangt:

> Er hat unter uns häusliche Empörungen und Aufstände erregt, und gestrebt über unsere Grenz-Einwohner die unbarmherzigen wilden Indianer zu bringen, deren bekannter Gebrauch den Krieg zu führen ist, ohne Unterscheid von Alter, Geschlecht und Stand, alles niederzumetzeln.

Cist merkt, dass er unwillkürlich zu nicken begonnen hat. Ja, das würde verfangen bei den deutschen Siedlern, von denen eine immer größere Zahl mit ihren Familien ins pennsylvanische Hinterland zogen, wo es, anders als hier in der Stadt, noch günstiges Land zu erwerben gab, oft direkt an der Grenze zu den Indianergebieten, an der *frontier*, wie man hier sagte. Wer für den Schutz der Siedler aufkommen würde, das war eine der drängendsten politischen Fragen. Immer wieder kam es zu Überfällen und wechselseitigen Gräueltaten zwischen den weißen Siedlern und den Ureinwohnern dieses Kontinents, deren grausame Einzelheiten sich rasch bis in die Städte verbreiteten. Der König im fernen London aber schien sich nicht verpflichtet zu sehen, seiner Verantwortung als väterlicher Herrscher nachzukommen und schützend die Hand über die weitere Expansion seiner Kolonien zu halten.

Endlich war Charles Cist beim Schlussteil angelangt, nicht ahnend, dass ihm der Kongress weitere Mehrarbeit erspart hatte. Denn im ursprünglichen Entwurf hatte es noch einen 28., einen letzten Abschnitt gegeben, den längsten von allen, in dem man dem Monarchen einen »grausamen Krieg gegen die Natur des Menschen selbst« vorwarf, die Verschleppung zehntausender unschuldiger Afrikanerinnen und Afrikaner in die Sklaverei. Ein eklatanter Verstoß gegen die »heiligsten Rechte von Leben und Freiheit eines fernen Volkes«, so hatte es der Hauptautor Thomas Jefferson formuliert, der den Text als Untermieter einer wohlhabenden deutschen Familie, der Graffs, in Philadelphia entworfen hatte. Diese letzte Passage jedoch bekamen weder Steiner und Cist noch die amerikanische Öffentlichkeit zu sehen. Sie war vom Kongress vor der Ratifizierung im Sinne der nationalen Einigkeit gestrichen worden. Die Sklaverei in den Kolonien blieb so im gesamten Text unerwähnt.

Als erste Zeitung vermeldete am 5. Juli der deutschsprachige »Pennsylvanische Staatsbote« die Neuigkeiten des Vortags. Herausgeber war Henrich Miller, bei dem Steiner und Cist das Druckerhandwerk gelernt hatten. Miller hatte auch ein Auge auf ihre Übersetzung geworfen. Am

Sonnabend, den 6. Juli, erschien der englische Text der *Declaration of Independence* dann in der »Pennsylvania Evening Post«. In ihrem überhitzten Druckhaus wischen sich Melchior Steiner und Charles Cist nur wenig später den dunklen Schweiß vom Gesicht. Ein letztes Mal noch prüfen sie ihre Übersetzung ins Deutsche. »Wir halten diese Wahrheiten für ausgemacht«, liest Cist halblaut vor, »daß alle Menschen gleich erschaffen worden, daß sie von ihrem Schöpfer mit gewissen unveräusserlichen Rechten begabt worden, worunter sind Leben, Freyheit und das Bestreben nach Glückseligkeit.«

Zufrieden wirft Steiner einen letzten Blick auf die Fußzeile, in der die Adresse des Druckhauses vermerkt ist. Eine prächtige Werbung für das Geschäft! Dann eilten schon die Botenjungen aus der Tür. Die Erklärung der dreizehn britischen Kolonien, die sich fortan die »Vereinigten Staaten von America« nannten, würde sich rasch unter den Deutschen verbreiten, so viel stand fest. Ob diese sich jedoch auch überzeugen lassen würden, ihr Leben aufs Spiel zu setzen, all die Entbehrungen der Auswanderung, die liebgewonnenen Freiheiten und ihren bescheidenen Wohlstand in der neuen Welt, all das für ein paar hehre Ideale und die vage Idee einer neuen Ordnung – das war wiederum eine ganz andere Frage. Sie blieb auch nach dem 4. Juli 1776 weiter offen.

PASTOR MÜHLENBERG FLIEHT

Die Worte waren das eine. Und ja, die Vertreter der abtrünnigen Kolonien hatten am Ende einen Kompromiss gefunden, eine gemeinsame Sprache. Ihre Erklärung war nun im Umlauf, bald würde sie auch den König und sein Parlament erreichen. Aber wie es weitergehen sollte, darüber war man sich auch in Amerika weiterhin entschieden uneinig. Während die einen glühende Befürworter der Unabhängigkeit waren, wollten die anderen lieber Teil des britischen Empire bleiben. Und eine dritte, weitaus größte Gruppe wusste überhaupt noch nicht, was sie von all dem halten sollte. In dieser großen Mehrheit, zu der auch viele Deutsche zählten, war man weiterhin unentschlossen, desinteressiert bis apathisch. Man wollte von diesem Krieg nichts wissen.

Und doch setzte die Unabhängigkeitserklärung auch rasche Entscheidungen in Gang – so etwa beim wohl einflussreichsten Deutschen in Nordamerika. Nur wenige Tage nach dem 4. Juli packte Heinrich Melchior Mühlenberg, Pastor und Oberhaupt der deutschen Lutheraner in Amerika, in seinem Haus in Philadelphia das Nötigste zusammen, er informierte die Kirchenältesten und ein paar engste Vertraute. Dann lieh er sich einen Pferdewagen und floh gemeinsam mit seiner Frau und seiner jüngsten Tochter vor der Revolution hinaus aufs Land.

Mühlenberg war als junger Geistlicher von Europa nach Pennsylvania gekommen, Anfang der 1740er Jahre, damals 31-jährig. Was als Auftrag seiner Kirche begonnen hatte, den deutschen Gemeinden in Philadelphia und Umgebung für zunächst drei Jahre als Pfarrer zu dienen, war zu einem umfassenden Lebenswerk geworden. Mit einer Mischung aus unermüdlichem Einsatz, Organisationstalent, Autorität und Charisma war Mühlenberg ans Werk gegangen, hatte Gemeinden vereint und Hierarchien begründet, hatte Schulen und Kirchen bauen lassen, wo man vorher in windschiefen Scheunen untergekrochen war,

Heinrich Melchior Mühlenberg (1711–1787)

und ein Netzwerk in Gesellschaft und Politik geknüpft. In dreieinhalb Jahrzehnten waren die deutschen Lutheraner von einem versprengten Häuflein zu einer der wichtigen Gruppen Pennsylvanias geworden.

Im Juli 1776 nun, in diesem Sommer der Umwälzung, war Heinrich Melchior Mühlenberg 64 Jahre alt und blickte auf eine wahrhaft beeindruckende Lebensleistung zurück: Er hatte mit seiner Frau Anna Maria eine neunköpfige Familie gegründet, drei Söhne, vier Töchter. Mühlenberg hatte seine Nachfolge geregelt, die Söhne Peter, Friedrich und Heinrich waren allesamt Pastoren geworden, zwei seiner Töchter überdies mit lutherischen Predigern verheiratet. Es war im Kern ein sehr amerikanisches *curriculum vitae*: ein Einwanderer, der aus dem Nichts eine kleine Dynastie aufgebaut hatte.

Und dann brach der Krieg aus, die Revolution, das Chaos. Und das ganze Gebilde geriet mit einem Mal ins Wanken, Heinrich Mühlenbergs amerikanischer Traum.

Wovor genau floh er, was fürchtete der deutsch-amerikanische Pastor im Revolutionssommer 1776? Zum einen waren es die Wirren, die jeder Krieg mit sich bringt. Die Unordnung und Zwietracht, denn dies war keiner der üblichen Konflikte jener Zeit, in denen die europäischen Weltmächte, England, Frankreich, Spanien, ständig irgendwo um Territorien und Einfluss rangen, meist zur See oder im Hinterland einer ihrer Kolonien. Das hier war etwas anderes, im Kern ein Bürgerkrieg, ein *bellum intestinum*, der das Innerste der Gesellschaft aufrührte. Ein Krieg, den formell betrachtet zunächst einmal Engländer gegen Engländer führten. Selbst die Neutralität eines Gottesmannes, das spürte Mühlenberg, würde zwischen diesen Fronten bald nicht mehr akzeptabel sein.

Aber da war auch noch eine zweite Ebene, die Mühlen-berg ängstigte und verwirrte, ein tiefer persönlicher Kon-flikt. Es war nicht weniger als seine eigene Identität, die auf dem Spiel stand. Mühlenberg entstammte einer Welt, in der weltliche und geistliche Autorität eng mit einander verbunden waren, ja, in der die beiden voneinander ab-hingen. Eine Welt, deren Herrscher von Gottes Gnaden waren und von Bischöfen geweiht wurden und die Lan-deskirchen unter dem Schutz der Obrigkeit standen. Müh-lenberg war überdies 1711 in Einbeck geboren, was im Kurfürstentum Hannover lag, aus dem auch der englische König stammte. In dritter Generation stellte das *House of Hanover* bereits den Monarchen. Mehrfach hatte ihm Mühlenberg offiziell den Treueeid schwören müssen, bei seiner Ankunft in Amerika wie auch später bei seiner Na-turalisierung, der Einbürgerung als Brite.

Und hatte nicht eben dieser König dafür gesorgt, dass Mühlenberg seine Religion hier, in dessen Kolonien, unge-hindert ausüben konnte, dass er seine Kirche bauen und die Gemeinde vermehren durfte? So war es bereits seit den Zeiten des Apostels Paulus gewesen:»Jedermann sei untertan der Obrigkeit, die Gewalt über ihn hat«, hatte dieser in seinem Brief an die Römer geschrieben.»Denn es ist keine Obrigkeit außer von Gott.«

Nun aber hatte man begonnen, an all dem zu rütteln. Die Autoren der *Declaration of Independence* beriefen sich nicht auf die Bibel oder auf die Apostel, nicht auf jahrhundertealte Autoritäten, sondern vielmehr auf die Vernunft des Menschen.»Wenn es im Lauf menschlicher Begebenheiten für ein Volk nöthig wird die Politischen Bande, wodurch es mit einem andern verknüpft gewe-sen, zu trennen«, so hatten Steiner und Cist die einleitenden Worte Jeffersons übersetzt, »wozu selbiges die Gesetze der Natur und des Gottes der Natur berechtigen, so erfordern Anstand und Achtung für die Meinungen des menschlichen Geschlechts, daß es die Ursachen anzeige, wodurch es zur Trennung getrieben wird.«

»Die Gesetze der Natur«? Ein »Gott der Natur«? Heinrich Mühlenberg wusste, wo solcherlei Wortschatz zu verorten war: im Deismus, dieser neumodischen Strömung, der nicht nur Jefferson anhing, wie man hörte. Die Deisten glaubten nicht an einen allmächtigen, dreifaltigen Gott als väterlichen Lenker der Menschen auf Erden, sondern an eine vage Schöpfergestalt, die die Erde und eine vernunftbegabte Menschheit geschaffen hatte, um sie fortan weitestgehend sich selbst und ihrem Verstand zu überlassen.

Für einen strammen Lutheraner wie Mühlenberg dagegen war das eine überaus anmaßende Vorstellung, hatte doch Martin Luther selbst überzeugend dargelegt, dass es ausgehend vom Glauben an einen alles wissenden und vorhersehenden Gott einen freien Willen weder im Menschen noch im Engel noch in sonst einer Kreatur geben konnte. Nein, Heinrich Mühlenberg verachtete den Deismus mit allem, was ihm heilig war. Diese theologische Verirrung stand für ihn auf einer Stufe mit Naturalismus, Freimaurertum, Atheismus gar. Deismus, fand der Pastor, das war nur ein anderer Begriff für Egoismus, und die Welt der Deisten war eine des reinen Chaos.

Mühlenbergs Gott hingegen, der Vater Christi und der Menschen, offenbarte sich nicht vage in der Natur und dem Geist der Menschen, sondern Wort für Wort in der Bibel. Er hatte seinen Sohn auf die Erde gesandt, ihn sterben und wieder auferstehen lassen, sein Wille manifes-

tierte sich jeden Tag aufs Neue in der Erfüllung seiner un-
fehlbaren Vorsehung. Und den Gläubigen auf Erden oblag
es lediglich, diese Providenz so gut es ging zu befolgen,
durch harte Arbeit und ein gottesfürchtiges Leben, durch
Demut und den festen Glauben, »daß einer am Ruder sit-
zet, dem alle Gewalt im Himmel und auf Erden übergeben. Der nicht schläft noch schlummert, und seinem Volk
gebeten hat zu beten: Dein Name werde geheiligt, dein
Reich komme, dein Wille geschehe«.

In welche Richtung sich aber die Ruderpinne des
Weltenlaufs nun inmitten dieser großen Krise wenden
würde, das konnte im Juli 1776 weiß Gott noch niemand
auf Erden sagen. Daher wusste Pastor Heinrich Mühlenberg vorerst nur eines: dass er weg musste aus dem
engen Philadelphia, der Stadt der tausend Ohren, wo
Befürworter und Gegner dieser Revolution Tür an Tür
lebten und passive Zurückhaltung so manchem schon
verdächtig wurde.

Ob er für oder gegen die nun ausgerufene Unabhängigkeit war? Für Heinrich Melchior Mühlenberg war das
die völlig falsche Fragestellung. Ihn trieb auch nach ge-
glückter Landflucht weiterhin eine ganz andere Frage um:
Auf welcher der beiden Seiten in diesem Konflikt mochte
wohl Gott, der Allmächtige, selbst stehen?

UNSICHTBARE VÄTER

Von Philadelphia aus waren es etwa 30 Meilen in nord-
westlicher Richtung bis ins beschauliche Providence
Township. Mit einem schwer beladenen Pferdewagen in
der pennsylvanischen Sommerhitze seinerzeit eine durch-

aus beschwerliche Tagesreise. Man reiste zu dritt, Heinrich Mühlenberg, seine Frau Anna Maria und ihre jüngste Tochter, die neunjährige Sally. Der Weg der Pastorenfamilie führte unter sengender Sonne über staubige Wege und durch dichte Mückenschwärme hindurch an goldgelben Feldern vorbei. Immer wieder mussten die Pferde im Schatten getränkt werden. Der Weg führte durch die beiden Furten der Flussläufe Skippack und Perkiomen, die jedoch glücklicherweise im Sommer wenig Wasser führten. Brücken gab es hier noch keine.

Providence war eine ruhige Siedlung von gerade einmal ein paar Dutzend verstreuten Häusern und Höfen, mit bester Anbindung in alle Richtungen. Im Jahr 1776 ein geradezu idealer Ort für ein Exilantenleben an der Kreuzung der Möglichkeiten. Die Mühlenbergs kannten sich aus in der Nachbarschaft. Hier in Providence hatten sie 30 Jahre zuvor ihre Familie gegründet, hier hatte Mühlenberg als junger Gemeindepfarrer seine erste Kirche in Amerika bauen lassen, St. Augustus. Ein schlichter Steinbau mit Mansarddach, ohne Turm oder sonstige Ornamente, ein stolzes kleines Dorfkirchlein.

Das Haus war bereits bezugsfertig, ein geräumiger zweigeschossiger Bau aus rotem Sandstein direkt an der Hauptstraße, der in den Wochen zuvor gründlich instand gesetzt worden war: Man hatte den Keller ausräumen lassen, Zimmer und Flure frisch geweißt und drei Dutzend Scheiben der kleinteiligen Sprossenfenster ersetzt. Die 200 Obstbäume auf dem knapp drei Hektar großen Grundstück, im Frühjahr zurückgeschnitten, hatten bereits prächtig ausgetrieben. Ja, es war wirklich schön geworden, ein kleines Idyll auf dem Land, weit genug weg vom Krieg und den Wirren der Revolution.

Die Unabhängigkeitserklärung war der letzte Anlass für eine lange überfällige Familienentscheidung gewesen. Seit Jahren bereits hatten die Ärzte Anna Maria zum Rückzug aufs Land geraten. Mühlenbergs Frau wurde von epileptischen Anfällen heimgesucht, »hysterischen Convulsionen«, wie ihr Mann sie mangels einer echten Diagnose nannte. Sie konnten eine Stunde oder sogar noch länger andauern. Eine Therapie gab es nicht. 15 Jahre Stadtleben hatten Anna Marias Zustand zweifelsohne verschlimmert. Im zurückliegenden Winter hatte sie nicht ein einziges Mal das Haus verlassen. Und auch ihr 16 Jahre älterer Mann war zuletzt selbst bei kurzen Gängen durch die Stadt außer Atem geraten. »Was wunder«, hatte er lakonisch resümiert, »daß es im Alter am Othen fehlt, wenn man in der Jugend zu viel Wind gemacht.«

Heinrich Mühlenberg wusste, wovon er redete. Über drei Jahrzehnte lang war er rastlos von Gemeinde zu Gemeinde gehetzt. Hunderte von Stunden im Sattel lagen hinter ihm, ungezählte zehrende Reisen bei jedweder Witterung – im Schneetreiben des Februars, genauso wie in der Hitze der Hundstage, über verschlammte Wege im Frühjahr und durch reißende Furten im Herbstregen. Dabei hatte er stets die eigene Berufung im Kopf gehabt, die Erbauung der Gemeindeglieder, die Mehrung von Luthers Kirche im Auftrag seiner europäischen Väter – ein viele Jahre schon übererfüllter Auftrag.

Und immer zu Hause, alleine, ohne ihren Mann, ihren Vater: Anna Maria und die Kinder. Sieben von elf hatten die Kindheit überlebt, vier waren gestorben, bevor sie das Grundschulalter erreichten. All die einsamen Jahre als Frau und Mutter, die Mühsal und Sorge, Krankheit und Tod und dazwischen all das Leben – und der Pastor stets im Dienst der Gemeinde, immer unterwegs, zum Gottesdienst, einer Tauffeier oder zur nächsten Synode. Und wenn er doch einmal zu Hause war, dann ewig brütend, Briefe schreibend und Tagebuch führend, immer irgendwo Rechenschaft ablegend vor Gott und der Welt.

Es ist ein paradoxer Gedanke, der sich aufdrängt: Wenn Gott tatsächlich ein väterlich lenkender Steuermann war, wie er glaubte, dann war Heinrich Melchior Mühlenberg all die Jahre dessen genaues Gegenteil gewesen: eine ewig abwesende, schier unsichtbare Vaterfigur, selbst für die Standards seiner Zeit. Ein nebulöser Schöpfer also, ganz im Sinne der von ihm so verachteten Deisten, der eine Menschenfamilie in die Welt gesetzt hatte, um sie dann weitgehend sich selbst zu überlassen.

Mit einem Handwerker oder Farmer wäre sie besser dran gewesen, hatte Anna Maria ihrem Mann einmal in einem Moment größter Enttäuschung gesagt. Die waren wenigstens jeden Abend daheim. Und doch war sie gewachsen über die Jahre, die Familie des Einwanderers, die erste Generation in Amerika. *Meet the Mühlenbergs*: Peter (29), Betsy (28), Frederick (26), Peggy (24), Henry (22), Polly (20) und Sally (9). Schon hatten die Älteren geheiratet, die ersten Enkel waren geboren. Nur noch Sally, die Nachzüglerin, lebte im Haushalt der Eltern. Zwei Tage nach der Ankunft in Providence feierte man ihren zehnten Geburtstag. Wir können uns einen strahlenden Sommertag unter Obstbäumen vorstellen. Eine trügerische Stille lag über dem Ort. Wer Kinder hat, kommt ohnehin nie wieder ganz zur Ruhe. Zumal im Krieg.

Da ist der zweitälteste Sohn Frederick (Friedrich) mit seiner jungen Familie, die gerade noch aus dem von der britischen Flotte bedrohten New York geflohen sind; da ist Fredericks jüngere Schwester Peggy, hochschwanger mit ihrem zweiten Kind im hitzigen Philadelphia. Ihr Mann, Pastor Kunze, will nicht fliehen – die Gemeinde brauche ihn … Was würde wohl noch auf sie alle zukommen in dieser mehr als »delikaten Angelegenheit«, wie Heinrich Mühlenberg es ausdrückte? Er fürchtete Schlimmstes: »es wird der Vater gegen den Sohn sein und der Sohn gegen den Vater«.

Schon ging der Riss auch mitten durch die Familie des Pastors. Sein Ältester hatte sich bereits verführen lassen von den weltlichen Läufen, so sah der Vater es jedenfalls. Peter hatte seine Gemeinde in Virginia verlassen, um stattdessen nun, für flüchtigen Weltenruhm, wie Mühlenberg annehmen musste, als Oberst in George Washingtons Kontinentalarmee zu kämpfen – an der Spitze eines von ihm selbst rekrutierten Regiments deutscher Auswanderer. Seinen Vater hatte das tief gekränkt. Ein Pastor hatte doch eine heilige Berufung zu befolgen, die man nicht einfach abstreifen konnte wie einen lästigen Mantel.

Überhaupt, der unselige Krieg! Die amerikanische Seite taumelte von einer Niederlage zur nächsten. Ständig befand sich Washingtons Armee auf dem Rückzug. Ende August wurde sie auf Long Island empfindlich von den Briten geschlagen und floh danach schmählich im Schutze der Nacht südwärts. Am 15. September 1776 besetzte die britische Armee New York. Vier Tage nach der Einnahme der zweitgrößten Stadt der Kolonien meldete sich der König aus England zu Wort.

In zwei knappen Absätzen ließ George III. mittels seiner militärischen Oberbefehlshaber in Amerika, der Brüder William und Richard Howe, alle Forderungen nach Unabhängigkeit freundlich, aber bestimmt zurückweisen.

Es war eine doppelte Botschaft: Die »wohlmeinenden Untertan« unter den Koloniebewohnern bat man höflich, aber bestimmt, um Unterstützung bei der Wiederherstellung der öffentlichen Ordnung. Wer dagegen weiter der Revolution nacheilte, gehörte zum »fehlgeleiteten« Teil der Bevölkerung. Es war ein kluger Schachzug, der die beiden Lager gegeneinander auszuspielen versuchte. Der Krieg zerrte an der Gesellschaft, die Spaltung verstärkte sich, je länger er dauerte. Die Menschen litten unter Inflation und Mangelwirtschaft. Schon nahte der Winter.

Von New York aus wurden Washingtons unerfahrene Truppen durch die gut organisierte britische Berufsarmee weiter und weiter Richtung Philadelphia gedrängt, Fort um Fort musste die Kontinentalarmee aufgeben. Mitte Dezember passierten die ersten Flüchtlingstrecks Providence. Bald rollten die vollbepackten Wagen von früh bis spät am Haus der Mühlenbergs vorbei, Männer, Frauen, Alte, Kinder, alles floh aus der Stadt ins Hinterland.

Heinrich und Anna Maria bangten um ihre Kinder, auch und gerade um Peter. Bei der Verteidigung von Charlestown (dem heutigen Charleston) in South Carolina hatte er sich erste Sporen verdient, doch in der ungewohnten Hitze des Südens waren er und seine Deutschen schwer dezimiert worden. Peter hatte sich ein Lungenleiden zugezogen, von dem er sich nur langsam erholte. Aus Virginia schrieb er den Eltern nach Providence:

Gerade sind wir zurück von unserer mühseligen Kampagne. Mein Regiment hat fürchterlich unter Krankheit gelitten. Sobald genügend Ersatz rekrutiert ist, haben wir Befehl, auf Philadelphia zu marschieren.

AMERICAN CRISIS

Kurz vor Weihnachten 1776 wird im Druckhaus von Melchior Steiner und Charles Cist in der Second Street ein prominenter Kunde vorstellig. Der Mann mit der markanten Nase und dem fliehenden Haupthaar muss sich den beiden Deutschen nicht weiter vorstellen. Steiner und Cist haben Anfang des Jahres für Thomas Paine dessen 50-seitiges Pamphlet »Common Sense« gedruckt, sowohl im englischen Original als auch in deutscher Übersetzung.

The cause of America is [...] the cause of all mankind: Paines »Common Sense«, ein flammender Appell für einen völligen Bruch mit England, war, praktisch über Nacht, zu einem frühen Schlüsseldokument der Revolution geworden. Ein erster amerikanischer Bestseller. Immer neue Ausgaben waren erschienen. Innerhalb weniger Wochen hatten sich Zehntausende Exemplare in Pennsylvania und den anderen zwölf Kolonien verkauft. Und obwohl anonym publiziert, kannte man den Autor dieser Kampfschrift bald überall. Was auch daran lag, dass Paine sich ebenso heillos wie öffentlich mit seinem ursprünglichen Verleger, dem Schotten Robert Bell, über die Tantiemen zerstritten hatte. Bell betrieb sein Geschäft gleich neben der kleinen Anglikanerkirche St. Paul's, drüben in der Dritten Straße.

Im Druckhaus der Deutschen verliert Paine nun keine Zeit. Er wirkt, als habe er länger nicht geschlafen. Er komme direkt aus dem Feldlager von Generalmajor Greene, eröffnet er den beiden Druckern, mit einem dringenden Auftrag. Er kramt ein paar handbeschriebene Seiten aus der Tasche. *The American Crisis* lesen Steiner und Cist auf dem Titel. Paine drängt: Wie schnell sie veröffentlichen könnten? Das Schicksal Amerikas hänge davon ab. Cist und Steiner wechseln einen schnellen Blick. Paines Starrsinn war legendär.

Der gebürtige Engländer war eine dieser irrlichternden Existenzen, für die in der alten Welt nicht genug Platz zu sein schien, ein geschiedener Schulabbrecher, der weder im väterlichen Beruf des Korsettmachers noch als Seefahrer oder Steuereintreiber glücklich geworden war. Immer wieder hatte er Probleme mit den britischen Autoritäten bekommen. Von Benjamin Franklin nach Amerika empfohlen, hatte Paine dort seit seiner Ankunft im November 1774 als Mitbegründer des »Pennsylvania Magazine« mit spitzer Feder gegen den Sklavenhandel angeschrieben, um schließlich in der beginnenden Revolution sein Lebensthema zu finden. Die Freiheit. Die Selbstbestimmung. Den Menschen.

Am 19. Dezember, dem Donnerstag vor Weihnachten, kam Paines neuestes Werk aus dem Druck. Es war ein viel kürzerer Text als »Common Sense«, nur 3500 Wörter. Publiziert wurde er lediglich auf Englisch, für alles andere reichten weder Zeit noch Geld. Das Honorar betrug nur zwei schmale Kupfermünzen. Das Ganze sei als Serie konzipiert, stellte Paine den Deutschen noch hastig weitere Ausgaben in Aussicht, als er mit den ersten Exemplaren unter dem Arm bereits schon halb aus der Tür war.

Auf dem Deckblatt hatten Steiner und Cist nicht den Namen des Autors, sondern schlicht dessen größten Erfolg ausgewiesen: »*by the Author of Common Sense*«, stand dort zu lesen. Jeder wusste ohnehin, um wen es sich handelte. Paine packte Amerika gleich im Einstieg seines Pamphlets bei der Ehre. »*These are the times that try men's souls*«, so beginnt das Pamphlet. »Der Sommersoldat und der Schönwetterpatriot werden sich in dieser Krise vor dem Dienst an ihrem Land wegducken; wer aber nun durchhält, der verdient Liebe und Dank von Mann und Frau.«

Paine wusste, was auf dem Spiel stand. Es galt für Amerikas Rebellen, sich irgendwie in den Winter zu retten, in eine Gefechtspause während der kalten Monate. Man durfte die amerikanische Sache, die Revolution, keinesfalls verloren geben. Doch woraus sollte man in dieser prekären Lage die nötige Kraft ziehen? Ein militärischer Erfolg schien unwahrscheinlich. Also hatte Paine kurzerhand ein paar glimpfliche Niederlagen in moralische Siege umgedeutet. Grenzte es etwa nicht an ein Wunder, dass die Briten es versäumt hatten, den aus New York zurückweichenden Truppen George Washingtons den Weg abzuschneiden? Die Kontinentalarmee hätte schon völlig vernichtet, der Krieg bereits entschieden sein können. Auch die amerikanische Führung schien besonders gesegnet. General Washington, schrieb Paine, war ganz offensichtlich mit einer außergewöhnlichen Gesundheit und einem äußerst starken Geist gesegnet. Sonst hätte ihn längst schon eine Krankheit oder eine feindliche Kugel dahingerafft. War nicht das alleine bereits Beweis für eine höhere Macht, die hier am Werke war?

Es war Zeit für ein persönliches Bekenntnis, befand Paine, den man bis dahin, ähnlich wie Jefferson, in Glaubensfragen für einen Deisten oder gar Atheisten gehalten hatte. »Ich trage so wenig Aberglauben in mir wie nur irgendjemand«, schreibt Paine nun, »aber meine heimliche Meinung ist stets gewesen und ist es noch, dass Gott der Allmächtige ein Volk nicht der militärischen Vernichtung preisgibt […], das immer wieder ernsthaft und mit allen

Mitteln, welche die Weisheit ersinnen kann, versucht hat, das Unheil des Krieges abzuwenden.« Nein, er könne wahrlich nicht erkennen, so Paine, »mit welchem Grund der König von Britannien im Himmel droben um Hilfe gegen uns ersuchen könnte«.

Thomas Paine, der ungläubige Obrigkeitskritiker, hatte also still und heimlich immer schon an einen aktiven, einen lenkenden Gott geglaubt, der nun im Rahmen seiner Vorsehung auch noch ausdrücklich die schützende Hand über Amerikas Revolutionäre hielt? Eine bemerkenswerte Kehrtwende.

Ja doch, ja!, fährt Paine fort. Wer Gott auf seiner Seite habe, der habe wenig zu fürchten, so argumentiert, ja, predigt, er: Mut, ihr Soldaten, nur Mut, General Washington!, so ruft es zwischen den Zeilen heraus, nur kein Zögern und Zaudern jetzt: »Ich danke Gott, dass ich mich nicht fürchte. Ich sehe keinen Grund für Furcht.« Diese »American Crisis« ist ein Meisterwerk der Propaganda. Wer sich fürchtet, wer beigibt, wird untergehen. Raunend warnt Paine vor Massakern durch die mit der Krone verbündeten indigenen Stämme, vor Vergewaltigungen durch hessische Söldner, vor »barbarischer Zerstörung«, sollte der Krieg doch verloren gehen. Es ist der klassische amerikanische Topos: Nebenan im Wald lauert das Fremde, das Grauen. Es ist das Trauma der Gräuel des Siebenjährigen Kriegs. *The American Horror Story*.

Paine überließ nichts dem Zufall. Einen ersten Stoß des Pamphlets brachte er gleich selbst zu Pferd ins nahe Feldlager der Armee. Als Aide-de-camp von General Nathanael Greene hatte er beste Verbindungen bis ganz nach oben in die Befehlskette. Die Stimmung in der Truppe war miserabel. »Wenn wir nicht alles in Bewegung setzen, um

schnellstmöglich die neue Armee zu rekrutieren«, hatte
George Washington erst am Tag zuvor seinem Bruder geschrieben, »dann, denke ich, ist das Spiel ziemlich sicher
verloren.«

Doch nun geschah etwas, ob durch Paines Durchhal-
teparolen angefacht oder nur im Mut der Verzweiflung:
General Washington und seine Soldaten, erschöpft, frie-
rend, kurz vor dem Ende, machten über die Feiertage tatsächlich noch ein bisschen weiter. In der Nacht vom 25.
auf den 26. Dezember 1776 setzten sie inmitten eines beginnenden Schneesturms über den teils schon vereisten
Delaware-Fluss und nahmen beim Angriff auf das kleine
Trenton in New Jersey knapp 1000 hessische Söldner gefangen.

»Washington Crossing the Delaware« – ein deutscher
Einwanderer, der Historienmaler Emanuel Leutze aus
Schwäbisch Gmünd, würde diesen Moment der amerikanischen Geschichte 75 Jahre später als Ölgemälde endgültig heroisieren: Washington als furchtloser Anführer
in majestätischem Ausfallschritt, dem Licht des Sieges
entgegen, eine amerikanische Ikone.

Für den Moment, im bitterkalten Kriegswinter 1776/77,
war der Sieg von Trenton ein kleiner Achtungserfolg im
Kampf gegen die Briten, dem noch ein weiterer im nahen
Princeton folgte, zwei Tage nach Neujahr. Erst dann be-
zog man Winterquartier. Der Krieg würde weitergehen.
Die Revolution, immerhin, sie lebte noch ein bisschen.

Auch über Providence war über Weihnachten 1776 der
Winter hereingebrochen. Kaum 40 Meilen westlich der
Front hatte ein Dezembersturm einen ganzen Fuß Neu-
schnee gebracht. Dächer, Felder und Wege, alles war

weiß verhüllt. Ein schneidender Wind wehte, als Heinrich Melchior Mühlenberg kurz vor dem Jahreswechsel noch einmal zum Dienst gerufen wurde.

Die Familie des verstorbenen Kindes hatte ein Pferd für ihn mitgebracht. Meile für Meile ging es mühsam durch den Schnee, über den zugefrorenen Perkiomen bis zum einfachen Holzhaus der Eltern, wo bereits die Trauergesellschaft wartete. Mühlenberg hielt seine Predigt auf Englisch, dann setzte sich der Tross in Bewegung, vorweg der Pastor, dahinter die Eltern, unentwegt weinend. Das Pferd des Vaters zog den Schlitten mit der kleinen Holzkiste aus einfachen Brettern, kaum einen Meter lang.

Völlig erschöpft kam der Pastor am späten Abend wieder in Providence an. Vielleicht war es die Kälte, das endlose Weiß der Landschaft, vielleicht auch die Mühsal des Tages oder die Trauer der Menschen, die Heinrich Mühlenberg abends an diesem 29. Dezember 1776 in ein tiefes Gefühl der Trostlosigkeit hinab zog. Welch Aufwand für ein solch winziges Leben, haderte, laut denkend und schreibend, der Pastor im Kerzenschein über seinem Journal. Welch eine Mühsal für ein flackerndes Lichtlein, das, kaum entzündet, schon wieder erloschen war. Und nur ein paar Meilen weiter verscharrte man die Soldaten zu Dutzenden in namenlosen Gräbern. Auch Peter? Die Familie hatte eine Weile schon nichts mehr von ihm gehört.

Verzweifelt suchte Mühlenberg nach einem Ausweg aus der Dunkelheit seiner Gedanken. Schließlich ermahnte er sich selbst. Eine jede Predigt, egal wie simpel und egal wie kurz sie auch sein mochte, sagte er sich, konnte doch einen Funken schlagen in den Seelen der Zuhörer, in der Gemeinde. Langsam fand Mühlenberg hinüber in eine etwas versöhnlichere Stimmung, zu etwas innerer Distanz: »*Parturient montes, nascetur ridiculus mus*«, erinnerte er sich einer Sentenz von Horaz: »Kreißend bewegt sich der Berg und gebärt nur ein winziges Mäuslein.«

So war das Leben: Es ging unter größter Mühsal voran. Ein weiteres Kriegsjahr stand bevor, nach der Schneeschmelze würden die Armeen ihren Kampf wieder aufnehmen, und den Zivilisten blieb nichts als das Ausharren. Nichts außer Bangen und Beten.

FOURTH OF JULY

Am 4. Juli 1777 beging man in Philadelphia feierlich den ersten Geburtstag der Vereinigten Staaten von Amerika. Mittags paradierten auf dem Delaware River Kriegssegler und Galleys der Continental Navy, geschmückt mit Girlanden in Rot, Weiß und Blau. Die Menschen entlang der Front Street applaudierten höflich. Kaum jemand nahm Notiz von den seltsamen Fahnen, die am Heck der Schiffe im Fahrtwind flatterten. Erst wenige Tage zuvor hatte der Kongress das neue Muster bestätigt, rot-weiße Querstreifen und ein weißer Sternenkranz auf blauem Grund statt dem gewohnten Union Jack: »*thirteen stripes, thirteen stars, representing a new constellation.*« Amerikas Kriegs- und Handelsschiffe sollten sich fortan schon von weitem erkennen, ebenso die Truppen der Kontinentalarmee. Wozu sonst brauchte man schließlich eine Landesflagge?

Die Gemeinden der Stadt ließen ihre Kirchenglocken läuten, Soldaten stellten sich auf den Plätzen zu Salutschüssen auf. Die Salven lösten sich, die Kommandanten machten gute Miene, die Bestände an Schießpulver waren allgemein äußerst knapp. Eine Infanteriebrigade marschierte strammen Schritts die Second Street hinunter. Nur wer genau hinsah, bemerkte, dass die meisten Soldaten mangels Schuhwerks um die Füße nur schmutzige Lappen gewickelt hatten. Einige liefen gar barfuß.

Aus den Trinkstuben drangen Hussa-Rufe nach draußen. Wieder und wieder prostete man sich zu. Abends spielten die hessischen Musikkorps zum Tanz auf. Man hatte sie vor Weihnachten in Trenton gefangen genommen. Das Flötenspiel der deutschen Pfeifer war weltberühmt. Die Straßen draußen waren in ein warmes Licht getaucht. Die Unterstützer der Revolution hatten sich Kerzen der Solidarität in die Fenster gestellt. Nur die Quäker mit ihrem ewigen Pazifismus wollten sich partout nicht beteiligen. Spätnachts schmiss man ihnen daher die Scheiben ein.

Das Klirren von Glas mischte sich in die Jubelrufe der Feiernden, als der vierte Juli in den fünften überging und Amerikas Hauptstadt allmählich zur Ruhe fand. Die Spaltung der Gesellschaft schritt weiter voran, das hatte auch dieser erste Jahrestag der Unabhängigkeit gezeigt. »Neutralität gibt es nicht mehr«, hatte Heinrich Melchior Mühlenberg schon Anfang des Jahres bemerkt. Alles zerfiel in die beiden Lager, die man nach den beiden politischen Parteien im Mutterland benannt hatte. »Man hat ein Whig zu sein. Wenn nicht, ist man ein Tory.«

Auch Thomas Paines »American Crisis« hatte die Stimmung weiter angeheizt. »Was ist ein Tory? Guter Gott! Was ist er?«, hatte Paine rhetorisch gefragt. »Jeder Tory ist ein Feigling.« Dabei hatte sein großer Erfolg »Common Sense« noch selbst Zweifelnde wie Heinrich Müh-

lenberg beeindruckt. Der Pastor hatte den Text in der
bei Steiner & Cist unter dem Titel »Gesunde Vernunft«
erschienenen deutschen Übersetzung gelesen – und das
»Tractaetlein« alsgleich seiner ältesten Tochter Betsy und
deren Mann, Pastor Emanuel Schultze, nach Tulpehocken
weitergeschickt.

Vielleicht war es Paines historischer Brückenschlag
zwischen der Reformation in Europa und der Entde-
ckung Amerikas gewesen, der ihn, den protestantischen
Einwanderer, gepackt hatte, »als wenn der Allmächtige
die gnädige Absicht gehabt hätte, den Verfolgten in zu-
künftigen Jahren eine geheiligte Freystatt zu eröffnen«.
Vielleicht auch Paines Verweis auf die göttliche Autorität
als letztgültige Instanz: »Allein, werden einige sagen, wo
ist denn der König von America? Ich wills euch sagen,
Freund: Dort oben regiert Er, und richtet keine Verhee-
rung unter den Menschenkindern an, wie das Königliche
Unthier von Großbritannien.«

Was es auch gewesen war, im Eindruck der Lektüre
hatte sich Heinrich Mühlenberg zu einem außerordentlichen Satz hinreißen lassen: »Die Jungen Leute thun recht,
daß sie für ihre von Gott verliehene und angeborne Freiheit streiten wollen.« Gemeint hatte er damit natürlich die
Kinder der anderen – und ganz sicher nicht seine eigenen.

Für die ausschweifenden Festlichkeiten des 4. Juli
1777 hatte Mühlenberg derweil wenig mehr als beißen-
den Spott übrig. »Die Philadelphier begingen den Tag mit
der vorzüglichsten Feierlichkeit nach dem erhöheten Ge-
schmack und der sinnlichen Herrlichkeit«, kommentierte
er mit spitzer Feder aus der sicheren Entfernung von Providence. Zu feiern, während man im Begriff war, einen
Krieg zu verlieren – das erinnerte Mühlenberg an das eitle

Lachen der Toren aus dem Buch Kohelet. »Der Ausgang einer Sache ist besser als ihr Anfang. Ein Geduldiger ist besser als ein Hochmütiger.« Oder anders gesagt: Einen Vogel, der allzu früh sang, würden die Katzen mit Leichtigkeit fangen.

Auf dem Land hatte ein weiterer Sommer des bangen Verharrens begonnen. Die Sommerhitze lag drückend über dem Ort. Der Pastor klagte über geschwollene Füße und schmerzhaften Stuhldrang. Schuld musste der leidige Bewegungsmangel sein, die Strafe seines Alters und seiner verfahrenen Lage. Mühlenberg vermisste die *vita activa* seiner jungen Jahre, trotz aller Entbehrungen. Damals hatte er immerhin eine Mission gehabt. Der Müßiggang war nichts für einen stolzen Macher wie ihn, dieses elende Ausgeliefertsein. Das Geld wurde immer knapper. Nun hatte der Pastor sogar, welch Demütigung, seinen Stagecoach, seine vierrädrige Kutsche also, nebst Geschirr an seinen jüngsten Sohn Henry veräußern müssen.

Das Haus wurde nach einem ruhigeren Frühjahr nun wieder voller. Frederick war mit seiner Familie gekommen, ebenso wie auch Peters Frau Hanna und deren zweijähriger Sohn sich Ende Juni aus Virginia dazu gesellt hatten. Anna Maria ging es unverändert schlecht. Eine neue Medizin sollte Abhilfe schaffen, eine Mixtur aus Rohschwefel und glühendem Stahl, die in Wasser zusammengemischt und hernach zu einem feinen Pülverchen verarbeitet wurde. Einzunehmen waren drei Messerspitzen mit Honig oder Molasse, einmal die Woche, bei abnehmendem Mond. Ob das helfen würde, vermochte allerdings niemand zu sagen.

Ihr Mann rettete sich in diesen Fragen immer öfter in Galgenhumor. Seit geraumer Zeit schon ließ er sich mehr-

mals jährlich schröpfen, was seiner Gesundheit, wie die
Ärzte betonten, zuträglich sein sollte. Vielleicht, so sin-
nierte der Pastor nun, könnte er sich das Honorar für den
lästigen Aderlass alsbald sparen – die britischen Truppen
würden dem Vater eines amerikanischen Rebellenoffi-
ziers sicher gern ganz umsonst die Blutbahn öffnen …

Noch belauerten sich die Armeen gegenseitig. Peter,
im Frühjahr zum Brigadegeneral befördert, war als Verstärkung zu Washingtons Hauptarmee im nahen New Jersey gestoßen. Mühlenbergs Sohn befehligte nun mehr als
1000 Mann. Dem Vater fiel dazu nur eines ein: »Je höher
hinauf geklettert, desto gefährlicher der Fall.«

Im August war die Hitze kaum noch erträglich. Die
Ruhr machte sich breit. Offiziere ließen sich an der Tür
der Mühlenbergs Wasser und Milch geben. Mitglieder
der Miliz schüttelten im Obstgarten Äpfel von den Bäumen und verschlangen sie gierig. Berichte über Diebe
und Mörder machten die Runde. Die Angst ging um. In
der Nachbarschaft verständigte man sich darauf, beim
kleinsten Verdacht Alarmschüsse aus dem Fenster zu feu-
ern. Über allem hing drohend der große bevorstehende
Schlag. Draußen vor der Mündung des Delaware kreuzten
300 Schiffe der Briten mit mehr als 15 000 Soldaten. Wann
würden sie an Land gehen, um Philadelphia anzugreifen?
Wann würde der Krieg auch Providence erreichen?

Um sich abzulenken, stürzte sich Pastor Mühlenberg
in die Gemeindearbeit, die ihm blieb. Amerika machte
mobil: Alle Bewohner Pennsylvanias zwischen 18 und
53 Jahren hatten sich nun zur Miliz zu melden. Gemeindemitglieder verlangten nach Kopien der Taufurkunden, um
die Minderjährigkeit ihrer Kinder bezeugen zu können.
Immerhin, Frederick und Henry waren als Pastoren vom

Kriegsdienst ausgenommen. Eine weitere Flucht ins Hinterland kam für den Pastor indes nicht in Frage. »Kann ich mit gutem Gewissen nach Virginia gehen, wenn die Not hier am größten wird?« Die Leute schauten doch auf ihren Geistlichen. Was würde man sagen, wenn er einfach verschwände? Würde er es nicht dem Mietling gleichtun aus dem Gleichnis vom guten Hirten, der die Herde nur gegen Bezahlung hütet, um dann alsgleich vor dem nahenden Wolf zu fliehen? Der Hirte und die Schafe, der Pastor und seine Gemeinde, das war Mühlenbergs Leitbild, sein Selbstverständnis, seine eigentliche Mission – komme, was wolle.

»Ich bin der gute Hirte«, ging ihm der Text im Kopf herum, »ich kenne die Meinen und die Meinen kennen mich, wie mich mein Vater kennt. Und ich kenne den Vater. Und ich lasse mein Leben für die Schafe.«

DIE FALLE

Mit einem frühen Herbst kommt auch der Krieg am 11. September 1777 nach Providence. Das Donnergrollen der Artillerie reißt die Bewohner an einem kühlen Donnerstagmorgen in aller Frühe aus dem Schlaf. Dumpf schlagen die Kanonen und Feldgeschütze, wieder und wieder, die Fensterscheiben erzittern. Am nahen Brandywine Creek hat die Schlacht begonnen zwischen Amerikanern und Briten, die im nahen Maryland an Land gegangen sind.

Es ist die größte Schlacht des gesamten Krieges, den ganzen Tag über trägt der Wind den Gefechtslärm in den Ort. 30 000 Soldaten stehen im Kampf um den Zugang zu Philadelphia, um die mögliche Vorentscheidung. Bang

harrt man in Providence aus, nur vereinzelt kommen In-
formationen vom Schlachtfeld herein. Das andauernde
Feuer der Geschütze erzählt seine eigene Geschichte.
Stunde um Stunde ringen die beiden Armeen um den
Sieg, mit Kanonen, Flinten, Musketen, Kompanie um
Kompanie.

Und auf amerikanischer Seite, inmitten des Infernos:
Brigadegeneral Peter Mühlenberg. Was war mit ihm? Wie
mochte es ihrem Ältesten ergehen in der Schlacht? Heinrich und Anna Maria Mühlenberg verharrten in elterlicher
Verzweiflung. Erst als der Abend zu dämmern begann,
verebbte allmählich der Lärm. Später kam die Nachricht
vom »Brandwine Crick«, wie Mühlenberg notierte, »wo
beide Armeen ein hartes Gefecht gehabt und beiderseits
vieles erlitten und die Brit[en] das Feld behalten«.

Erneut war Amerika geschlagen, erneut war Washingtons Armee auf dem Rückzug, ausmanövriert durch ein
simples Umgehungsmanöver, das beinahe zur völligen
Vernichtung geführt hätte. Der Weg nach Philadelphia war
nun frei. Tags darauf schon kommen die ersten Flüchtlinge durch Providence, bald ist es ein unablässiger Strom
an Pferdekutschen, Lastkarren, einachsigen Chaises. Auf
allem, was fährt, fliehen die Menschen aus der Stadt, den
nötigsten Hausstand eilig verzurrt. Die Amme einer notablen Familie kommt für eine Nacht mit den Kindern bei
den Mühlenbergs unter, auch ihre schwarzen Haussklaven sind dabei. Sie sprechen nur wenig, doch insgeheim
wünschen sie sich einen Sieg der Krone, wie Mühlenberg
annimmt. Denn die Briten haben allen Sklaven, die zu
ihnen überlaufen, die Freiheit versprochen.

Auch ein halbes Dutzend vergitterte Wagen rollten am
Haus der Mühlenbergs vorbei. In ihnen saßen die Väter

der wichtigsten Quäkerfamilien der Stadt, die man nun als Gefangene nach Virginia verbrachte. Ein ultimativer Akt des Misstrauens gegen die pazifistischen Koloniegründer, die Verweigerer dieser Revolution. Ihre Frauen und Kinder blieben in Philadelphia zurück.

Ein weiterer »unruhiger Sabbath« verstrich, Frederick und Henry kamen von der Stadt herauf und brachten ihre Frauen und Kinder im Haus der Eltern unter. Immerhin, Peter hat die Schlacht von Brandywine überlebt, wie die Familie hört. Ein Funken inmitten der Hoffnungslosigkeit. Amerikanische Armeewagen transportierten Munition ins sichere Hinterland, die britischen Verbände konnte man derweil bereits mit dem Fernglas am anderen Ufer des Schuylkill-Flusses erkennen. Plötzlich lag das Haus der Mühlenbergs, an der Kreuzung zweier wichtiger Wegrouten, im Auge des Orkans. Würde das nächste Blutvergießen hier ausbrechen? War das so vorgesehen? Hier in dem Ort, den die meisten nicht Providence nannten nach der göttlichen Vorsehung, sondern Trappe, abgeleitet vom englischen *trap*, Falle.

Der Herbstregen lässt die Furten der Flüsse anschwellen und weicht die Wege auf. Wagen und Pferde versinken in Matsch und Morast. In einer kalten Freitagnacht ziehen Washingtons Soldaten durch den Ort. Eine traurige Prozession dunkler Schatten. Von der Durchquerung des Flusses sind die Infanteristen bis zur Brust durchnässt. Auch der Generalissimo selbst ist dabei, hoch zu Pferde zwar, aber versunken, geschlagen und kein Vergleich zur verklärten Heldengestalt George Washington, die Thomas Jefferson später einmal »die erhabenste Figur, die je zu Pferd gesehen wurde« nennen wird. Soldaten bitten am Haus der Mühlenbergs um Essen, etwas zu trinken, eine

Peter Mühlenberg (1746–1807)

trockene Decke. Eines Nachts, es geht schon auf Mitter-
nacht, hämmert und lärmt es noch einmal an der Haustür.
Als Heinrich Mühlenberg, noch halb starr vor Schreck,
öffnet, erblickt er zwei Pferde mit leeren Sätteln, wild
schnaubend, wiehernd, mit glasigen Augen. Die Apoka-
lypse im Vorgarten.

Der Krieg zog noch einmal weiter. Nicht in Providence,
sondern einige Meilen entfernt in Germantown trafen
sich schließlich die Kriegsparteien zur nächsten Schlacht.

Das Pech blieb Washington und Amerika jedoch treu. Im dichten Herbstnebel verlor man ein weiteres Mal den Überblick, feuerte auf die eigenen Kameraden und wich erneut unter Verlusten zurück.

Und doch ging, in all dem Leid und Sterben, das Leben voran. Peter schrieb aus dem Feldlager, er sei wohlauf. Heinrich Mühlenberg traute in St. Augustus ein junges deutsch-englisches Paar und taufte ein neugeborenes Kind. Aus Tulpehocken kam Nachricht von Betsys Mann, dass die älteste Tochter der Mühlenbergs ein gesundes Söhnlein entbunden habe. »Es ist Gottlob noch niemand ein Haar vom Haupte gefallen«, schreibt derweil Peggy aus dem besetzten Philadelphia. »Ihre Kinder sind wohl, doch ganz klein laut«, schreibt ein Freund der Familie. »Man schauet daselbst ein ander nur an, und das mit Mistrauen.«

Die einst so blühende und lichte Stadt litt schwer unter Besatzung und Krieg. Ein Drittel der Bewohner war geflohen. Selbst Thomas Paine war untergetaucht. Am Tag nach der Niederlage von Brandywine hatte er noch einen letzten, verzweifelten Versuch unternommen, die Stimmung herumzureißen, hatte nach fiebernd durchschriebener Nacht bei Steiner und Cist die vierte Ausgabe seiner »Crisis«-Reihe in Auftrag gegeben, 4000 Stück, auf Kosten des Autors in der ganzen Stadt zu verteilen.

»Wir kämpfen, nicht um zu versklaven, sondern um ein Land zu befreien, und um Raum auf Erden zu schaffen, auf dem ehrliche Menschen leben können …« Doch die feurige Parole von einst verfing nicht mehr. Der Kongress war aus Philadelphia schmählich aufs Land geflohen, in ein verschlafenes Nest namens York. Fünfzehn Monate nach der Unabhängigkeitserklärung schienen deren hehre Ideale kaum noch das Papier wert zu sein, auf dem sie gedruckt worden waren. Amerikas Krise schien allumfassend.

THANKSGIVING

Und dann gelang den Armeen der Revolution, trotz allem, ein unverhoffter, ja, ein wundersamer Sieg. Die ersten Berichte erreichten Mitte Oktober 1777 das Heerlager von General Washington. Zunächst wollte es niemand recht glauben: Ein amerikanischer Triumph, raunte man sich zu, ein vernichtender Schlag gegen die Briten, erfochten im Norden, bei Saratoga im Staate New York, wo Horatio Gates und Benedict Arnold den anderen Teil der amerikanischen Streitkräfte befehligten. Immer mehr Einzelheiten kamen herein, es stimmte, eine ganze britische Armee war vernichtet, 6000 Briten waren in Gefangenschaft gegangen! Die Jubelsalven und Freudenschüsse aus Washingtons Camp waren bis hinüber nach Providence zu hören. Am letzten Oktobertag schließlich erreichte die offizielle Bestätigung auch den Kongress in seinem Exil auf dem Land.

Unverzüglich machte man sich in York an die Arbeit. Die Abgeordneten Samuel Adams, Richard Henry Lee und Daniel Roberdeau wurden mit dem Entwurf einer offiziellen Proklamation beauftragt. Am nächsten Tag schon verabschiedete man den eilig erstellten Beschluss: Am 18. Dezember, dem Donnerstag vor Weihnachten, sollten alle Amerikaner innehalten, ihre Arbeit niederlegen und einen »Tag der feierlichen Danksagung« begehen: *A Day of Public Thanksgiving*.

Adams und Lee gehörten zu den Unterzeichnern der Unabhängigkeitserklärung. Doch vom aufklärerischen Geist des 4. Juli findet sich kaum etwas in ihrer Proklamation. Die unverhoffte, erlösende Nachricht vom Sieg bei Saratoga sollte nun der amerikanischen Sache eine ganz neue Relevanz verleihen, ja, sie sollte als Beweis dienen für die göttliche Vorsehung.

Die *Thanksgiving Proclamation* vom 1. November 1777 ist durchdrungen von christlicher Rhetorik. Schon in der elaborierten Präambel formulieren die drei Autoren eine »Pflicht aller Menschen, die wachsame Vorsehung des Allmächtigen Gottes zu bewundern« sowie dankbar »ihre Verpflichtungen für empfangene Wohltaten Ihm gegenüber anzuerkennen«. Insbesondere da er unlängst »unsere Truppen mit derart herausragendem Erfolg« gekrönt habe. Es ist ein erstaunlicher Wandel: Aus Jeffersons vagem »Vertrauen auf den Schutz der Göttlichen Vorsehung« war nun bereits ein aktives Bündnis geworden. Das junge Amerika, tief im eigenen Existenzkampf verstrickt, beschwor nun einen interventionistischen, einen amerikanischen Gott.

Der Kongress nahm dabei auch die Bevölkerung in die Pflicht. Damit auch künftig mit göttlichen Segnungen und militärischer Inspiration zu rechnen wäre, sollten am Donnerstag, dem 18. Dezember, alle Amerikaner in sich gehen, sich mit ganzem Herzen dem Gottesdienst widmen und »reuig ihre Sünden bekennen«. Kurzum, der amerikanische Kongress beschloss nichts weniger als einen religiös motivierten Feiertag.

Heinrich Mühlenberg war darüber mehr als irritiert. Sicherlich, Gründe für Demut und Dankbarkeit gegenüber dem Herrn gab es zuhauf, nicht zuletzt dafür, dass man trotz allem noch am Leben war. Eine politische Körperschaft aber, die den Menschen die *Pflicht* vorschrieb, Gott anzubeten und für sein Wirken zu danken – das lief seinen Grundsätzen zuwider, nicht zuletzt auch der Idee von freier Religionsausübung, für die er dreieinhalb Jahrzehnte zuvor über den Atlantik gekommen war.

»In der bemeldten Proclamation war zu meiner Verwunderung des Namens Christi und der Gerechtigkeit, Friede und Freude in dem Heiligen Geist gedacht«, notierte der Pastor. Hier hantierten zweifellos weltliche Laien mit Begrifflichkeiten, von denen sie besser die Finger ließen. Für so viel Anmaßung hatte der Pastor am Ende nur eine spitz formulierte Bibelstelle übrig: »Herr, in der Trübsal suchten sie dich, als du sie gezüchtigt hast, waren sie in Angst und Bedrängnis.«

In Providence ließ man den geforderten Festgottesdienst kurzerhand ausfallen. Der immer noch nahe Kriegsschauplatz war eine willkommene Ausrede. Die Augustus-Kirche blieb am Donnerstag vor Weihnachten leer. Stattdessen hielt man häusliche Andacht mit einem alten Freund. Amerikas erstes *Thanksgiving* musste ohne den Segen der Mühlenbergs auskommen.

Anderswo waren die Konsequenzen allerdings weitaus konkreter. In Paris erfuhr man Anfang Dezember 1777 vom Sieg der Amerikaner bei Saratoga. Benjamin Franklin, seit Ende des Vorjahrs diplomatischer Sondergesandter in Frankreich, nutzte die Gunst der Stunde. Noch vor Weihnachten würde der Außenminister von König Louis XVI. die Vereinigten Staaten offiziell anerkennen und der jungen Nation die offizielle Unterstützung Frankreichs zusichern. Amerika hatte fortan eine Großmacht auf seiner Seite. Die Welt war nicht mehr *unpartheyisch.*

ALLE MENSCHEN MÜSSEN STERBEN

Am Tag vor Heiligabend 1777 trugen die Lutheraner von Providence den Gemeindeältesten zu Grabe. Weygand Diehl entstammte noch einem anderen Jahrhundert, er war Jahrgang 1682, ein unmittelbarer Zeitgenosse Johann Sebastian Bachs also. Der große Komponist war bereits seit über einem Vierteljahrhundert tot, und nach wahrhaft biblischen 95 Jahren auf Erden war nun auch Weygand Diehl auf dem Weg zu seinem Erlöser.

Eine Einwandererbiografie der ersten Stunde war zu Ende gegangen, ein Leben voller Leid und Gottvertrauen. Als junger Mann hatte sich Diehl mit seiner Frau und zwei Kindern nach Amerika eingeschifft, die Tochter war noch auf See gestorben, seine Frau kurz nach der Ankunft. Also begann Weygand Diehl noch einmal ganz von vorne, er fand eine neue Frau, zog seinen Sohn groß und wurde zu einem der treuesten Mitglieder von Mühlenbergs Kirche. Als ihn der Pastor am Nikolaustag noch einmal besucht hatte, hatte er dem bereits blinden und fast tauben Greis mit aller Kraft seine Worte ins Ohr brüllen müssen. Herr Pastor solle sich nicht sorgen, hatte Diehl ihm mit fester Stimme geantwortet, denn nicht nur im Geiste halte er Jesus fest, sondern auch im Herzen. Andernfalls sei er ja bereits verloren.

Heinrich Mühlenberg selbst hält die Eulogie auf Weygand Diehl. Bewegt singt die Trauergemeinde »Alle Menschen müssen sterben« und »Jesus meine Zuversicht«, einen Trauerchoral von Bach und ein Osterlied. Es scheint eine passende Auswahl zu sein, man besingt den Tod und die Auferstehung und damit auch das große Versprechen für die Auswanderer aller Zeiten, die sich auf den Weg machen: die Chance auf noch ein zweites, ein ganz neues Leben.

Wie lange hielt die Verheißung wohl noch? Bis wohin trug die alte Geschichte? Gerade hatten Heinrich und Anna Maria Mühlenberg ein hastiges Schreiben von Peggy aus der besetzten Stadt erhalten. »Geliebte Eltern«, schrieb die Tochter. »Wir sind alle ziemlich wohl, und hoffe Sie des gleichen. Es siehet hier schlecht aus, wie Sie wissen. Wenn wir können, so werden wir bald nach Europa gehen […] Denn wenn der Krieg noch lange währet, so ist es aus mit uns.«

Was mag wohl in Heinrich Mühlenberg vorgegangen sein beim Anblick dieser Zeilen? War da neben der Sorge um sein Kind auch ein Gedanke an die Vergeblichkeit seiner eigenen Mühen? Ob er wohl an seine Ankunft in Philadelphia zurückgedacht hat, damals, an einem kalten Novembertag 35 Jahre zuvor?

II.
WEM GEHÖRT DAS LAND?
1742–1756

Massaker an indigenen Conestoga durch die sogenannten
»Paxton Boys« in Lancaster 1763 – Lithografie aus dem
19. Jahrhundert

AUF ADLERS FLÜGELN

Dem jungen Mann im Hafen von Philadelphia war die See-
krankheit noch ins fahle Gesicht geschrieben. Leicht gekrümmt stand er da, eine Hand vor dem entleerten Magen,
auf noch unsicherem Fuß nach der elenden Zeit auf dem
Meer. Tastend schaute er sich um, blickte in ihm fremde
Gesichter, wartete vergeblich auf ein Zeichen. Kommt da
wer? Kennt mich jemand? Nein?

Es war ein nasskalter Novembermorgen im Jahr 1742.
An der Anlegestelle herrschte das übliche Treiben: Fässer
wurden gerollt, Ballen an Fracht verladen, man hörte laute
Rufe und Gelächter. Zwischen einigen größeren Schiffen
lag die Schaluppe, die den jungen Pastor den letzten Teil
seines Weges von Charlestown aus South Carolina hier
heraufgebracht hatte. Zwei Wochen hatte er an Bord des
winzigen Einmasters verbracht, der in einem der ersten
Winterstürme vor Amerikas Küste mehr unter als über
dem Wasser zu liegen schien. Acht Tage, acht Nächte unter Deck, mit geschwollenem Magen, »continuirlich vomi-
rend«, eine elendige letzte Etappe. »Es war alles so klein
und uncommode in dem Schiflein, daß nach den Umständen so gewesen, als wenn würcklich in der Hölle gelegen.«

Erst in den letzten Tagen der Reise, bei nun milderem
Seegang, hatte der Pastor sich langsam zu erholen begonnen, hatte ein erstes Schälchen Kaffee bei sich behalten
und am zweiten Sonntag auf dem Atlantik auf Bitten des
Kapitäns von seinem Krankenlager aus, mühsam zwar,
aber doch verständlich, wieder zur Schiffsgemeinde predigen können. Er hatte dabei über die Bergpredigt gesprochen: Selig sind, die da Leid tragen, denn sie sollen
getröstet werden.

Dabei waren die zwei mühsamen Wochen vor Amerikas Küste nur der letzte, weitaus kürzeste Teil seiner transatlantischen Reise gewesen. Begonnen hatte sie mehr als neun Monate zuvor, im Herzen des europäischen Kontinents, im deutschen Halle an der Saale. Dort hatte sich der junge Pastor Anfang Februar 1742 von Gotthilf August Francke verabschiedet, dem Leiter des Waisenhauses im Vorort Glaucha, einer Schulstadt und christlichen Bildungsanstalt, über deren Portal ein prachtvoll gestaltetes Tympanon mit zwei Adlern prangte, die den Strahlen der Sonne entgegenflogen.

Welch verlockende Fähigkeit, die den Vögeln vorbehalten war. Die Wege der Menschen dagegen führten, träge, beschwerlich, stets nur über Land und Wasser. Aus Sachsen war es für Mühlenberg in der Kutsche zunächst hinauf ins Herzogtum Braunschweig-Lüneburg gegangen, wo der Pastor sich in seiner Geburtsstadt Einbeck von seiner Mutter und seinen Geschwistern verabschiedet hatte, möglicherweise für immer. Vom örtlichen Klerus zwischenzeitlich wegen des Verdachts auf »Pietismus und Irrgeisterei« vors Consistorium von Hannover gezerrt, hatte er seine Reise schließlich erst nach Ostern fortsetzen können.

Mit der Postkutsche war er von dort nach Westen gereist, durch das französisch besetzte Osnabrück ins niederländische Deventer und über Amsterdam zum Hafen von Rotterdam, von wo aus ihn ein königliches Paketboot über den Ärmelkanal nach Harwich 50 Meilen außerhalb von London gebracht hatte. Alles in allem ein nicht nur mühsames, sondern auch kostspieliges Unterfangen: »In Westphahlen zogen sie mir die Schuhe aus mit ihrer Theuerung. In Holland den Rock ... von Harwich bis London zogen sie mir das Hembd aus, daß also mit genauer Noth noch die Haut behielte.«

Spätabends am 17. April war der Reisende schließlich in London angelangt, dieser mit unglaublichen 700 000 Einwohnern damals größten Stadt Europas, wo er von einem betrunkenen Kutscher nach stundenlanger, erratischer Fahrt unter »häßlichem Jubelgeschrey« endlich doch noch wohlbehalten zu seinem Etappenziel gebracht worden war, dem britischen Königshof in Kensington.

Neun Wochen war der Pastor hier zu Gast beim Vertrauten und Mittelsmann Gotthilf Franckes gewesen, beim deutschen Hofprediger Georgs II., Friedrich Michael Ziegenhagen. Ziegenhagen hatte den jungen Geistlichen geprüft und mit intensiven Englischstunden vorbereitet auf die Aufgabe in der neuen Welt. Ende Juni hatte er sich von diesem verabschiedet und sich in Gravesend auf einem überladenen Paketboot eingeschifft, das unter dem Kommando eines mürrischen Schotten neben der Fracht auch ein paar Dutzend Passagiere an Bord genommen hatte.

100 Tage exakt würde die Atlantikpassage des Schiffleins dauern, ein bedingt durch die Launen von Winden und Meeresströmung selbst für die Zeit überaus langer Zeitraum. Die üblichen Fährnisse waren inbegriffen: Man sichtete einige mutmaßliche Kaperschiffe (England stand mit Spanien im Krieg), plagte sich mit Schwärmen von Ratten in den Kabinen sowie bleierner Langeweile und Schlägereien an Bord; als wegen der langen Fahrzeit das Trinkwasser ausging, half rettend ein kreuzendes Schiff. Am Wendekreis des Krebses tauchte die Besatzung außerdem, welch Heidenspaß!, einige mit Tauen verschnürte Passagiere mehrfach in Gänze unter Wasser, eine maka-

bre Tradition der Seemannszunft, von der sich der Pastor nebst einer Salzburger Familie von Religionsflüchtlingen jedoch glücklicherweise freikaufen konnte.

Im Oktober schließlich war der Hafen von Charlestown erreicht, und die Passagiere hatten das geschafft, was einem von zehn Atlantikreisenden ihrer Zeit versagt blieb: Sie hatten die Überfahrt überlebt. »Der Herr hat Dero und anderer Kinder Gottes Gebet erhöret und wunderbar geholfen«, schrieb der Pastor, erleichtert, jubelnd, nach Erreichen Amerikas dem Hofprediger Ziegenhagen in London. »Er hat uns auf Adlers Flügeln hergebracht.«

Und so stand er nun am Ort seiner Bestimmung an diesem 25. November 1742 gegen acht Uhr morgens, gebeutelt und etwas verloren, aber doch zweifelsohne lebendig, den mächtigen grauen Delaware River im Rücken, die morgendlich betriebsame Stadt Philadelphia vor sich, an Tag eins seiner christlichen Mission: Heinrich Melchior Mühlenberg, *fresh off the boat*.

ADVENT

Was nun also? Wohin? Die erste Hoffnung zerschlug sich noch unten am Anleger. Es war eine unbequeme Erkenntnis, die Heinrich Mühlenberg dort binnen Minuten nach seiner Ankunft ereilte, wie noch manch Einwanderer nach ihm: Nein, es schien wirklich niemand hier auf ihn gewartet zu haben.

Gut möglich, dass er gleich am Hafen jemanden Deutsch sprechen hörte. Etwa jeder vierte Bewohner der Kolonie hatte die gleiche Muttersprache wie er. 25 000 Deutsche sollte es hier bereits geben. Mühlenberg war derweil kein typischer deutscher Migrant. Er fiel nicht in eine der beiden Hauptkategorien. Weder war er einer der vielen Religionsflüchtlinge, der in der alten Heimat in der Ausübung seines Glaubens behindert worden wäre. Noch war er, wie die meisten der Deutschen, die von den 1730ern bis in die 1750er Jahre herüberkamen und noch kommen würden, ein Wirtschaftsflüchtling auf der Suche nach einem guten Auskommen und einem ausreichend großen Stück Land.

Mühlenbergs Migration war vielmehr so etwas wie das Produkt der ersten Welle deutscher Auswanderung, die eine Vielzahl protestantischer Glaubensgemeinden und Splittergruppen in die für ihre religiöse Toleranz bekannte Kolonie geführt hatte: Quäker, Mennoniten, Schwenkfelder, Tunkner, Siebentägner, und wie sie alle hießen. »Die Deutschen haben alle religiösen Launen ihrer Heimat mitgebracht«, wie Pennsylvanias Gouverneur George Thomas leicht abschätzig bemerkte. Aber eben auch immer mehr Anhänger der moderateren, traditionelleren Kirchen, Reformierte und Lutheraner. Deren dringlichen Ruf nach einem ordentlichen Pfarrer aus Deutschland war Mühlenberg schließlich gefolgt, auf Geheiß seiner Kirchenväter. Auf drei Jahre zunächst – die Möglichkeit der anschließenden Rückwanderung nach Europa wohlbemerkt eingeschlossen. Aber all das war fernes Zukunftsrauschen. Nun galt es für den Pastor erst einmal, seine drei Gemeinden zu finden.

Mühlenberg ließ sein Gepäck am Hafen zurück und ersuchte im nächstbesten Wirtshaus um Hilfe. Er wolle in die Gemeinde von New Hanover, für die er als Prediger vorgesehen sei. Doch von einem Ort diesen Namens wollte niemand je etwas gehört haben. Schon stellte sich

Mühlenberg auf eine Übernachtung in der Stadt ein, ließ seine Koffer in ein englisches Guesthouse in der zweiten Straße bringen, als der Wirt der Hafenkneipe schließlich doch noch jemanden auftrieb, der diesen mysteriösen Ort kannte. Es war ein Deutscher namens Brandt. Nach Neu-Hannover hätte Hochwürden unter den Engländern noch lange fragen können, erklärte der lachend, außerhalb der deutschen Lutheranergemeinden sei die Ortschaft nur als Falckner's Swamp bekannt. Aber jetzt möge man sich bitte beeilen, er wolle noch heute dorthin abreisen.

Wenig später kletterte Mühlenberg, immer noch »matt und geschwollen« von den Strapazen der Seefahrt, auf ein klappriges Leihpferd und folgte seinem Landsmann auf regentiefen Wegen aus der Stadt hinaus ins Dunkel des amerikanischen Kontinents. Zehn Meilen außerhalb der Stadtgrenze kehrte man zur Nachtruhe in einem deutschen Gasthaus ein, wo Mühlenberg erfahren musste, dass er ganz offenbar zu spät gekommen war. Die drei deutschen Gemeinden hätten vor kurzem schon einen anderen deutschen Prediger aufgenommen, erzählten ihm ein paar Lutheraner im Schankraum, einen gewissen Herrn Kraft.

Missmutig bestieg Mühlenberg in aller Frühe erneut sein Pferd, weitere 25 Meilen waren zurückzulegen. Erst spätabends, im Mondschein, erreichte er gemeinsam mit Brandt schließlich New Hanover, durchnässt bis zur Brust, halb fiebernd und den Schreck noch in den Gliedern, nachdem sein Pferd bei der Durchquerung des hoch angeschwollenen Perkiomen-Flusses für einige bange Momente von den Fluten fortgerissen worden war, ehe es doch wieder Halt fand. Immerhin, manches an Pennsylvania kam dem durchgefrorenen Reisenden dann doch vertraut vor, wie er mit zitternder Hand notiert: »Es ist hier so kalt wie in Deutschland.«

Am nächsten Morgen ließ Mühlenberg, wieder leidlich bei Kräften, die Ältesten der Gemeinde zusammentrommeln und zeigte ihnen seinen offiziellen Ruf, ausgestellt vom Hofprediger Ziegenhagen in Kensington, gültig für »die evangelisch-lutherischen Gemeinen in Pensylvanien, und absonderlich in Philadelphia, Neu-Hanover und Providence«. Die Echtheit des Schreibens bezweifele man keinesfalls, erklärten die Gemeindevorsteher, aber man habe sich, da man Jahre nichts aus Europa gehört habe, unterdessen schon selbst beholfen.

Mühlenberg erfuhr, dass ein Laienprediger namens Schmidt hier sonntags die Predigt hielt und auch munter die Sakramente spendete. Ansonsten verdingte er sich wohl als Barbier und Zahnarzt, wofür kein weiterführendes Studium notwendig war, allenfalls etwas Geschick in der Handhabung einfachen Schmiedewerkzeugs. Man stehe bereits bis Mai kommenden Jahres im Wort bei Schmidt, erklärten die Vorsteher, aber man müsse sehen, wie man sich einigen könne. Ob Mühlenberg vielleicht schon tags darauf zum ersten Advent erstmals predigen wolle?

Mühlenberg hielt seine Predigt zum zweiten Korintherbrief des Apostels Paulus: »Gott war in Christo und versöhnte – lasset euch versöhnen mit Gott.« Sicher keine unpassende Referenz in Anbetracht der verworrenen Umstände. Unter den paar Handvoll Besuchern in der groben, innen nicht ausgebauten Holzkirche von Neu-Hannover war auch der Laienpfarrer Schmidt, dem man neben all seiner Quacksalberei nachsagte, dass er »bisweilen ein christlich Räuschchen mitmacht«. Noch einmal verlas

Mühlenberg seine Vocation. Die Gemeinde murrte zwar über das avisierte Jahressalär von 40 englischen Pfund, man war es gewohnt, die Prediger hier direkt auf die Hand zu entlohnen. Doch die Ältesten sicherten immerhin ihre Unterstützung zu.

Drei von ihnen begleiteten Mühlenberg tags darauf die neun Meilen zurück nach Providence. Den Gottesdienst hielt man hier in der Scheune des Vorstehers ab, eine Kirche gab es nicht. Ja, es stimme, bestätigte man ihm, die Gemeinde habe unlängst den Valentin Kraft als Prediger angenommen, einen gebürtigen Pfälzer. Er sei zwar unvermittelt und ohne Geld oder Zeugnisse aufgetaucht, einigen Ortsansässigen jedoch noch aus ihrer Heimatregion bekannt gewesen. Mühlenberg möge die Sache gerne selbst mit ihm besprechen, er weile derzeit in Philadelphia.

Mühlenberg übte sich in Geduld und ließ die Dinge »beruhen bis auf weitere Einsicht«, was sicher auch als Ermahnung an sich selbst zu verstehen war. Innerlich bebte er jedoch vor Zorn und Ungeduld. Als ihn nach einem weiteren beschwerlichen Tagesritt spätabends in einem Guesthouse in Philadelphia eine Gruppe Engländer brüsk begrüßte, wo er denn eigentlich Pastor sei, ob bei den Moravians, den Lutheranern, Presbyterianern oder den Anglikanern, blaffte er sie unvermittelt an: »Sie müßten erst bessere Sitten lernen, damit sie Fremde nicht mit solchen Fragen bewillkommnen.« Die Gentlemen entschuldigten sich förmlich. Aber mal ehrlich: Was war bloß mit diesem Pfaffen los?

Der Empfang bei Kraft anderntags war kaum freundlicher: Warum der junge Herr Kollege denn sofort aufs Land weitergereist sei, ohne zuvor bei ihm vorstellig zu werden, fragte ihn hinterhältig sein Rivale. Nun ja, man werde schon eine passende Gemeinde für ihn finden. Mühlenberg hielt sich einstweilen bedeckt. Erst als der alte Pfälzer später vor den Gemeindeältesten erneut von oben herab zu reden begann, brach es aus ihm heraus: Er habe klare Weisung von seinen Autoritäten in Europa, erklärte Mühlenberg mit Bestimmtheit, davon könne er unmöglich abgehen. Gerne zeige er jedem, der ihn sehen wolle, seinen rechtmäßigen Ruf an die drei deutschen Gemeinden, unterzeichnet von der Hand des Ehrenwerten Herrn Hofpredigers Ziegenhagen.

Kraft merkte, dass er zu weit gegangen war. Am zweiten Advent ließ er Mühlenberg gleich zweimal in Philadelphia predigen, morgens im undichten Schlachthaus, das sich deutsche Lutheraner und Reformierte in beidseitiger Ermangelung einer Kirche teilten, nachmittags in der schmucken kleinen Schwedenkirche am Delaware-Ufer südlich der Stadt. Der Zuspruch war groß. Schnell hatte sich herumgesprochen, dass da ein neuer Pastor angekommen sei, der nicht nur die nötigen Papiere, sondern auch die richtige Ansprache habe. Man war beeindruckt von diesem Mühlenberg, der frei und klar sprach und die Gemeinde so mitnahm in seine Predigten, die meist eine Stunde oder länger dauerten. Die Menschen spürten, dass das jemand war, der es ernst meinte mit ihnen, der ihren Hunger nach Gottes erlösender Botschaft stillte. Ein Heimatgesandter, der ihrer Mühsal hier in der Fremde eine Stimme verlieh, der eine Hoffnung formulierte, dass all das nicht vergebens war, sondern ein Weg, der auf ein wenn auch fernes Ziel hinführte.

Den ganzen Advent über ist Mühlenberg in den Gemeinden unterwegs. Eine PR-Tour in eigener Sache. Es

geht darum, sich bekannt zu machen, Vertrauen zu stif-
ten, er zeigt mal hier seine Zeugnisse vor, mal dort seine
Vocation, hält, wo er nur kann, die Predigt, und empfängt
abends noch in seiner Stube zu weiteren »erbaulichen
Gesprächen«. Es ist eine Tour de Force von Gemeinde zu
Gemeinde, fast wie ein früher amerikanischer Vorwahl-
kampf.

Am dritten und vierten Advent predigt er erneut in der
Scheune von Providence, am vierten außerdem noch in
Neu-Hannover, wo man ihm auch eine erste Unterkunft
zuweist, »ein Hüttchen, etwas räumlicher als die Cajüte
auf der Schaluppe von Charlestown her, oder als des Dio-
genes Faß mag gewesen sein«. Trotz allem ein Anfang, ein
erster, winziger Claim in Amerika.

Noch aber war das Machtspiel keineswegs gewonnen.
Der störrische Kraft spielte weiter sein falsches Spiel,
schrieb hinterrücks Briefe an die Gemeinden, hielt Infor-
mationen zurück und versuchte, Mühlenberg mit plum-
pen Kuppelversuchen abzulenken: Ob es denn wohl eher
eine Frau aus der Stadt oder ein Bauernmädchen sein
solle? Über Krafts eigene Privataffären indes ließ sich nur
wenig Gutes erahnen.

Mühlenberg aber bleibt geduldig in diesem Machtspiel,
bis er an Weihnachten die Fäden zusammenführen kann.
Als ihn die Stadtgemeinde um das Halten der Festtags-
messe bittet, sagt er, dass er auf dem Land an beiden
Feiertagen bereits im Wort stehe. Überhaupt hätte man
ihn dort bereits offiziell angenommen. Ob man sich nicht
an Herrn Kraft halten wolle? Philadelphias Älteste sind
erwartungsgemäß empört. Mühlenberg verspricht, wenigstens am dritten Weihnachtstag in der Stadt zu predigen.

Abends am 25. Dezember, die Messe in Neu-Hannover war bereits gelesen, die Gemeinde weihnachtlich beseelt, ließ sich Mühlenberg seine Ämter in den beiden Landgemeinden schriftlich bestätigen. Die Ältesten unterschrieben ihm ein offizielles »Recipisse«, mit dem er sich am 27. nach Philadelphia aufmachte. Kraft hatte da bereits aufgegeben und war aus der Stadt geflohen. Am Nachmittag hatte auch die Gemeinde von Philadelphia das Empfangsschreiben in englischer Sprache unterschrieben. Gleich am nächsten Morgen wurde Mühlenberg damit beim Gouverneur vorstellig.

Sir George Thomas führte die Kolonie im Auftrag der drei Gebrüder Penn, die Pennsylvania von ihrem verstorbenen Vater William Penn geerbt hatten. Auf den ersten Blick schien sich Sir Thomas kaum von den adligen Feudalherren zu unterscheiden, die Mühlenberg aus seiner deutschen Heimat kannte. Der Brite musterte den deutschen Pastor mit leicht verzogenem Mund. Die wallende Perücke fiel ihm bis über die Schultern. An Mühlenbergs europäischen Dokumenten zeigte er nur wenig Interesse. Kurz überflog er das auf Latein verfasste Abschlusszeugnis der Universität Göttingen. Dann nahm er das englische Empfangsschreiben der drei Gemeinden in die Hand, in dem diese Mühlenbergs rechtmäßigen Ruf und seine Ordination bestätigten und ihn »mit dankbarem Herzen« als ihren Pfarrer annahmen.

Very well. Mit einem Nicken gab der Gouverneur das Schreiben zurück. Er beglückwünsche Hochwürden zu seinen Ämtern, erklärte Thomas mit Nachdruck, und sichere hiermit vollen Schutz und alle ersprießlichen Dienste zu. Nur eines würde er gerne noch wissen, ergänzte Thomas, während er hinter seinem Schreibtisch hervorkam. Es sei eine Frage, die ihn seit einiger Zeit bereits umtreibe: Weshalb wohl die deutschen Einwanderer hierzulande ihre Frauen so schlügen.

Mühlenberg stutzte und begegnete flüchtig dem erwartungsvollen Blick des Gouverneurs. *Well, Sir,* begann Mühlenberg schließlich ausweichend, die Deutschen seien ja von alters her bekanntermaßen eine kriegerische Nation … *(Was redete er da?)* Da sie hier in dieser Kolonie nun aber unter der streng pazifistischen Quäker-Regierung lebten, mochten sie wohl fürchten, ihren »angeborenen Mut« zu verlieren … *(Worauf in aller Heiligen Namen wollte er hinaus? Er wusste es selber nicht …)* So suchten sie also offenbar, schloss der Pastor seine Ausführung, ebenjenen Kampfesmut »durch solche Privat-Übung aufzubehalten auf die Zeit, wenn die Verteidigung nötig sein würde«.

Mühlenberg brach ab und blickte schamvoll zum Fenster. Irgendwo im Raum tickte leise eine Uhr. Er mochte vor Peinlichkeit vergehen. Der Gouverneur ließ den Blick durch sein weitläufiges Amtszimmer schweifen und fuhr sich über die Augen. Dann komplimentierte er Mühlenberg ohne ein weiteres Wort zur Sache hinaus. In Gedanken schien er schon wieder ganz woanders zu sein.

Zurück auf der winterlich kalten Straße wusste Mühlenberg sich keinen rechten Reim zu machen auf diese sonderbare Unterredung. Er fühlte sich wie ein nützlicher Idiot, eine Art Vogelscheuche im Priestergewand. »Die reinen Staatsmänner in der so genannten galanten Welt«, notiert er später, »sehen die armen Prediger an wie einen Butzemann im Gerstenfelde, womit man die Raubvögel verscheucht.«

Doch immerhin genoss er nun dank seiner offiziellen Papiere die Anerkennung und den Schutz von höchstmöglicher Stelle in dieser Provinz. Das musste einstweilen genügen.

»In Christo herzlich geliebte Väter in London und Halle«, beginnt Heinrich Mühlenberg in geschwungener Schrift sein Schreiben, er hört die Feder über das raue Papier kratzen. Endlich hat er ein paar ruhige Momente gefunden, um an Francke und Ziegenhagen Bericht zu erstatten.

Rasch fließen die Worte aus der Feder, Zeile um Zeile füllt sich das Blatt. Von seiner Ankunft in Pennsylvania schreibt er den Vätern, von seinem Widersacher, dem alten Kraft, dem zähen Bemühen um Anerkennung und den enormen Entfernungen in dieser Kolonie. »Soll man die drei Gemeinen verbinden, so kann man mit großer Mühe alle drei Wochen einmal an einem Orte predigen«, sinniert Mühlenberg, kaum verhohlen bereits weitere Prediger anfordernd: »Ist man nicht alle Zeit gegenwärtig, so kommen die alten unordinirten Prediger und machen factionen. Wo diese letztern nicht hinkommen, da kommen die Herrnhuter und viele andere Sektengeister dazwischen.« Es brauche hier lutherische Katecheten, es brauche deutsche Gemeindeschulen und richtige Kirchen. Es sei, kurzum, noch unendlich viel zu tun.

Längst war die erste Seite voll, Mühlenberg hatte eine weitere zur Hand genommen, dann noch eine. Was als eilige Notiz begonnen hatte, war zum allumfassenden Bericht geworden, ja, zu einem transatlantischen Stoßgebet:

Meine lieben Väter wollen mir helffen beten und kämpfen vor das Evangelium und besonders daß mir der barmherzige Gott in Christo möge Weisheit, Verstand, Geduld und Treue, vor allen seinen Heiligen Geist geben! Sie wollen mir auch selbst mit väterlichem Raht beyspringen ...

Die Briefe welche an mich geschickt werden, können entweder bey dem Schwedischen Kaufmann Herrn Koch oder an den Zuckersieder Herrn Schleydorn abgegeben werden. Ich wünschte mir wohl einige Englische Bücher die mir zum Predigen behülflich seyn könten, auch eine ausführliche Kirchenhistorie ...

Der Herr segne meine lieben Väter und alle Angehörigen mit allerley Geistl. Segen in Himmlischen Gütern und belohne ihre vielfältigen Wohlthaten und Bemühungen, die sie mir erwiesen. amen.

Erst als der Brief unterschrieben, die Feder schon beiseitegelegt war, besann sich Mühlenberg noch einmal und fügte ein kurzes Postskriptum an, so viel weltliche Sehnsucht mochte gestattet sein:

Ach wenn es doch meine arme Mutter in Einbeck wüsste, daß ich nun zustelle bin. Die Zeit will es nicht verstatten zu schreiben.

PENNS WÄLDER

Als William Penn im Oktober 1682 mit hundert Gleichgesinnten am Ufer des Delaware-Flusses an Land ging,
hatte er nicht weniger als die Idee für eine neue Gesellschaft dabei. Die Utopie eines heiligen Commonwealth, in
dem Friede, Gerechtigkeit, Toleranz und Wohlstand das
Zusammenleben bestimmen würden. Der Name seines
Schiffes zeugte von Penns Optimismus. *Welcome*, hatte
er es taufen lassen, wohl wissend, dass die 100 000 Qua-
dratkilometer Land, die ihm der König vermacht hatte,
eigentlich nicht ihm gehörten. Noch nicht jedenfalls.

»Die Menschen, die mit mir kommen, sind gerechte,
schlichte und redliche Menschen«, gelobt er, »die weder
Krieg gegen andere führen noch den Krieg anderer fürchten, weil sie gerecht sind.« Penn glaubt an den Frieden
zwischen den Menschen, er will die indigenen Stämme,
die auf diesem Land leben, nicht unterjochen, sondern
fair entschädigen. Mit den Lenape, die das Gebiet entlang
des Delaware bewohnen, schließt er einen Friedensvertrag, der über 70 Jahre Bestand haben wird. Selbst der
französische Philosoph Voltaire wird schwärmen, es sei
das »einzige Abkommen zwischen Indianern und Christen, das nie beeidigt und nie gebrochen wurde«.

Penn strebte einen Handel auf Augenhöhe an. Vor seinen Gerichten sollte jeder gleich sein, auch die Indigenen.
Die Landnahme seiner Siedler sollte behutsam vor sich
gehen, die Expansion der Siedlungen in Penns Domäne
wurde zentral reguliert durch ein *Land Office* in Philadelphia, dem Nukleus seiner Provinz, jener Planstadt,
in der die breiten Straßen mit dem Lineal gezogen wurden und sich in akkuraten 90-Grad-Winkeln schnitten.

Die Ost-West-Achsen der Stadt waren nach Bäumen der Gegend benannt: Mulberry, Chestnut, Pine, Cedar. Die Nord-Süd-Straßen numerierte man vom Delaware aus aufsteigend durch. Entstehen sollten weitgehend gleich große Parzellen mit genügend Platz für die Bewohner, alles folgte Penns Ideal einer harmonischen, grünen »Country Towne« mit Gärten und öffentlichen Parks – ein Gegenentwurf zur verpesteten Enge der mittelalterlichen Siedlungen Europas mit ihren verwinkelten Gassen und finsteren Höfen. In Philadelphia dominierten dagegen schmale Reihenhäuser aus rotem Backstein das Stadtbild, zwei bis drei Geschosse mit geweißtem Gebälk und einer kleinen Dachkammer obendrauf. In den Gärten standen Obstbäume, sah man Hühner herumlaufen, hier und da auch eine Kuh oder ein Pferd stehen. Eine ganz neu gedachte Stadt, deren charakteristischer Gitternetzplan schließlich zum Vorbild für die typische amerikanische Stadt werden würde.

Penns Utopie erblühte, Tausende folgten den Versprechen des Koloniegründers, in deren Zentrum eine Religionsfreiheit lag, die autobiografisch motiviert war. Penn hatte zuvor in seiner Heimat selbst für seinen Glauben mehrfach im Tower von London eingesessen. Der Sohn eines hoch dekorierten Admirals der Royal Navy hatte sich abgewandt von der Staatskirche, der Church of England, und war stattdessen der *Society of Friends* beigetreten, die man *Quakers* oder deutsch Quäker nannte, weil sie am ganzen Leibe zitterten und bebten, wenn der Geist des Herrn auf sie niederfuhr. Eben wie die Erde bei einem *earth-quake*. Dem Treueeid auf Kirche und König verweigerten sich diese Fahnenflüchtigen der Staatsreligion ebenso wie dem Dienst an der Waffe und machten sich damit im Mutterland unmöglich. Ironie des Schicksals, dass dem Pazifisten William Penn ausgerechnet der Kriegsruhm seines Vaters einen Ausweg bot: dem hatte der König für dessen Verdienste im Englisch-Niederländischen Seekrieg riesige Ländereien in Amerika übertragen, fünf volle Längengrade westlich des Delaware – ein Landversprechen, das der Sohn erbte.

»Sylvania« hatte Penn seine Kolonie anfangs schlicht nennen wollen, lateinisch für »Wälder«, doch Charles II. hatte sein Veto eingelegt. Wälder waren nicht einfach Wälder, sie wollten einen Namen haben, also nannte Penn sein Land schließlich Pennsylvania, »Penns Wälder« also, zu Ehren des verstorbenen Vaters, dem Kriegshelden des Empire. Die Kolonie gehörte zum Territorium, das man den Niederländern abgeknöpft hatte. England stand auch mit Frankreich und Spanien in Konkurrenz um Einfluss, Macht, Territorium. Es ging um den Ausbau globaler Handelswege und Märkte und darum, sich ausbreiten zu können, bevor die anderen es taten. Genau diesen Auftrag hatte Charles II. auch Penn in die Charter geschrieben: »unser Englisches Empire zu vergrößern ... in den Teilen von Amerika, die noch nicht kultiviert und bepflanzt sind.«

Ein Magnet, dieses Pennsylvania: Immer mehr Menschen kommen aus Europa herüber, Engländer, Skandinavier, Iren, und eben auch eine wachsende Zahl von Deutschen aus den gut 300 eng geführten Fürstentümern und Grafschaften ihrer Heimat. Penn verspricht ihnen neben Freiheit der Religionen auch Wachstum, Gleichheit und für diese Zeit viel Mitbestimmung. Dem Gouverneur und dessen Rat hat er ein jedes Jahr von den (freien, männlichen) Bürgern aufs Neue gewähltes Parlament gegenüber gestellt, die Assembly; ein Oberhaus wie in England gibt es hier nicht.

Umworben werden die Deutschen auch in ihrer Heimat, von den sogenannten »Neuländern«, meist deutschen Landsleuten mit Amerikaerfahrung, die durchs Rheinland ziehen und die Pfalz und den Leuten dort das Blaue vom amerikanischen Himmel versprechen. Eine frühe Drückerkolonne der Migrationswirtschaft, beauftragt von den Kolonieeignern selbst, den Reedern oder »von einigen Kaufleuten in Europa, welche sich mit Menschen-Handel aufhelffen mögten«, wie Heinrich Mühlenberg schreibt. Selbst die Ärmsten der Armen sammeln sie ein: Die kein Geld für die Überfahrt haben, können sich nach Ankunft auslösen lassen und ihre Schuld abarbeiten, auf nicht selten bis zu sieben Jahre als Redemptioner oder *indentured servants*, Leibeigene auf Zeit. Ein lohnendes Business für Schiffskompanien wie Käufer, billige Arbeitskraft wird immer gebraucht.

Spätsommer und Herbst waren in Philadelphia die Hochsaison der Einwanderung. »Wenn denn die Deutschen Schiffe ankommen«, schildert Mühlenberg im Oktober 1743 die Szenen, die sich am Hafen abspielten, »so sind fast aus dem ganzen Lande die Leute in der Stadt und kaufen sich Ankömmlinge zu servants.« Sieben neue Schiffe waren es alleine in diesem Monat, Mühlenberg aber hatte wieder einmal vergebens gewartet. Erneut war kein ersehnter Prediger für ihn dabei gewesen, kein Religionslehrer, nicht mal ein Brief von den Vätern in Halle und London, keine einzige Zeile nun schon seit bald einem Jahr. »Es scheinet«, klagt Mühlenberg traurig und einsam in Richtung seiner abwesenden Väter, »als wenn Sie meiner vergeßen hätten.«

Ein atemloses erstes Amtsjahr lag hinter dem Pastor. Ein neues Schulhaus war im Bau und zwei Kirchen, eine in Providence, eine in Philadelphia, beide aus solidem Stein gesetzt statt aus Holz. In der schlichten Dorfkirche St. Augustus, benannt nach dem Vater des Halleschen Direktors, August Hermann Francke, der die gesegneten Anstalten einst gegründet hatte, hielt man bereits seit September die Messe im Rohbau. Ein funktionales Kirchlein, das mit seinem doppelten Giebel im Inneren den nötigen Raum für einen kleinen umlaufenden Rang und damit für weitere Gläubige bot.

In Philadelphia war derweil ein wahrer Prachtbau im Entstehen: St. Michael, eine breitbäuchige Giebelkirche aus rotem Backstein für Hunderte Gläubige, beeindruckende 70 mal 45 Fuß im Grundriss, fast 300 Quadratmeter. Den Baugrund an der Fünften Straße hatte die Gemeinde im März auf Mühlenbergs Betreiben hin erworben. Lange genug hatte man sonntags als Zweitnutzer schäbiger Scheunen und Schlachthäuser herhalten müssen. Die Gemeinde wuchs, sie brauchte Platz, man wollte bald auch weithin sichtbar sein in der Stadt. Stolze 26 Meter würde der Turm der Michaelskirche nach Fertigstellung aus dem Stadtbild herausragen.

Gerade hatte man in St. Michael den ersten Gottesdienst gefeiert. »Befiehl Du Deine Wege«, hatte die ergriffene Gemeinde gesungen, die Baugerüste entlang der Innenwände und die noch mit Brettern vernagelten Fensterstürze taten der allgemeinen Euphorie keinen Abbruch. Selbst Mühlenberg hatte sich mitreißen lassen von diesem Moment der stolz geschwellten Feierlichkeit: »Ach Gott was für eine Wohlthat ist das, in einem so fremden und wüsten Lande!«

Dann hatte ihn schon wieder die Pflicht erfasst. Der Streit in den Gemeinden wollte kein Ende nehmen. Ende Oktober 1743 rief man ihn nach Tulpehocken, eine der entlegensten deutschen Siedlungen, 80 Meilen von Philadelphia entfernt – ein paar Dutzend verstreute Holzhäuser, umgeben von einigen Feldern und dichtem Gehölz, durch das verschlungene Indianerpfade führten. Das fruchtbare Land hier hatten deutsche Auswanderer zwanzig Jahre zuvor für sich in Anspruch genommen, noch ehe es offiziell erworben worden war. Erst später hatten Kolonialagenten dem alten und vom Alkohol gezeichneten Lenape-Häuptling Sassoonan das Gebiet abgerungen. William Penns auf Ausgleich bedachte Landpolitik gehörte bereits der Vergangenheit an, nach dem Tod des Koloniegründers 1718 hatten seine Söhne Pennsylvania geerbt, an den Idealen ihres Vaters aber nur bedingt Interesse gezeigt. Gleichzeitig verlangten immer mehr Siedler nach immer mehr Land, das immer weiter entfernt lag von den Behörden Philadelphias.

Es schien fast, als würde dieses Tulpehocken in einem anderen Land liegen, das Heinrich Mühlenberg nach einem mehrere Tage langen Ritt endlich erreichte. Es war ein anderes Leben, das die Menschen hier im Grenzland zu den Indianergebieten führten. Rauer als das in der Stadt, primitiver. Die meisten Häuser bestanden aus einem einzigen Raum, waren bessere Blockhütten aus grobem Holz. Mühlenberg war wegen einer Gemeindestreitigkeit hierher gerufen worden. Tulpehocken war in zwei Lager gespalten. Der eine Teil der Deutschen hatte sich der Herrnhuter Brüdergemeinde angeschlossen, deren Mitglieder man hier wegen ihres mährischen Ursprungs *Moravians* nannte. Mit deren Anführer Graf Zinzendorf war Mühlenberg bereits kurz vor dem Jahreswechsel in Philadelphia aneinandergeraten, ein hübscher theologischer Showdown: »Was hat Er zu reden? Er ist ein junger Pfarrer! Ein Dorfpfarrer!« – »Sie müssen nicht in Hitze kommen Herr Graf.« – »Die Hallenser sind Pietisten! Sind Sie nicht ein Hallenser?« – »Ich bin ein Lutheraner und dabei bleibe ich.«

In Tulpehocken beanspruchten Zinzendorfs Herrnhuter die Gemeindekirche, oder was man hier so Kirche nannte: eine grob behauene Hütte mit offenem Türsturz, durch den Tag und Nacht der Wind hereinpfiff. Der Rest der Lutheraner war derweil dabei, sich ein paar Meilen weiter ein eigenes Kirchlein zu bauen, hatte sich aber noch vor dessen Vollendung mit dem eigenen Pfarrer überworfen. Ein heilloses Durcheinander. Mühlenberg konnte die Gemeinde als Schlichter davon überzeugen, einen württembergischen Pastor aufzunehmen, der erst kurz zuvor mit seiner Familie aus Neu-England in Pennsylvania eingetroffen war, auf der dringenden Suche nach Arbeit und Unterkunft, nachdem der Boden im Norden sich schnell als völlig unbrauchbar herausgestellt hatte für die unbedarften Auswanderer. Kein seltenes Schicksal für die in Amerika ankommenden Migranten.

Mühlenberg freute sich, dass er eine schnelle Lösung gefunden hatte: Sollte dieser Tobias Wagner, wie der Pfarrer hieß, der Tulpehockener Gemeinde dienen und dort sein Auskommen finden. So kam Mühlenberg auch nicht in die Verlegenheit, Wagner in einer seiner eigenen Gemeinden unterbringen zu müssen. Denn wenn er ehrlich war, hielt er dessen Predigten für nicht sonderlich anregend, um nicht zu sagen: sterbenslangweilig. Und auch dessen aufbrausendes, unberechenbares Wesen stieß ihn ab. (Erkannte er im Herrn Kollegen am Ende etwa Spuren seines eigenen Charakters?)

Ein anderer Württemberger, der sich in Tulpehocken niedergelassen hatte, beeindruckte Heinrich Mühlenberg weitaus mehr. Conrad Weiser war wohlhabender Farmer, Landbesitzer, Friedensrichter und Diplomat der Penn-Regierung und dadurch zweifellos der erste und wichtigste Mann an diesem entlegenen Ort. Weiser schien all das Charisma abbekommen zu haben, das dem faden Wagner fehlte, er war weit über die deutsche Gemeinde hinaus hoch angesehen, hatte Verbindungen bis zum Gouverneur, für den er als offizieller Dolmetscher und Unterhändler bei den Irokesenstämmen der Six Nations wirkte. Ein Mittler zwischen den Welten, sprach er doch die Sprache der Mohawk, seit er als junger Mann monatelang bei ihnen gelebt hatte. Tarachiawagon nannten sie Weiser, ein Ehrentitel, der so viel bedeutete wie »Halter der Himmel«. Mehr als einmal hatte Conrad Weiser William Penns Erben schon den Frieden gerettet.

Weiser war 15 Jahre älter als Heinrich Mühlenberg, in der Nähe des schwäbischen Tübingen geborener Sohn eines ehemaligen Blauen Dragoners, mit dem er nach Amerika kam, die fromme Mutter war bereits jung am Fieber gestorben. Weiser, ein Familienvater mit Frau und sechs Kindern, schien immer auch etwas Suchendes, schwer Greifbares auszustrahlen. Ein ewiger Reisender. Eine Weile hatte er der radikal-pietistischen deutschen Mönchsgemeinde im benachbarten Ephrata nahegestanden, wo man streng zölibatär lebte. Und den Grafen Zinzendorf hatte er einmal auf dessen Wunsch als Missionar zu den Irokesen geführt, um ihm am Ende in deren Auftrag achselzuckend zu bescheiden, dass seine Freunde

für eine Christianisierung leider nicht zur Verfügung
stünden.

Weiser und seine ebenfalls deutschstämmige Frau
Anna Eva bewohnten mit ihren Kindern im Grenzland
von Tulpehocken ein zweigeschossiges Haus aus hellem
Stein auf 360 Hektar Land. Das offene Erdgeschoss, ein
einziger großer Raum ohne Zwischenwände, war meist
von der Wärme des Backofens erfüllt, Essensgeruch lag
in der Luft. Hier unten kamen alle zusammen, die Kinder
wirbelten durcheinander, hier aß man, saß abends beisammen. Hier auch stand, eine Sensation in dieser Gegend: eine Hausorgel.

Es war dieses Instrument, das bei Heinrich Mühlenbergs Besuch in Weisers Haus ein kleines Wunder be-
wirkte. Vielleicht im Zusammenspiel mit Conrad Weisers
einnehmendem Wesen, mit der Herzlichkeit seiner Frau,
ihrem gastlichen Heim oder den leuchtenden Augen seiner Kinder: Irgendetwas hier beseelte Heinrich Mühlenberg an diesem Oktoberabend 1743, etwas in ihm öffnete
sich, was seit seiner Ankunft in Amerika verschlossen
gewesen schien. Etwas, das er niemandem hier bisher gezeigt hatte.

Heinrich Mühlenberg setzt sich an die Orgel und fängt
zu spielen an. Seine Finger gleiten im Rhythmus der Me-
lodie über die Tasten, er singt und begleitet sich selber,
ein Lied geht in das andere über. Es sind die Hymnen, die
er in Halle gelernt hat, die Kirchenlieder, die ihn als jungen Mann erbaut und geprägt haben. Er mag Bach spielen
oder Paul Gerhardt, welche Werke genau, ist unerheblich,
es ist ein glorreicher Moment der Innigkeit, der Heimat in
der Fremde, es ist ein Abend, der eine Weiche stellt und
viel, wenn nicht alles, verändert.

Es ist ein Moment der inneren Einkehr, in der Mühlenberg, vielleicht zum ersten Mal seit seiner Ankunft, etwas Abstand gewinnt zu den Bürden seines Amtes. Wie mühselig sein erstes Jahr in Amerika gewesen ist, voller Machtkämpfe und Ringen um Anerkennung. »Die Leute müssen hier fast schwerere Arbeiten tun als wir in Deutschland«, hat er gerade der geliebten Mutter nach Einbeck geschrieben. Sein größter Wunsch ist es, sie einmal noch wiederzusehen. »Ich küsse Sie allesamt, die mich kennen, im Geiste«, hat er seiner Familie geschrieben, ein Brief voller Sehnsucht und Heimweh. »Ich bin nicht verheiratet und möchte auch wohl alleine bleiben, doch soll alles geschehen nach Gottes Willen.«

Als nun im Haus der Weisers die letzten Töne der Hausorgel verklungen sind und sich Mühlenberg, schwitzend, klopfenden Herzens, langsam wieder zur Familie umdreht, schaut er in glänzende Augen und ergriffene Gesichter. Der Pastor spürt den Blick der ältesten Tochter Conrad Weisers auf sich, senkt schamvoll den Kopf. Wie alt mochte sie sein? Und hieß sie nicht Anna Maria, genau wie seine arme, alte Mutter daheim in Einbeck?

EIN DEUTSCHES HEIM IN AMERIKA

Der Freitag nach Ostern 1745 war ein Festtag in Tulpehocken, die kleine Christuskirche der Lutheraner voll bis auf den letzten Platz. Keiner im Ort wollte es sich nehmen lassen, den Brautvater und dessen Familie zu beglückwünschen, den ehrenwerten Friedensrichter und Gesandten der Regierung, Johann Conrad Weiser, der an diesem Tag seine Tochter vermählte.

Vor dem Altar steht – jedenfalls für den heutigen Blick – ein etwas ungleiches Paar: Hier der Stadtpfarrer mit getragener Amtsmiene im dunklen Gewand, das schneeweiße Beffchen am Hals, dort seine 15 Jahre jüngere Braut, wenige Wochen vor ihrem 18. Geburtstag – durchaus kein ungewöhnliches Alter für eine Frau in Pennsylvania am Tag ihrer Hochzeit. Meist sind die Frauen hier noch unter 20, wenn sie heiraten, jünger als in Europa.

Anna Marias Eltern sind da und ihre mittlerweile sechs Geschwister. Der jüngste Bruder, Benjamin, ist gerade acht Monate alt. Es ist eine Hochzeit im Herzen ihrer Kindheit, der sie gerade erst entwachsen ist. Anna Marias Elternhaus liegt keine fünf Meilen entfernt, der Ort, an dem Heinrich Mühlenbergs Gesang und sein Orgelspiel ihre Verbindung begründet hat. Nun, anderthalb Jahre später, wirkt der Bräutigam dagegen über die Maßen ernst. Fast missmutig scheint er der Predigt zu lauschen, die, im süddeutsch näselnden Singsang des Tulpehockener Pastors Tobias Wagner vorgetragen, mal hierhin, mal dorthin zu gleiten scheint.

Der begabte Redner in Mühlenberg windet sich. Es ist das Schicksal seines Amtes: Dass ausgerechnet der fade Wagner zu diesem Anlass predigen muss, den er selber hier herauf in diese Gemeinde versetzt hat! Doch so sehr sich Heinrich Mühlenberg einen Ausweg wünscht, es ist nicht zu ändern. Eine schlichte Unmöglichkeit, dass ein Pfarrer auch noch auf seiner eigenen Hochzeit die Predigt hält ...

Die anschließenden Feierlichkeiten dürfen wir uns nicht allzu ausschweifend vorstellen. Neben erbaulichen Tischreden wird man mit der »Absingung geistlicher Lieder beschäftigt« gewesen sein, wie Mühlenberg es

zu solcherlei Anlass bevorzugte. Zuwider waren ihm die
Bräuche, die sonst in den Gemeinden an Hochzeitstagen
vorherrschten, wenn, kaum dass die Messe beendet war,
»ein schrecklich Gerase mit vollsauffen, wettlauffen,
tantzen, springen und dergleichen« losbrach.

Warum hatte Mühlenberg nun doch geheiratet? Auch
äußerer Druck hatte auf ihn eingewirkt. »Man kann sich
in Europa schwehrlich einen rechten Begriff von den hiesigen Umständen machen«, hatte er gerade erst an Francke geschrieben, »die Versuchungen und Lasten in meinem zweijährigen Amte allhier sind unbegreiflich.« Ein
ewiges Getuschel hatte ihn, den ledigen Pastor, in den
ersten beiden Amtsjahren begleitet. Ständig wurden ihm
Frauen angetragen, *I know a good Espouse for you*, hieß
es bei den Engländern, *der Pfarr muss noch mein Sohn
werden*, bei den Deutschen. Schließlich wurden ihm von
seinen Gegnern sogar zwei Huren in Philadelphia ange-
dichtet. Mit solcherlei Gerede war nun jedenfalls Schluss,
die Würde des Amtes gewahrt. Auch wenn Mühlenberg in
all der Aufregung ganz vergessen hatte, Francke von seinen Plänen in Kenntnis zu setzen … Oder war es Scham
gewesen? Der Herr Direktor erfuhr schließlich, welch
Peinlichkeit, zuerst von einem Kollegen Mühlenbergs von
dessen Heirat – und gratulierte pflichtschuldig.

»Auf nichts als die Frömmigkeit« habe er bei seiner
Wahl geblickt, meldet Mühlenberg daraufhin in pietis-
tischer Beflissenheit nach Halle, »wie es mir und dem
Werck mögte convenable seyn.« Auch die Beschreibung
seiner Frau gehorcht dem lutherischen Vokabular seiner
Zeit: »Gott hat auch mein Seufzen erhöret und mir eine
reine fromme einfältige, demütige und arbeitsame Jung-
frau bescheret.«

Der *finis primarius* oder oberste Zweck einer Ehe, hielt Mühlenberg an anderer Stelle in seinem Journal fest, war es, das Menschengeschlecht zu vermehren und die in die Welt gebrachten Kinder in Anbetung und Bewunderung des Herren aufzuziehen. Der zweite oder nachgelagerte Zweck, der *finis secundarius*: dass die Eheleute einander Stütze und Hilfe im Leben sein sollten. Was von den Ehefrauen in der deutsch-amerikanischen Gesellschaft zu jener Zeit im Allgemeinen erwartet wurde, lässt sich aus den munteren Versen erahnen, die dem Buchdrucker Gotthard Armbrüster in Philadelphia zu seiner Eheschließung mit der »Jungfer Anna Margaretha Kernin« 1747 von einigen deutschen Freunden verfasst wurden: »Mein liebster Schatz, mein Bräutigam / Der soll mein Leitstern seyn / Ich folg ihm nach gleich wie ein Lamm / Mein Willen geb ich drein.«

Dabei war in Wahrheit Anna Maria diejenige, die – neben einer ordentlichen Mitgift – den guten Namen in diese Ehe einbrachte, den Namen Weiser. Aus besserem Hause als sie konnte eine Deutsch-Amerikanerin dieser Zeit kaum stammen. Heinrich Mühlenberg dagegen war bis zum Tag seiner Hochzeit ein Niemand in Pennsylvania und den amerikanischen Kolonien gewesen, ein kleiner deutscher Pfarrer ohne höheren Status.

Nun aber war er eben nicht nur Anna Marias Mann, sondern auch der Schwiegersohn Conrad Weisers, des weithin bekannten und bestens vernetzten Kolonialagenten. Ein steiler Aufstieg für Mühlenberg in der Gesellschaft von Pennsylvania. Hatte er es darauf angelegt? Möglich. Doch es gab auch eine innige Verbindung zwischen den Eheleuten, ein Band der gemeinsamen Herkunft vielleicht, eine Herzlichkeit inmitten all des Frommen, die wahrnimmt, wer Mühlenbergs Aufzeichnungen liest.

Das junge Paar machte Pläne, brach auf in die gemeinsame Zukunft. In Providence kauften Heinrich und Anna Maria noch im gleichen Jahr 80 Acres Land rings um die Augustuskirche, gut 32 Hektar, und begannen, sich darauf ein Wohnhaus zu errichten. Conrad Weiser steuerte 100 Pfund bei, den Rest des Geldes lieh man sich bei der Gemeinde. Keine hölzerne Blockhütte war das, wie man sie sonst hier baute, sondern ein zweigeschossiges Steinhaus mit Unterkellerung, von Mühlenberg selbst entworfen und funktional unterteilt in mehrere Zimmer und Schlafräume auf jedem Stockwerk – inklusive einer stabilen inneren Trennwand aus Fachwerk. Kurzum, ein echtes deutsches Heim in Amerika.

Als im Oktober auch die Dorfkirche St. Augustus nebenan feierlich eingeweiht wurde, musste sich Heinrich Mühlenberg endgültig angekommen fühlen: »Hier ist demnach unsere leibliche Heimath, wo wir die Kleider ein wenig trucknen, wenn wir im Sturm und Regen gewesen«, schreibt er nach Deutschland, »und freuet uns wenn das Los so gefallen, daß wir in der Providence zu Hause gehören, bis wir zum rechten Vaterlande und Ruhe gelangen.«

Nach Amerika nur noch das Himmelsreich. Von einer möglichen Rückkehr nach Europa nach Ablauf seiner dreijährigen Probezeit war nun keine Rede mehr. Endlich hatte Mühlenberg personelle Verstärkung aus Halle bekommen, zwei Katecheten und einen zweiten Pastor, ein 28 Jahre alter Holsteiner namens Brunnholz, der nun die Stadtgemeinden von Philadelphia und Germantown versorgte. »Ich weiß nicht ob für Freuden lachen oder weinen soll«, hatte Mühlenberg die Ankunft seiner drei »Gehülffen« zu Beginn des Jahres bejubelt und im Geiste zu singen angefangen: »Wenn die Stunden sich gefunden, bricht die Hülff' mit Macht herein.«

Eine wichtige Zäsur: 1745 hatte Mühlenberg die anfängliche Einsamkeit seines Wirkens überwunden. Gemeinsam ging es nun der Zukunft entgegen. Während Anna Maria und Heinrich Mühlenberg begannen, sich in ihrem gemeinsamen Leben einzurichten, war der Brautvater schon wieder im Auftrag der hohen Politik unterwegs. Als Agent der Kolonien Virginia, New York und Pennsylvania ritt Conrad Weiser kurz nach der Hochzeit seiner Tochter einmal mehr zum Großen Irokesen-Rat nach Onondaga ins Ohiotal. Einige Hundert Shawnee-Krieger waren unter dem Einfluss ihres halbfranzösischen Häuptlings Pierre Chartier zu den Franzosen übergelaufen und hatten englische Pelzhändler um ihre wertvollen Waren gebracht. Die Briten forderten Chartiers Auslieferung. Noch ging es nur um einige Tierfelle, um Bären, Biber, Rehe und Waschbären. Bald schon aber würde im Ohiotal im Westen von Pennsylvania nicht weniger als der Weltfrieden auf dem Spiel stehen.

DIE LAUTERE WAHRHEIT

Die deutschen Einwanderer bauen sich Kirchen, große Tempel inmitten der Stadt, sie wollen sichtbar werden, ihre Gemeinde wächst und wächst – und das bald schneller als die Bevölkerung Pennsylvanias insgesamt. Alleine in den sechs Jahren zwischen 1749 und 1754 kamen 35 000 deutsche Migranten nach Pennsylvania, mehr als das

Doppelte der bereits in der Kolonie lebenden Deutschen. Das rief Argwohn bei der englischen Mehrheit hervor. Würde man bald fremd im eigenen Lande werden? Seit 1727 schon mussten sich alle deutschen Neuankommenden ab 16 Jahren noch an Bord der Atlantiksegler in offizielle Listen eingetragen lassen. Nach der Landung ließ man sie dann als Erstes im Court House von Philadelphia einen Treueeid auf den britischen König und den Gouverneur schwören sowie dem Papst und den Stuarts förmlich entsagen.

Warum das Ganze? Die Furcht, ja: Paranoia, vor importiertem Deutschtum und Katholizismus beruhte nicht zuletzt auf dem großen Konflikt der Zeit, in den auch die britischen Kolonien verwickelt waren. Denn in Amerika hatte neben England auch das katholische Frankreich Besitzansprüche, weitete von Kanada her sein Handelsnetz aus, baute Forts, schloss Allianzen mit indigenen Stämmen. »Wir fürchten uns hier wohl nicht ohne Ursache vor dem Krieg, weil wir etliche tausende Catholiken in Pensylvanien haben, welche unsern einheimischen Feind sind«, bilanzierte Heinrich Mühlenberg, als 1744 offizielle Kampfhandlungen ausbrachen.

Der *King George's War*, wie der Konflikt schließlich genannt wurde, erhöhte den Druck auf die Deutschen, die man in der englischen Mehrheitsgesellschaft nicht selten mit leicht abschätzigem Unterton »*The Dutch*« nannte. Die Quäkerkolonie Pennsylvania war weitgehend unbefestigt, hatte keine Miliz gegründet oder Forts gebaut. Würden die Deutschen im Notfall helfen, Pennsylvania gegen die Katholiken zu verteidigen? Als man 1747 einen Angriff französischer und spanischer Kriegsschiffe auf das völlig unbefestigte Philadelphia befürchtet, wendet sich einer der erfolgreichsten Unternehmer der Stadt direkt an die »tapferen und getreuen Teutschen«, umschmeichelt und umgarnt sie öffentlich. Hatten sie denn in ihrer Heimat nicht schon seit Caesars Zeiten ihren Kampfesmut bewiesen und auch später für ihre jeweiligen Landesfürsten immer wieder zu den Waffen gegriffen? »Solten diese Leute, die so tapfer für ihre Tyrannen und Wüteriche gestritten, nun zurückstehen, und sich mit uns nicht vereinigen, ihre unerworbene und allerköstlichste Freyheit und eigenthümliche Besitzungen zu beschirmen?«

Der Autor dieser Schrift mit Namen *Plain Truth*, in der deutschen Übersetzung »Die lautere Wahrheit«, war ein gewisser Benjamin Franklin, der mit seiner florierenden Druckerei in der Market Street in zwanzig Jahren ein kleines Vermögen erwirtschaftet hatte. Franklin, der neben seiner Tätigkeit als Drucker und Verleger auch Alltagsphilosoph, Hobby-Wissenschaftler, Erfinder und interessierter Tüftler aller Art war, schätzte die Deutsch-Amerikaner nicht zuletzt für ihre Effizienz und Handwerkskunst. Für den raumübergreifenden »German Stove« beispielsweise, einen Doppelkamin, der durch Befüllung aus dem Nebenraum, meist der Küche, keinerlei Rauch und Ruß in die gute Stube gelangen ließ. Das heute legendäre *German Engineering*, schon im 18. Jahrhundert also ein Hit in Amerika.

In Sachen Kriegsbereitschaft jedoch hatte sich Franklin vorerst in den Deutschen getäuscht: Die Wehrbemühungen Philadelphias, die dank seiner Petition schließlich zustande kamen, unterstützten sie jedenfalls kaum. Die Pfälzer Einwanderer mochten froh sein, den Konflikten ihrer Heimat entkommen zu sein, die protestantischen Sekten folgten den pazifistischen Quäkern und ihrem

Anna Maria Mühlenberg, geb. Weiser (1727–1802) –
Scherenschnitt; ein Porträt von ihr existiert nicht,
möglicherweise wegen ihrer Brandnarben aufgrund eines
Unfalls.

deutschen Sprachrohr, dem Germantowner Zeitungs-
drucker Christopher Sauer. Und der Lutheraner-Klerus
um Heinrich Mühlenberg hielt sich einstweilen an die
strikte Weisung seiner deutschen Vorgesetzten, sich aus

der amerikanischen Politik und den weltlichen Scharmüt-
zeln unter allen Umständen herauszuhalten.

Mühlenberg war ohnehin mit anderen Dingen beschäftigt. Die Mühen der Amtsgeschäfte hatten auch nach der
Hochzeit mit Anna Maria nicht nachgelassen, im Gegenteil. Ständig brach er aufs Neue auf zu einem Konflikt-
herd, bereiste teils weit entlegene Gemeinden, ordnete,
führte, rastlos, wie besessen. Vielleicht auch wegen dieser ständigen dienstlichen Abwesenheiten ihres Mannes
verging annähernd ein Jahr, bis Anna Maria ihm im Frühjahr 1746 eröffnete, sie sei guter Hoffnung.

In der Nacht zum 1. Oktober brachte sie, Schlag Mitter-
nacht, ihr erstes Kind zur Welt, einen Sohn, den die Eltern
Johann Peter Gabriel nannten. Im Januar 1748 folgte eine
Tochter, die man auf die Vornamen Eva Elisabeth taufen
ließ. Eine Familie war im Entstehen, gleich indes blieb
die Unverfügbarkeit des Vaters, die selbst für die Verhält-
nisse der Zeit ein Extremum darstellt. Heinrich Mühlenberg selbst gibt davon Zeugnis, nachdem er die Geburt
seines dritten Kindes am Neujahrsabend 1750, natürlich
»wegen Amtsgeschäften«, schließlich gänzlich verpasst
hat: »Meine Frau hat in der Angst geweint, daß ihr Mann
so selten und dasmal gar nicht zu Hause war und gemeint,
daß eine Frau mit einem Handwerksmann oder Bauern
besser dran wäre, weil solche doch die meiste Zeit zu
Hause sein könnten …« Es war Conrad Weiser, der just
an jenem 1. Januar auf Durchreise zur Nacht im Haus seiner Tochter eingekehrt war und ihr in den Stunden der
Geburt beistand, »der liebe Gott fügte es so«, wie Mühlenberg praktischerweise annahm. Und benannte sein drittes
Kind Friedrich August Conrad nicht nur nach dem not-
helfenden Schwiegervater, sondern eben auch nach den

beiden Männern, die ihn zwar »in den mir allzuschweren Beruf nach Pennsylvanien« gezogen und ihm »so schwere Lasten aufgebürdet« hatten, denen es aber dennoch unverbrüchlich die Treue zu halten galt: Friedrich Ziegenhagen und Gotthilf August Francke, seinen kirchlich-väterlichen Vorgesetzten. Sie ernannte Mühlenberg zu Paten seiner Kinder in Abwesenheit.

Namen sind wie Patenschaften immer auch Anker, die von den Eltern ausgeworfen werden, in die Zukunft und, fast noch wichtiger, in die eigene Vergangenheit. Und doch war in den Kindern der Mühlenbergs eben auch schon etwas Neues angelegt. Alle drei führten von Geburt an die Namen ihrer ausgewanderten Großeltern, die Namen von Johann Conrad und Anna Eva Weiser. Das Herzliche und Hartnäckige, ja: Amerikanische, dieser Migrantenfamilie aus dem Tulpehockener Grenzland. (Bald schon würden die Mühlenberg-Kinder ohnehin, der praktischen englischen Art entsprechend, schlicht Peter, Frederick und Betsy gerufen werden.)

Das Nach-Vorne und das Zurück, es ist die doppelte Identität aller Einwandererkinder, das Bipolare ihres Ichs, diese zwei zeitversetzten Welten, die bald auch an der zweiten Generation der Mühlenbergs zerren werden. Ganz besonders an Peter und Friedrich, dem Mitternachtskind und dem Neujahrsbuben, beide von Beginn an wie auf eine Schwelle der Existenz gesetzt. Wir werden noch von ihnen hören.

WOHIN MIT DEN DEUTSCHEN?

Auch wenn der *King George's War* seit 1748 vorüber, die unmittelbare Bedrohung von Philadelphia auch ohne die Unterstützung der meisten Deutschen abgewendet worden war – die Skepsis gegen sie ließ nicht nach, im Gegenteil. »Die Beobachtung, dass die Deutschen in allzu großer Zahl nach Pennsylvania importiert werden, ist meiner Ansicht nach sehr berechtigt«, bemerkte Benjamin Franklin im März 1751. Für die Zukunft der englischen Machtelite, der er selbst angehörte, sah er schwarz: »Dies wird in wenigen Jahren eine deutsche Kolonie werden: Anstatt dass sie unsere Sprache lernen, müssen wir die ihrige lernen, oder wie in einem fremden Lande leben.«

Franklin war nicht der Erste und Einzige, der eine deutsche Überfremdung befürchtete. Thomas Graeme, ein Arzt aus Philadelphia und offizieller Berater des Kolonieeigners, hatte zuvor bereits Thomas Penn von Klagen »einer Vielzahl von Leuten aller Stände hier« berichtet, »dass die Deutschen, durch ihre Zahl und ihre Betriebsamkeit, bald die Herren dieser Provinz werden sowie eine Mehrheit in der Legislatur, und daher auf jegliche Art und Weise eingegrenzt und unterdrückt werden müssen«.

Einen »einfachen Weg«, die Deutschen politisch an den Rand zu drängen, hatte Graeme dem Kolonieeigner gleich mitgeliefert. Die Bevölkerung von Pennsylvania war vor allem außerhalb von Philadelphia und in den weiten ländlichen Regionen der Kolonie stark gewachsen, eine Neuordnung der Counties und deren politische Repräsentation stand an. Wenn man nun die neuen Verwaltungsgrenzen derart zöge, so Graeme, dass möglichst viele Deutsche in möglichst wenigen Counties mit nur einer Handvoll Abgeordneter zusammengefasst wären, könnte man »die Deutschen in der Konsequenz für immer davon abhalten, eine Mehrheit in der Assembly zu stellen«. Durch die Schaffung zweier neuer Counties im mehrheitlich deutsch geprägten Hinterland würde man das den Deutschen sogar als gute Nachricht verkaufen können. Auch wenn in Wirklichkeit ihr Anteil in der Assembly nie mehr als zehn von 38 Sitzen betragen könne.

1750 verabschiedete die Assembly von Pennsylvania Graemes Vorschlag mit den Stimmen beider wichtigen politischen Parteien, die sich ansonsten meist spinnefeind waren. Nun aber hatte sich die angelsächsische Mehrheit parteiübergreifend die Macht gesichert – und sich dazu ganz nebenbei eines politischen Schachzugs bedient, der bis heute in den Vereinigten Staaten Anwendung findet, um unliebsame Wählergruppen zu marginalisieren: das Prinzip des »Gerrymandering« (später benannt nach dem Gründervater Elbridge Gerry aus Massachusetts).

Politisch mochten die Deutschen eingehegt worden sein, doch Fragen über ihre allgemeine Loyalität blieben bestehen. Mussten den deutschen Bewohnern, die aus unfreien Fürstentümern und Grafschaften stammten und nicht selten für die feudalen Herrscher ihrer alten Heimat Militärdienst abgeleistet hatten, nicht die britischen Bürgerrechte, ja, die Bedeutung des Wortes *liberty* an sich, notgedrungen fremd bleiben? Und was war mit den Katholiken unter ihnen? Würden sie wirklich fest zur britischen Seite stehen, wenn es erneut zu einem Kolonialkrieg mit Frankreich käme? »Wie gute Untertan sie werden können, und wie treu dem britischen Interesse, ist eine Frage, über die sich nachzudenken lohnt«, schrieb Benjamin Franklin. Er hatte da so seine Zweifel.

Auch in der Stadtgesellschaft von Philadelphia sorgte ihre Anwesenheit für zunehmende Verstimmung, wie Franklin vernahm. »Jetzt schon beginnen die Engländer, bestimmte von Deutschen umgebene Viertel zu verlassen, beunruhigt durch die Widerwärtigkeit misstönender Sitten.« Sollte man die deutschen Neuankömmlinge nicht gleich bis hinauf an die nordwestlichen Grenzen der Kolonie am Susquehanna-Fluss schicken, wo die Indianergebiete begannen und der Einfluss der Franzosen? Gleichsam als menschliches Bollwerk, wie man es bereits mit den schottisch-irischen Migranten machte, die man generell für verarmt, verroht und gewalttätig hielt. Dort, an der Frontier, hätten dann auch die Deutschen als allererstes ihr eigenes Stück Land zu verteidigen – und die territorialen Interessen des britischen Weltreichs praktischerweise gleich mit.

»Warum«, fragte sich Franklin, »sollte es den Pfälzer Bauernlümmeln gestattet sein, in unsere Siedlungen zu strömen und durch ihr Herdenverhalten ihre Sprache und Sitten unter Ausschluss der unsrigen zu etablieren?« Wäre es nicht sogar geraten, den Import deutscher Bücher nach Pennsylvania zu verbieten und die deutschen Druckereien zu schließen? Auch solcherlei Zwangsmaßnahmen wurden von den Notablen der Kolonie diskutiert. Ebenso Zwangsehen deutscher Einwanderer mit englischen Frauen. Davon jedoch riet Franklin entschieden ab, allein schon wegen der sonderbaren Schönheitsideale der deutschen Männer, die ihm wie so vieles andere von irgendwem zugetragen worden waren: »*dick und starcke*, that is, *thick and strong*, always enters into their Description of a pretty Girl«.

Schließlich landete man beim Hebel der Schulbildung.

Ohne sprachliche und kulturelle Assimilation, argumentierte Franklin, werde das demografische Problem bald eben doch zu einem politischen werden. Die Gesellschaft der Kolonien wuchs dank der günstigeren Lebensbedingungen und der Einwanderung viel schneller als die im englischen Mutterland. Und am schnellsten wuchs eben ihr deutscher Teil. Die Zahl der Bewohner in den Kolonien würde sich alle 20 Jahre verdoppeln, prognostizierte er in einer demografischen Abhandlung 1751. Wie viele von ihnen würden wohl deutsch sprechen?

Bildung stand hoch auf Franklins Agenda. Auf sein Betreiben hin war seit 1749 an der Ecke Fourth & Arch Street bereits die Academy of Philadelphia in Betrieb, eine überkonfessionelle Sekundarschule mit naturwissenschaftlich-technischem Schwerpunkt, in der im Unterricht Englisch statt wie in Europa üblich Latein gesprochen wurde. In den deutsch dominierten Landgemeinden sollten nun englischsprachige Grundschulen entstehen, offiziell, um den armen Einwandererkindern Unterricht »in der englischen Sprache und den gemeinen Prinzipien der christlichen Religion und Moral« zu ermöglichen. In Wahrheit ging es darum, sie sprachlich wie auch politisch zu Engländern zu machen, also »eher zu guten Untertanen […] als zu dem, was man gute Schüler nennt« – kurzum, sie zu assimilieren.

Im März 1754 gründete sich zu diesem Zweck die »German Relief Society« und beschloss die Eröffnung von englischen Schulen in den sechs deutsch geprägten Städten und Gemeinden Pennsylvanias: Easton, Lancaster, New Hanover, Reading, Skippack bei Providence und York. Das sechsköpfige Kuratorium der Gesellschaft, zu dem auch Franklin gehörte, bestand fast ausschließlich aus der regierungsnahen, englisch-amerikanischen Elite. Quäker waren keine vertreten. Als einzigen Deutschen hatte man Conrad Weiser berufen, der neben seinem Einfluss auf die deutschen Siedler an der Frontier auch über den direkten Draht zu Heinrich Mühlenberg und dessen Lutheranergemeinden verfügte. Dort herrschte unverändert Bildungsmangel: »Mit den Schulen und der Schul Arbeit, siehet es in unsern Land-Gemeinden noch schlecht aus«, meldete Mühlenberg nach Deutschland, »weil tüchtige und rechtschaffene Schulhalter rar, die Salaria gantz unzulänglich, die Gemeins Glieder zerstreuet und weit voneinander, die meisten arm, die Wege im Winter zu übel, und die Kinder im Sommer zur Arbeit zu nöthig sind.«

Waren das normale Wachstumsschmerzen oder drohte die deutsche Gemeinde, sich zu übernehmen? Den prächtigen Turm der Michaeliskirche an der Fünften Straße jedenfalls, auf den die deutschen Gläubigen von Philadelphia so stolz gewesen waren, hatte man schon zwei Jahre nach seiner Einweihung wieder einreißen müssen, da das enorme Gewicht die Wände des Kirchenschiffs zum Einsturz zu bringen drohte. Der Kirchbau hatte enorme Summen verschlungen, man war umso mehr abhängig von Gläubigern in Amerika und kirchlichen Gönnern in Europa.

Finanzielle Zwänge, die Heinrich Mühlenberg selbst nur zur Genüge kannte. Seine Familie wuchs, bis 1754 waren zu Peter, Elisabeth und Friedrich noch zwei weitere Kinder hinzugekommen, eine zweite Tochter, Margreth, und ein dritter Sohn, Heinrich Ernst. Machte fünf Kinder und kaum genug Geld, auch nur für die grundlegenden Bedürfnisse aufzukommen. Das Jahressalär, das die Gemeinde ihrem Pastor gewährte, betrug mickrige

30 Pfund, und trotzdem sah sich Mühlenberg noch Vorwürfen ausgesetzt »man sey ein Geld Pfaffe, weil man
den armen Leuten jährlich Geld abnähme«. Von den
180 Pfund Eigenanteil am Grundstückskauf und Haus-
bau in Providence war die Familie sieben Jahre später
nicht nur noch 116 Pfund schuldig, es standen auch weitere 50 Pfund für Nahrung und Kleider von zwei Jahren
zurück.

Mühsam ersuchte Mühlenberg daheim in Einbeck um
145 Reichstaler, die ihm aus dem Erbe seiner mittlerweile
verstorbenen Mutter zustanden. Zweimal hatte er sich
überdies genötigt gesehen, einen lukrativen Ruf an eine
Gemeinde in New York anzunehmen. Anna Maria war derweil alleine mit den Kindern in Providence verharrt, als
menschliches Pfand der misstrauischen Gemeinde, die
eine endgültige Abwanderung ihres Pastors fürchtete.
Wenngleich sich Mühlenberg dem Drängen seiner Frau
gefügt hatte und nur drei statt der gewünschten sechs
Monate in New York geblieben war – so langsam ging all
das an die Substanz. Als er zum zweiten Mal in New York
aushalf, wurde Anna Maria zu Hause krank. Ihr Mann
brach sein Engagement sofort ab und kehrte vorzeitig
heim.

Nicht nur Mühlenberg stellte sich die Frage, wer »meine
arme Kinder christlich erziehen mögte«. Wenn es nach
dem Pastor gegangen wäre, hätten sich die deutschen Lutheraner längst selbst eine Schulanstalt nach dem Vorbild
des Waisenhauses von Halle errichtet, voll ausgestattet
und weitgehend autark, »in der Mitte von unsern Gemeinen«, in Neu-Hannover. Die nötigen Kontakte wären
vorhanden, Conrad Weiser hätte dazu direkt bei Thomas
Penn vorsprechen können. Doch Gotthilf Francke hatte

seine Unterstützung verweigert, nicht zuletzt aus Kostengründen.

Auch Franklin kannte die Deutschen und ihren schon damals sprichwörtlichen Geiz. »*The Dutch Wou'd fain save all the Money that they Touch*«, war eine Sentenz, die der Autor von »Poor Richard's Almanac« gerne zitierte, die Deutschen wollten demnach alles Geld, das durch ihre Hände ging, am liebsten sparen. Daher, so Franklin, sollten die englischen Grundschulen auf dem Land unbedingt kostenfrei besucht werden dürfen. »Wenn sie englische Schulen gratis haben können, werden sie, so sehr sie ihre eigene Sprache lieben, nicht für deutsche Schulen zahlen.«

Mühlenberg spürte den steigenden Druck auf die Deutschen, während der nächste Krieg gegen Frankreich heraufzog. Es galt, guten Willen zu demonstrieren. Sich aus dem Politischen herauszuhalten, war ohnehin eine Illusion. Er sicherte daher dem Kuratorium der neuen English Schools um Benjamin Franklin bei dessen erster Zusammenkunft im August 1754 seine offizielle Unterstützung zu, ausdrücklich auch ihrem politischen Zweck: »die Deutschen in Pennsylvania ... zu loyalen Untertan des heiligen Protestantischen Throns von Großbritannien zu machen«.

Wenige Wochen später ließ sich Mühlenberg überdies offiziell einbürgern, was ihm kurz vor der Wahl zur Assembly das Stimmrecht sicherte. Voraussetzung für die Naturalisierung war mittlerweile in der sich aufschaukelnden antikatholischen Stimmung auch der Empfang des Abendmahls in einer Protestantischen oder Reformierten Gemeinde – für einen Lutheranerpastor naturgemäß keine größere Hürde.

Mühlenberg war damit einer der wenigen Deutsch-Amerikaner in Pennsylvania, die politisch mitbestimmen konnten (oder wollten). Nur rund 7000 Deutsche würden sich bis zur Revolution einbürgern lassen, obwohl weitaus mehr die Voraussetzungen erfüllten. Die meisten sahen wohl entweder den Nutzen nicht, ließen sich von den bürokratischen Hürden abschrecken oder waren schlicht zu beschäftigt mit ihrem Fort- und Auskommen, ihrem ganz persönlichen »Bestreben nach Glückseligkeit«.

Mühlenberg aber war nun mittendrin in den politischen und gesellschaftlichen Kämpfen seiner Zeit, auch wenn er das gegenüber den Vätern in London und Halle hartnäckig zu verschleiern versuchte. Auch wenn deutsche Meinungsführer wie er für die englischsprachige Macht-Elite immer noch kaum mehr als »*Tools in politicis*« zu sein schienen, wie er vermutete, nützliches politisches Werkzeug also in diesem Richtungskampf, der Pennsylvania, ja, ganz Amerika, erfasst hatte.

KRIEG KÜNDIGT SICH AN

Es war ein junger Offizier aus Virginia, der den nächsten Krieg in Nordamerika lostrat – mit einer militärischen Tölpelei in den Wäldern West-Pennsylvanias. Sein Name war George Washington. Im Sommer 1754 hatte man den 22 Jahre alten Oberstleutnant mit 100 Mann auf eine Expedition in Richtung der Gabeln des Ohio entsandt. Dort, wo sich die Flüsse Monongahela und Allegheny zum Ohio River vereinigen und das heutige Pittsburgh liegt, prallten die kolonialen Ansprüche Englands und Frankreichs aufeinander. Die Einflusssphäre der Franzosen reichte bereits von der Hudson Bay bis hinunter nach Florida und drohte, die Expansion der britischen Siedlungen nach Westen komplett abzuriegeln. Die Aufklärungsmission der Briten jedoch lief völlig aus dem Ruder. Washington rieb mit einer Gruppe indianischer Verbündeter aus dem Hinterhalt ein französisches Kommando auf und ließ es zu allem Überfluss zu, dass dessen Befehlshaber brutal ermordet wurde. Ein diplomatisches Desaster, das eine Spirale der Eskalation in Gang setzte.

Ein Jahr später war Washington auch beim zweiten schweren Fehlschlag der Briten dabei, als östlich des heutigen Pittsburghs beim Angriff auf Franzosen und indigene Krieger die Hälfte der britischen Soldaten sowie deren Anführer Edward Braddock getötet wurde. Washington, der an Braddocks Stelle unter Dauerbeschuss den Rückzug befehligte, kam derweil wie durch ein Wunder ohne einen Kratzer davon, »wenn auch vier Kugeln durch meinen Mantel gegangen und zwei Pferde unter mir weggeschossen worden sind«, wie er selbst mit dem nötigen Pathos zu berichten wusste.

Guerre de la Conquête, so nennen die französischen Kanadier den Krieg, der nun beginnt und Teil des unter anderem auch in Europa ausgetragenen Siebenjährigen Kriegs ist, Krieg der Eroberung. Für beide Parteien geht es um Zugang zu mehr Territorium in Amerika, zu Land, das man als das eigene begreift. *French and Indian War* heißt der Krieg bei den Briten. Dabei sind es die Native Americans, in diesem Fall Ottawa, Ojibwa und Potawatomi, die mit ihrer Art, das Terrain zu nutzen und im Stile der Guerilla-Taktik »hinter den Bäumen zu fechten«, wie Heinrich Mühlenberg es treffend beschreibt, bestimmend sind. Trotz extremer Unterzahl können sie Braddocks europäische Regimenter, die ihnen im offenen Feld gegenüberstehen, stark dezimieren.

Andere Stämme paktieren taktisch mit den Briten. Auf beiden Seiten kämpfen indigene Gruppen für ihre eigenen politischen Interessen. Das Friedensbündnis mit den dominanten Six Nations der Irokesen-Konföderation hatten sieben der britischen Kolonien unter Mitwirkung Conrad Weisers im Sommer 1754 immerhin noch einmal retten können. An der Konferenz in Albany, New York, hatte auch Benjamin Franklin teilgenommen und dort einen Plan für eine engere Allianz zwischen den britischen Kolonien in Amerika vorgestellt, veranschaulicht durch die Zeichnung einer zerstückelten Schlange und dem Motto *»Join, or Die«*. Eine gemeinsame Verteidigung vor Gefahren sei eminent wichtig, forderte Franklin. Doch in London, der Schaltzentrale des Empire, wollte man davon nichts wissen.

Join, or Die ... Franklins Rhetorik deutete bereits auf die neuen Frontlinien, die frühere Nuancen zunehmend verwischten: europäische Christen hier, indianische Heiden dort. Auch in Pennsylvania, wo die Terrorakte und Massaker indigener Gruppen auch an der Zivilbevölkerung zunehmen. »Nun streifen die Wilden von allerhand Nationen, auch etliche von denen, die sonst unsere Freunde gewesen sind, umher«, schreibt Heinrich Mühlenberg zwei Monate nach Braddocks Niederlage, »und begehen die grausamsten Mordthaten an unseren hin und her zerstreuet wohnenden Leuten auf den Grentzen von Pensylvanien, Maryland und Virginien.«

Und auch wenn er in den stereotypischen Zuschreibungen seiner Zeit verblieb, lieferte Heinrich Mühlenberg –

wenn auch sicher unfreiwillig – die Motivation der Native Americans gleich mit: »Die Barbaren sind hier in den Wüsten und Wäldern zu Hause ...«

BÜCHER VOLL JAMMER UND ELEND

Wieder einmal herrschte Krieg in Nordamerika. Im *King George's War* sechs Jahre zuvor war Pennsylvania noch einmal mit dem Schrecken davongekommen. Damals hatte man weiter nördlich gekämpft, in Französisch-Akadien, Neu-England und tief im Ohiotal. Der *French & Indian War* ab 1754 wirkte dagegen direkt auf die Lebenswelt vieler Pennsylvanier ein – gerade auch vieler deutschen Siedler. Das Grenzland der Kolonie wurde nach Braddocks Niederlage zum Kriegsgebiet. Und während sich Gouverneur und Assembly im fernen Philadelphia weiter uneins waren, wie man sich verteidigen und, vor allem, wer dafür bezahlen sollte, verbreiteten indigene Stämme mit brutalen Einfällen in die Siedlungen der Weißen Angst und Schrecken.

Es waren teils dubiose Landpraktiken, die Stämme wie die Lenape über Jahre und Jahrzehnte desillusioniert hatten, auch unter Beteiligung von William Penns Söhnen. 1737 hatten sie ein nicht unterzeichnetes Dokument ihres Vaters aufgetrieben, das Pennsylvania so viel Land der Lenape versprach, wie ein Mann in anderthalb Tagen laufen konnte. Als sich die Häuptlinge darauf einließen, heuerten die Penns die drei schnellsten Läufer der Kolonie an und ließen sie auf vorab präparierten Pfaden laufen. Der ausdauerndste Läufer legte 65 Meilen in 18 Stunden zurück, das gesamte Land der Lenape war verloren.

Nach Braddocks Niederlage überfielen Lenape am 16. Oktober 1755 eine deutsche Siedlung am Penn's Creek, töteten 14 Siedler und nahmen elf als Geiseln, darunter die zwölf Jahre alte Barbara Leininger und ihre neun Jahre alte Schwester Regina, die erst mit 18 wieder zu ihrer Familie finden würde. Ende Oktober 1755 kam es zu einem weiteren Massaker in der Nähe des zumeist schottisch-irisch besiedelten Paxton. Die Schockwelle reichte bis ins 60 Meilen östlich liegende Tulpehocken. Conrad Weiser trommelte alle wehrfähigen Männer zu einer improvisierten Bürgerwehr zusammen. Wer kein Gewehr besaß, griff sich eine Axt oder Mistgabel. Selbst einige Mitglieder der streng pazifistischen Sekten griffen nun zu den Waffen. »In meiner Begleitung waren zwei oder drei Langbärte«, berichtete Conrad Weiser an die Regierung in Philadelphia, »einer ein Mennonit, der erklärte, er würde mit seinen Nachbarn leben und sterben; er führte eine gute Flinte mit sich.«

Tagelang streiften die Männer durch die Wälder, ohne auch nur einen Indianer zu Gesicht zu bekommen. Schließlich brach Weisers Behelfsmiliz ihre berittenen Streifzüge ab. Die Angst blieb, Argwohn regierte fortan den Alltag. Selbst die Feldernte wurde unter dem Schutz bewaffneter Nachbarn eingebracht. Man rechnete jederzeit mit der nächsten Attacke, die ebenso rasch wie brutal ausgeführt wurde.

Am Abend des 15. November erreicht der Krieg schließlich Tulpehocken. Nur neun Meilen von Conrad Weisers Haus entfernt kommt es zu einem Massaker mit dreizehn Toten, dessen blutige Details sich rasend schnell in der Kolonie verbreiten. Einem toten Mann hat man seine abgeschnittene Schamgegend in den Mund gestopft. Zwei

Kinder von neun und zehn Jahren sind lebendig skalpiert worden und liegen in Lebensgefahr bei den Ärzten. Ihre Mutter, eine »Kindbetterin«, ist tot; unter ihrer Leiche findet man ihren zwei Wochen alten Säugling. Er lebt noch. Die Angreifer aber haben ihr Ziel erreicht. In heller Panik sind die umliegenden Bewohner aus der Gegend geflohen, Haus und Hof zurücklassend, desolate Flüchtlinge im Innern, die, wie Heinrich Mühlenberg schreibt, »vor Angst und Armut nicht wissen wo sie hinaus sollen«.

Es war der Beginn einer umfassenden Schockerfahrung, der nach neueren Schätzungen bis zu einem Drittel der rund 200 000 Grenzbewohner in Pennsylvania ausgesetzt waren. Die Pro-Kopf-Sterblichkeit hier würde schließlich sogar höher sein als während des amerikanischen Bürgerkriegs ein Jahrhundert später. Mehrere Tausend Europäer wurden bei Attacken von Indigenen gefangen genommen und teils jahrelang verschleppt, auch Kinder.

Unmittelbar emotional betroffen von den Gräueln von Tulpehocken mussten sich auch Heinrich und Anna Maria Mühlenberg fühlen. Das Massaker rührte direkt an ihrem Herzen, an ihrer Verbindung zur Familie. Bedroht war Anna Marias amerikanischer Kindheitsort, an dem noch immer ihre Eltern und Geschwister lebten, der Ort, an dem sie beide sich begegnet waren und geheiratet hatten. Bedroht war ganz konkret auch das Leben des Vaters, der dem Gouverneur gelobte, sein Haus so lange zu verteidigen, wie er konnte, auch als Zeichen an die Ortsgesellschaft: »Ich muss hier standhalten«, schrieb er, »oder meine Nachbarn werden alle weggehen.«

Unübersehbar waren auch die Parallelen der Mühlenbergs zur Opferfamilie: Peter, ihr Ältester, war gerade neun geworden, wie einer der beiden so grausam geschundenen Jungen. Auch hatte Anna Maria ebenfalls erst zwei Wochen zuvor ein weiteres Töchterchen zur Welt gebracht, ihr nun sechstes Kind, das die Eltern auf den Namen Maria Catharina taufen ließen. Ein paar Meilen weiter war Krieg und sechs Kinder standen ungeschützt in einer grausamen Welt.

Verzweifelt nach Halt suchend, fast reflexartig, wandte sich Heinrich Melchior Mühlenberg nun seinerseits dem Ort seiner Herkunft zu. In kurzer Folge verfasste er nicht weniger als drei Briefe. Sie gingen nicht an die üblichen Adressaten, nicht an Francke oder Ziegenhagen in Halle und London, sondern allesamt nach Einbeck, Mühlenbergs Geburtsort. Der erste richtete sich an einen alten Jugendfreund, der zweite an den Bürgermeister der Stadt. Im dritten, weitaus längsten Brief schließlich wandte sich Mühlenberg an Theophilus Krome, den Pfarrer der Marienkirche in der Einbecker Neustadt, seiner deutschen Heimatgemeinde.

Gegenüber seinem »innig geliebten Amts-Bruder« schreibt sich Mühlenberg alles von der Seele, was ihn umtreibt. *En detail* berichtet er vom Zustand seiner Gemeinden, von den »verwirrten Umständen« Amerikas nach den fatalen Fehltritten des »Obristen Washingtons« und des »Generalissimo Braddock«, die nun in einen großen Krieg zu münden begannen. Vom Überfall auf Tulpehocken auch, dessen Einzelheiten Mühlenberg unmittelbar von seinem Schwiegervater Conrad Weiser erfahren hat.

Es ist ein seitenlanges, allumfassendes Schreiben, von Pfarrer zu Pfarrer, als wolle Mühlenberg all das, was ihn beschäftigt, auf Papier bannen, versiegeln und dorthin schicken, wo er sicher sein kann, dass man ihn versteht. Es ist ein Brief, das wird schnell klar, den er im Grunde auch an sich selbst schreibt, eine Bestandsaufnahme der Auswanderung nach Amerika. Was als ehrbare Suche nach Religionsfreiheit begonnen habe, sei mittlerweile zu einem regelrechten »Menschen-Handel« geworden, reihenweise suchten die Menschen Glück in diesem Land und fänden nur Unglück: »Man könte gantze Bücher voll von dem Jammer und Elend schreiben, worein sich viele Menschen stürtzen, die sich leichtsinnig auf eine so weite und gefährliche Reise begeben, ohne rechten Beruf, und zu wißen, wo sie hinkommen.«

Meinte Mühlenberg auch sich selbst? Die Familie, seine Kinder? Zweifellos erhoffte er sich Beistand von Pfarrer Krome, der seine geliebte Mutter daheim in Einbeck durch ihre letzten Lebensmonate begleitet hat. »Kein Schatz in der Welt hätte mich so vergnügen und trösten können«, hat Mühlenberg ihm geschrieben, als er Jahre später endlich davon erfahren hat. Nun sorgte er sich um die Zukunft seiner eigenen Familie. Noch einmal zog er sich in diesen Novembertagen 1755 in seine Schreibstube im Erdgeschoss des Pfarrhauses von Providence zurück, um ein weiteres Schreiben nach Deutschland aufzusetzen. Diesmal an Gotthilf August Francke in Halle. Es war kein Klagebrief, sondern der konkrete Vorstoß eines besorgten Vaters. Es ging um Peter.

»Ich habe meinen ältesten Sohn der nun ins 10te Jahr gehet zur Erziehung an eine fromme Englische Frau in Neuhannover gegeben«, schreibt Mühlenberg an Francke. Auch Peters siebenjährige Schwester Elisabeth ließ er dort unterrichten, in Ermangelung guter Schulen kaum mehr als eine teure Notlösung. »Wenn es möglich wäre«, fragt der Pastor an, »daß ich den Knaben könnte in die gesegneten Anstalten kriegen, so wollte gern wen-

den was in meinem geringen Vermögen ist, so lange ich
lebe ...«

Peter nach Halle – das also ist der Plan, das ist die
Hoffnung. Der Älteste soll an die Schulen des dortigen
Waisenhauses. Ein Wunsch, den viele Eltern in sich tragen: Das Kind soll die gleiche Prägung erhalten wie man
selbst. Eine christliche, klassische Bildung, die Peter
nach Ansicht des Vaters in Amerika keine Institution bie-
ten konnte. Ein klares Nein bedeutete das für Franklins
überkonfessionelle Akademie in Philadelphia mit ihrer
praktisch-naturwissenschaftlichen Ausrichtung. Ein Nein
auch zu den politisch motivierten English Schools in Mühlenbergs Gemeinden, von denen die ersten nun bereits in
Betrieb waren, eine auch nahe Providence.

Für Heinrich Mühlenberg ging es um mehr, um Peters
rechten Weg in die Welt. »Der Knabe hat ein munteres
Ingenium und feines Gedächtniß«, schreibt der Pastor an
Francke, »und mögte wegen Mangel der Education eine
schädliche Creatur in der Welt, und hingegen unter guter
Zucht und Pflege und Gottes Segen ein Steinlein werden
um eine kleine Lücke am Bau des Reiches Gottes zu fül-
len.« Es ging, kurzum, um die Erlösung seines Ältesten.

Es war gewissermaßen ein Vorstoß in die eigene Vergangenheit. Dafür, dass Peter aus dem kriegsumtosten
Pennsylvania mit seinen unfertigen Institutionen nur
möglichst schnell herauskommen würde, war Heinrich
Mühlenberg sogar bereit, ihn die bedrohliche Atlantikpassage absolvieren zu lassen und ihn Tausende Meilen
entfernt zu einem Waisen auf Zeit zu machen.

Gotthilf Francke immerhin sagte ohne viel Umschweife
zu. Gerne sei er bereit, schrieb er im Frühjahr 1756, bei
der Erziehung zu helfen und »Ihren ältesten Sohn, wenn

er erst nur so weit ist, daß Sie ihn anhero schicken und dazu eine bequeme Gelegenheit finden können, auch unter die eigentliche orphanos aus besonderer Liebe aufzunemen«.

Doch als Franckes Replik schließlich in der zweiten Jahreshälfte bei Heinrich Melchior Mühlenberg eingetroffen war, hatte der Krieg der Großmächte bereits um sich gegriffen. Großbritannien hatte Frankreich im Mai 1756 offiziell den Krieg erklärt. Ende August marschierte die mit den Engländern verbündete preußische Armee in Sachsen ein. Auch auf dem Atlantik wurde nun gekämpft. Eine Überfahrt war unsicherer denn je geworden. Der Siebenjährige Krieg hatte endgültig begonnen.

III.
DIE LEHREN DER ALTEN WELT
1763–1766

Fähre an der Arch Street, Philadelphia (1800) –
kolorierter Stich von William Birch

AUF NACH EUROPA!

Am Nachmittag des 27. April 1763 herrscht Aufbruchsstimmung am Hafen von Philadelphia. Stellen wir uns einen der ersten warmen Tage des Jahres vor, die Frühlingssonne scheint warm über die Dächer der Stadt. Am Kai vertäut liegt ein aufbruchsbereiter Atlantiksegler, am Ufer stehen Menschentrauben. Umarmungen und letzte Worte. Man ist im Begriff, sich zu verabschieden. Der Kapitän, ein Brite namens Budden, mahnt bereits zur Eile: Man wolle den aufkommenden Wind nutzen.

Seit kurzem erst ist die Seepassage nach Europa wieder sicher, der Siebenjährige Krieg überstanden, am 10. Februar hat Großbritannien in Paris Frieden geschlossen mit Frankreich und Spanien, wenige Tage später dann auch das Königreich Preußen mit seinen Gegnern auf dem europäischen Kontinent. In Nordamerika hofft man nun auf eine Zeit der Stabilität und Ruhe, die Franzosen sind im Begriff, ihre Ansprüche auf dem Kontinent aufzugeben, die Westexpansion der britischen Siedlungen ist vorerst von keiner Großmacht mehr blockiert.

Am Anleger nehmen drei Jungen zwischen neun und 16 Jahren Abschied von ihrer Mutter. Noch einmal drückt die Frau des Pastors ihre Söhne an sich, ringt sich ein paar letzte mahnende Worte ab: Passt auf euch auf! Haltet euch an Peter und an Vetter Meier! Der Reisebegleiter der Buben blinzelt etwas abseits stehend verlegen in die Sonne, er ist ein entfernter Verwandter des Vaters aus dessen deutscher Heimatstadt (so behauptet er es jedenfalls, die Familie hat da so ihre Zweifel). Über London soll er die drei sicher nach Deutschland bringen.

Auch die drei Schwestern sind da und das jüngste Geschwisterkind, der vierjährige Enoch – der Liebling des Vaters und der ganzen Familie. Die beiden Großen, Peter und Friedrich, bemühen sich um Fassung. Der neunjährige Heinrich starrt trostlos in die Ferne. Friedrich nimmt ihn bei der Hand. Auf nach Halle! Dort, an den gesegneten Anstalten von Direktor Francke vor den Toren der Stadt, sollen die drei Mühlenberg-Jungen fortan christlich beschult werden. An dem Ort, von dem einst ihr Vater aufgebrochen war nach Amerika.

Wo steckte er eigentlich der Pastor? Am Morgen hatte sich Heinrich Melchior Mühlenberg noch persönlich vom guten Zustand des Schiffes und der Eignung des Kapitäns überzeugt. Budden war einer der erfahrensten Atlantikfahrer, er würde auch diesmal eine sichere Route wählen, zumal man auch William Allen, den Obersten Richter von Pennsylvania und guten Freund der Familie, mit seinen zwei Töchtern an Bord wusste.

Der Pastor hatte sich mittags bereits im Pfarrhaus von den Jungen verabschiedet, sie von seinem Freund und Amtskollegen, dem schwedischen Probst Wrangel, für die Reise segnen lassen, und ihnen die versiegelten Begleitschreiben an Francke und Ziegenhagen zugesteckt. Die wussten noch gar nichts von ihrem Glück. Dann war Anna Maria mit den Kindern zum Hafen aufgebrochen. Das lange Warten, den schwierigen Abschied, hatte Mühlenberg sehr gerne seiner Frau und den Töchtern überlassen. Die lieben Amtsgeschäfte, was wollte man machen …

Am Hafen nahm die Mutter nun den weinenden Enoch auf den Arm. Peter, Friedrich und Heinrich kletterten hinauf auf das Schiffsdeck. Buddens Kommandos wehten über den Anleger, die Crew machte die Leinen los und setzte die Segel. Knarrend und ächzend glitt das Schiff auf den breiten Delaware-Fluss hinaus, drehte kaum merklich nach rechts ab, sich flussabwärts wendend, dem Weltmeer entgegen. Das Winken der Kinder wurde kleiner, ihre Taschentücher drei tanzende Pünktchen, bis das Schiff schließlich ganz aus dem Blick verschwunden war.

Was mag in Anna Maria vorgegangen sein, als drei ihrer Kinder sie, vielleicht für immer, verließen? Auch in Friedenszeiten brachte ja jede Schiffsfahrt dieser Länge eine beträchtliche Gefahr mit sich, an Bord zu erkranken oder anderweitig zu Schaden zu kommen. »Wir müssen uns auf Leiden und Trübsal gefasst machen«, hatte Heinrich Mühlenberg ihr in typischer Manier bedeutet, als die Familie anderthalb Jahre zuvor, im Oktober 1761, vom beschaulichen Providence nach Philadelphia umgezogen war – natürlich wegen einer Gemeindestreitigkeit. Hatte er auch Tage wie diesen gemeint? Trug sie die Entscheidung, die Kinder nach Europa zu geben, mit? Gut möglich, dass der in Amerika geborenen und aufgewachsenen Anna Maria der Entschluss ihres Mannes zumindest zweifelhaft vorkam. Was sollten die drei Jungen im fernen Deutschland? Gehörten sie nicht hierher, wo ihre Familie war? Ihre Zukunft?

Nach Philadelphia war die Familie gezogen, weil es in St. Michael zu einigem Aufruhr gekommen war, nachdem sich der unstete Brunnholz mit erst 40 Jahren, nun ja, totgesoffen hatte. Über den mit dessen Tod einzig verbliebenen Pfarrer Johann Friedrich Handschuh häuften sich bald die Beschwerden: Er bereichere sich am Taufschilling, an Hochzeiten und Begräbnissen, ergehe sich überdies beim sonntäglichen Predigen in lieblose Reflektionen und katechisiere die Kinder wochenlang zum gleichen Gebot. So hatte man es Mühlenberg jedenfalls zugetragen. Und der war dem Hilferuf gerne gefolgt. War es ihm, dem heimlichen Machtmenschen, am Ende um den eigenen Einfluss gegangen? Hatte er sich nicht zumindest geschmeichelt gefühlt, dass der Kirchenrat ihn höchstselbst um Hilfe ersucht hatte?

Für die Pastorenfamilie mit ihren sieben Kindern war der Umzug in allen Belangen eine Verschlechterung gewesen. Man hatte ein teures Haus am äußersten Stadtrand erwerben müssen, erledigte alle Gänge mühsam auf schlecht befestigten Wegen, während Handschuh das zentral gelegene Pfarrhaus blockierte und auch alle Gehaltsansprüche Mühlenbergs zunächst zu verhindern wusste. Ein volles Jahr hatte der ohne jedes Salär gearbeitet, um nur ja »keinen Anstoß zu erregen«. Man lebte derweil vom wenigen Ersparten, vom Erbanteil Anna Marias vor allem, deren Vater Conrad Weiser 1760 überraschend verstorben war.

Es hatte unendlich Zeit, Kraft und Nerven gebraucht, »auf eigene Kosten das Satanische Chaos auseinander zu wickeln«, wie Mühlenberg selbst einzugestehen wusste. Zwar hatte ihm der Kirchenrat inzwischen eine offizielle Bezahlung gewährt, doch mit dem Ende des Kriegs war der Wert des auf Pump erworbenen Hauses rasant verfallen, weil die Leute nun wieder in Scharen in das befriedete Hinterland zogen. In der Gemeinde herrschte derweil weiter das Schisma. Die verfeindeten Pfarrer mieden sich, wo es nur ging, sonntags predigte morgens erst Mühlenberg in der Kirche, während Handschuh zeitgleich im Schulhaus einen Teil der Gemeindekinder katechisierte. Nachmittags verfuhr man genau umgekehrt. Die Kollekten schrieb man schon nur noch gesammelt auf, um bloß keinen Neid, keine weitere Missgunst, zu schüren.

Die Kinder der Pastorenfamilie drohten derweil, unter der »frechen und freygelaßenen Jugend« der Stadt endgültig »ins Wilde zu wachsen«, wie ihr Vater monierte, »fast keine Vierthel Stunde« in der Woche fand er Zeit zu deren Erziehung. »So lange sie klein und im Lande waren«, klagte der Pastor, »konnte sie meine Frau regieren und mich laßen abwesend seyn, aber nun ists unmöglich.«

Gotthilf Francke hatte in der Vergangenheit bereits zugesagt, zumindest Peter für eine Weile zu sich zu nehmen. Warum also nicht gleich die drei ältesten Söhne? In Halle würde man sie in den alten Sprachen unterrichten, in Griechisch, Hebräisch, Latein, sie würden eine lutherische Prägung erfahren wie ihr Vater, eine strenge christliche Zucht. Zweifellos hegte der die Hoffnung, seine Söhne bestmöglich auf das Pastorenamt vorzubereiten. Und doch trat aus seiner Impulsentscheidung im Geflecht von Erziehungsnot, Geldsorgen und Kirchentumult auch etwas anderes hervor: die Verzweiflungstat eines heillos überforderten Familienvaters.

Der deutsche Hofprediger in Kensington staunt nicht schlecht, als die drei Mühlenberg-Jungen am 15. Juni 1763 unvermittelt in seinem Amtszimmer vor ihm stehen. Ungläubig mustert Friedrich Michael Ziegenhagen die Pastorensöhne aus Philadelphia, ganz erschöpft und abgerissen von ihrer siebenwöchigen Überfahrt. Der Jüngste hat überdies ein kräftiges Veilchen am Auge. Er habe sich mit einem Schiffsjungen gerauft, heißt es.

Ziegenhagen überfliegt das Begleitschreiben, das ihm der älteste Bruder ausgehändigt hat. Untertänigst übersende er seine drei Söhne Johann Peter, Friedrich August und Heinrich Ernst, steht da in Heinrich Mühlenbergs

Hand, um sie »als arme Waisen und Frembdlinge zu Dero Füßen« zu legen, inständig bittend und flehend, »daß Hochwürdige Väter um Christi und seines Namens willen für ihre christliche Erziehung väterlichst zu sorgen geruhen wollen!«

Ziegenhagen versetzte all das in eine plötzliche Übellaunigkeit. Er hasste es, derart überrumpelt zu werden. Noch dazu von einem gemeinen Diener der mächtigen halleschen Weltmission, der sonst dazu neigte, mit unziemlichen Klagen von sich hören zu lassen. Hatte er dem Pastor nicht gerade erst einen gepfefferten Brief geschrieben und ihn, in strengem väterlichen Tonfall, für dessen »wunderliche Reden« gemaßregelt, für sein »unverschämtes Pochen und Trotzen«, seine ewigen *Lamentationes* über den lästigen philadelphischen Gemeindestreit. Wenn es sich Ziegenhagen jedoch genau besah, konnte Mühlenberg sein Schreiben vor Abreise der Kinder unmöglich bereits erhalten haben.

Ziegenhagen holte tief Luft und schaute vom Schrieb des Pastors auf. Neben den Jungen stand, kaum weniger schamvoll als sie, ihr Begleiter, der sich als Verwandter des Vaters vorgestellt hatte. In Amerika sei er als Chirurgus tätig gewesen, eine nicht sehr anspruchsvolle oder angesehene Profession, in die man in Europa bevorzugt die Auswürflinge der Lateinschulen schickte und ihnen von einem Bader oder Barbier das simple Wundarzthandwerk beibringen ließ, das hauptsächlich Aderlassen, Schröpfen, Klystieren und Blutegelsetzen, allenfalls noch das Zahnreißen, umfasste.

Ein Chirurg sollte auf Wunsch des Vaters nun auch aus Mühlenbergs Ältestem werden. Peter beherrsche an alten Sprachen nur die »rudimenta linguae latinae«, hieß

es, ein paar Brocken Latein also. Für ein echtes Medizin-
studium an der Universität reichte das keinesfalls. Auch
schien dessen Charakter, »flüchtig und alisch«, also über-
sprudelnd, ganz offensichtlich selbst dem eigenen Vater
zweifelhaft. Der Begleiter berichtete Ziegenhagen auf
Nachfrage außerdem von unerlaubten »Nachtgängen«
des 16-Jährigen während der Überfahrt. Man würde auf
ihn, da war sich der Hofprediger sicher, ein besonderes
Auge haben müssen.

Darum sollten sich gerne andere bemühen. Er würde
die drei Bengel, so schnell es ging, weiter nach Halle ex-
pedieren. Dort könne dann Professor Francke befinden,
was mit ihnen geschehen solle. Und jetzt habe er zu tun,
bedeutete er den Amerikanern mit ungeduldiger Handbe-
wegung, man würde ihnen den Weg zu ihrer Schlafstatt
weisen.

Keine Woche später, am 21. Juni, überquerten Peter,
Friedrich und Heinrich Mühlenberg zusammen mit Chirurgus Meier in einem Fischerboot den Ärmelkanal, von
Amsterdam segelten sie übers Ijselmeer weiter ins frie-
sische Emden, von wo die beiden Ältesten die 37 deutschen Landmeilen (rund 280 Kilometer) bis in die Heimatstadt ihres Vaters nach Einbeck in der Postkutsche
zurücklegten, während Vetter Meier den kleinen Heinrich
persönlich ins nahe Hannover begleitete. Das letzte Stück
des Weges musste das von der Reise geschwächte Kind
gar auf dem Buckel eines angeheuerten Fremden fortge-
schleppt werden.

Kurzum, eine überaus mühselige Reise von mehr als
vier Monaten, die Peter, Friedrich und Heinrich Ernst in
umgekehrter Richtung von Philadelphia aus schließlich
wieder an den Ausgangspunkt der Migration ihres Vaters

führte. Am 1. September 1763 erreichten sie das Francke-sche Waisenhaus in Glaucha. Dort erblickten sie die beiden der Sonne entgegenfliegenden Adler hoch oben über dem mächtigen Portal des Haupthauses. Der Bibelvers auf dem Giebelstein mochte den entkräfteten Jungen aus dem Herzen sprechen: »Die auf den Herren harren, kriegen neue Kraft …«

Es war eine beeindruckende Institution, die Gotthilf August Francke seit dem Tod seines Vaters, des Schulgründers August Hermann Francke, im Jahre 1727 als Direktor leitete. Eine prächtige, eigenständige Schulstadt mit zahlreichen Gebäuden, Gärten und Nutzhandwerken, an der sich zu den Unterrichtszeiten an die tausend Kinder tummelten. Die große Mehrheit von ihnen besuchte die beiden »deutschen Schulen«, die Knaben- und die Mägdleinschule, wo die Kinder der Armen in den Grundlagen von Lesen, Schreiben und Rechnen sowie in Musik und Religion unterrichtet wurden. Dazu gab es die Lateinschulen, wo sowohl Bürgerkinder als auch Waisen aus der Umgebung auf ein Universitätsstudium vorbereitet wurden, viele von ihnen Pfarrerssöhne wie die Mühlenbergs mit dem Ziel einer theologischen Ausbildung. Die Spitze der Schulhierarchie bildete das exklusive Pädagogium Regium, ein teures Internat für die Kinder des Adels und hoher Beamter, die dort neben den alten Sprachen und französischer Redekunst auch Astronomie, Botanik und Anatomie lernten.

Direktor Francke nahm die Ankunft der Kinder wohlwollender auf als Ziegenhagen, auch seine Frau hieß die Jungen herzlich willkommen. Man ließ die drei fürs erste bei den Waisenkindern im Wohnheim des »langen Gebäudes« unterbringen und nahm Peter bereits am Tag nach der Ankunft offiziell in die Lateinschule auf. Mit nun fast 17 Jahren war er bereits zwei bis drei Jahre älter als die meisten seiner Mitschüler. Überdies war sein Latein noch schlechter als befürchtet (was lehrte man die Knaben nur in diesem wilden Land?), sodass selbst eine pharmazeutische Ausbildung in einer Apotheke rasch als illusorisch verworfen wurde. Nun rächte sich das anfängliche Zögern des Vaters, Peter nach Europa zu schicken, nun holten die Kriegsjahre seinen Ältesten ein. Aus Peter war inzwischen ein junger Mann geworden, geprägt und gewachsen in einer anderen Welt.

Wohin nur mit ihm? Direktor Francke bemühte sein Netzwerk, befragte die Inspektoren, die als Schlüsselfiguren seiner Schulhierarchie das Lehrpersonal anleiteten und die Unterrichtsgüte überwachten. Einer von ihnen, Johann Anton Niemeyer, als Sohn des Archediakons der Hallenser Marienkirche ohnehin eng mit den Franckes verbunden, brachte einen Verwandten der Familie in Lübeck ins Spiel, einen tüchtigen, christlichen Kaufmann, der in der Hansestadt im Norden Handel trieb.

Von diesem Lübecker Händler, Leonhard Heinrich Niemeyer, vernimmt Francke bald Verlockendes: Gerne nehme er den amerikanischen Jungen als Lehrling an, er müsse lediglich deutsch schreiben und lateinisch lesen können, alles Weitere werde man ihm schon beibringen. Binnen weniger Tage erzielen Schulleiter und Lehrmeister Einigung, und bereits Anfang Oktober 1763 ist Peter, gerade 17 geworden, mit der Kutsche alleine auf dem Weg nach Lübeck, von Francke und seiner Frau Gemahlin noch rasch mit dem Nötigsten für ein Lehrlingsleben ausgestattet: mit neuen Strümpfen, Schuhen, Gamaschen, mit Schnupftuch, Hut sowie drei Louisd' or

Taschengeld – mit bester Empfehlung an seinen neuen Herren.

Eine schnelle und vielversprechende Lösung, die zweifellos nicht ohne »göttliche Schickung« vonstattengegangen war, wie der Herr Direktor Ende Oktober an Heinrich Mühlenberg schrieb. Man dürfe nun für den Jungen eine gute Erziehung erwarten, vor allem da Niemeyer »ein christlicher Mann« war, ein Lutheraner wie sie, »von welchem man versichert seyn kann, daß er Ihren lieben Sohn zu allem guten anhalten werde«. Überdies seien die Konditionen seiner Lehrzeit besser als sonst in Lübeck unter den vormals so mächtigen Kaufleuten der Hansestadt üblich, »weil sie sich mehr einbilden als in andern kleinern Handelsstädten«. Die stolze Vertragslaufzeit von sechs Jahren statt der üblichen drei bis vier nahm Francke derweil gerne in Kauf. Dass Peter bei Entlassung bereits volle 23 Jahre alt sein würde und damit vermutlich der älteste Lehrlingsjunge, den Lübeck je gesehen hatte – geschenkt.

Gottes Vorsehung würde es schon einzurichten wissen. Er habe, schrieb Francke an Mühlenberg, an dessen Ältesten »ein lencksames und folgsames Gemüte wahrgenommen«. Seine lieben Eltern in Amerika würden, da war er sich sicher, »einmal viel Freude an ihm erleben«. Auch bei seinen beiden Brüdern, die in Halle einstweilen auf Schulkosten unter den Waisen lebten, bis sie alt genug für die Lateinschule wären, hätten die Inspektoren bereits »gute Ingenia verspüret«. Gute innere Anlagen und Talente also.

Es sind Worte, die jeder Vater gerne liest: Drei Kinder unter guter Aufsicht, eng begleitet auf ihrem Weg in die Welt. Ja, Heinrich Melchior Mühlenberg musste seine Söhne bestens aufgehoben wissen an dem Ort, wo man im doppelten Sinne seine Sprache sprach: die seiner deutschen Heimat und die Martin Luthers. Immerhin, in der alten Welt schien alles in bester Ordnung.

DIE REPUBLICK HAT FIEBER

In Pennsylvania hatte unterdessen ein weiterer angespannter Winter begonnen. Noch wusste die Familie nicht, dass ihre Kinder wohlbehalten in Halle angekommen waren. Nervosität lag über dem Heim der Mühlenbergs. Zwar hatte man endlich den leidigen Stadtrand verlassen und ein Haus nahe der Michaelskirche beziehen können. Doch nicht nur der Zwist der Pastoren sorgte für Missstimmung. Die ganze Provinz wollte nicht zur Ruhe kommen.

Mit dem Rückzug Frankreichs aus dem Ohiotal war der Existenzkampf der indigenen Bevölkerung neu aufgeflammt. Bereits im vorangegangenen Sommer hatte der Ottawa-Häuptling Pontiac, verbündet mit anderen mächtigen Stämmen, begonnen, englische Forts und Siedlungen zu attackieren, von den Großen Seen her über den Ohio bis in den Westen von Pennsylvania hinein. Ein neuerlicher Versuch, die eigene Verdrängung durch die Europäer aufzuhalten.

In England ist die Bevölkerung derweil kriegsmüde, der Staat hoch verschuldet. Gespart wird fatalerweise gerade an den Mitteln für die »Indianerpolitik« in den Kolonien und an deren Verteidigung. Die Siedler im Westen, schottisch-irischer und deutscher Abstammung, fordern von Gouverneur und Assembly in Philadelphia den Schutz ihrer Interessen, die doch auch jene der Krone sein müssten. Pennsylvania ist schließlich ein Teil der königlichen Domäne. Eine bewaffnete Miliz soll her, ein Verteidigungsbudget – vergebens. Das Parlament in London ist heillos zerstritten.

»Es ist schwehr in solcher Crisi etwas zu sagen oder zu rathen«, schreibt Heinrich Mühlenberg Anfang Februar 1764 in sein Journal, »in einer solchen wunderlichen Republick, die ein hitzig Fieber bekomt, oder an der Colica pituitosa laborirt.« Einer verschleimten Kolik also. Auf beiden Seiten griffen Hass und Gewalt um sich, wurde das Recht nun selbst in die Hand genommen. Auf indianische Angriffe an der Frontier folgten wahllose, brutale Racheakte bewaffneter Siedler, auch im deutsch geprägten Lancaster.

Wo wenige Jahre zuvor noch Conrad Weiser zu schlichten verstand, wurde ein Mittler zwischen den Welten nun schmerzlich vermisst. Kurz vor dessen Tod mit 63 Jahren hatte Heinrich Mühlenberg noch »zwei vergnügte Tage und Nächte« bei seinem »Schwäher« in Tulpehocken verbracht, was, wie er anmerkte, »seiner und meiner Seele nöthig und heilsam war«. Wenige Tage später war Anna Marias Vater einer rasch und heftig aufwallenden Kolik erlegen. Das Fieber der Republik indes griff immer weiter um sich.

In der Nacht auf Montag, den 6. Februar 1764 erreicht die Krise schließlich Philadelphia. Um zwei Uhr in der Frühe schallen laute Warnrufe durch die Straßen, die Glocken läuten pausenlos Alarm. Auch die Mühlenbergs werden jäh aus dem Schlaf gerissen. Anna Maria beruhigt den weinenden Enoch. Der Pastor schleppt sich an die Haustür, er fühlt sich elend und schwach. Nach einer schweren Lungenattacke hat er die ganze Woche im Bett verbracht.

Draußen herrscht heller Aufruhr, die halbe Stadt ist auf den Beinen. Man lässt Waffen an Freiwillige ausgeben. Nur mühsam kann sich Mühlenberg ein Bild der Lage machen. Immer neue Gerüchte kursieren. Die Paxton Boys seien im Anmarsch, heißt es, bald schon wären sie kurz vor der Stadt. 700 bis an die Zähne bewaffnete Männer, manche sprechen gar von anderthalb Tausend. Ein Mob wütender Siedler vor den Toren Philadelphias.

Es war eine Gruppe rauer Gestalten in Mokassins und Biberfellmützen, Farmer zumeist schottisch-irischer Abstammung aus der Nähe des neunzig Meilen entfernten Lancaster, die sich am Susquehanna minderwertiges und nicht immer legales Land gesichert hatten, dem sie teils mit von den Native Americans übernommenen Techniken Jahr für Jahr passable Ernten abtrotzten. Bürger zweiter Klasse wie die Deutschen des Hinterlands, die sich von der Politik in der Hauptstadt zunehmend missachtet fühlten. Laute, grimmige Männer, die wussten, wie man ein Zeichen setzt. Schon einmal, zu Beginn des Siebenjährigen Kriegs, waren sie in Philadelphia aufgekreuzt, damals hatten sie verstümmelte Indianerleichen durch die Stadt geschleift, bis man ihnen zuhörte.

Auch wenn diese Männer, *»Christian White savages«*, wie Benjamin Franklin sie nannte, Tomahawks mit sich führten und ihre Kleidung und Überlebensstrategien kopierten, so hassten die Paxton Boys mittlerweile die Indigenen, oft unterschiedslos (und gleichermaßen hassten sie die Quäker, Herrnhuter und alle anderen Gruppen, die sich hinter ihrem Pazifismus versteckten und damit die Gräuel deckten, wie sie meinten). Im Dezember hatten die Paxtons in zwei brutalen Massakern in ihrer Heimatregion 20 unbewaffnete Conestoga ermordet: Frauen, kleine Kinder, und einen alten Mann, der William Penn noch persönlich gekannt und dessen offiziellen Landtitel über Jahrzehnte wie einen Schatz im gleichen Haus verwahrt hatte, in dem er nun ermordet worden war. Ein Symbol für die Zeitenwende: Der alte Schutzbrief des weißen Mannes war wertlos geworden, Penns Utopie war tot.

In Philadelphia organisiert Heinrich Mühlenberg das Nötigste von der Haustür aus, noch immer halb benommen von Krankheit und fehlendem Schlaf. Auf Drängen des Gouverneurs lässt er auch unter den deutschen Männern seiner Gemeinde eine behelfsmäßige Bürgerwehr aufstellen. Was in der allgemeinen Hektik jedoch fast in die Katastrophe führt, als die bewaffneten Lutheraner um ein Haar das Feuer einer anderen Stadtmiliz auf sich ziehen.

Dabei gibt es unter den deutschen Lutheranern in der Stadt durchaus einiges Verständnis für die Anliegen der wütenden Siedler. Warum schützte man sie nicht? Die Gräuel und Schrecken des Kriegs saßen tief. Auch Mühlenberg hatte noch die Flüchtlinge aus dem Grenzgebiet vor Augen. Zerlumpte, zitternde Gestalten in einer verlassenen Mühle. Manche hatten, von Weinkrämpfen geschüttelt, kein Wort herausgebracht.

Die Lage blieb angespannt, auch wenn die Paxton Boys vorerst vor den Toren der Stadt haltgemacht hatten. In einer Taverne in Germantown unterbreiteten sie den Unterhändlern des Gouverneurs ihre Forderungen: zusätzliche Assembly-Abgeordnete ihrer Counties für mehr Mitbestimmung; eine Sicherheitsgarantie für ihre Siedlungen; die Ausweisung sämtlicher Indianer aus den besiedelten Gebieten Pennsylvanias; sowie die sofortige Auslieferung der 140 christianisierten Indianer aus der Herrnhuter-Mission bei Betlehem, die von der Regierung im November zu ihrem eigenen Schutz in ein früheres Pestilenzhaus auf einer Delaware-Insel verbracht worden waren, wo sie seitdem unter unwürdigen Bedingungen hausten.

Das jedoch lehnte der Gouverneur, wie die meisten der Forderungen, strikt ab. Man machte sich keine Illusionen, was die wütenden Siedler mit den unbewaffneten indigenen Familien anstellen würden. Nach zwei Tagen zäher Verhandlungen sicherte man den Aufständischen zumindest die öffentliche Bekanntmachung ihrer Anliegen zu. Benjamin Franklin ließ sich persönlich von den Aufrührern den Wortlaut ihrer Erklärung diktieren und gab sie in seiner Druckerei in Auftrag. Auch eine deutsche Übersetzung ging alsbald bei Henrich Miller in der Second Street in Druck.

Am 8. Februar zogen die Paxton Boys wieder ab. Ein Blutvergießen war verhindert, der Sturm auf die Stadt ausgeblieben. Und doch hatte sich etwas verschoben, die martialische Rhetorik der Frontier hielt Einzug in den politischen Diskurs der Stadt. Es sei gegen die »Grundregeln der rechten Staatsklugheit, und äusserst gefährlich für unsere Grenzen«, heißt es in der deutschen Fassung des Pamphlets, wenn man es erlaube, »daß einige Indianer, sie seyen von was für einen Stamm sie wollen, innerhalb den bewohnten Gegenden dieser Provinz wohnen, so lange wir in einen Indianerkriege verwickelt sind; weil die Erfahrung uns gelehret hat, daß sie alle treulos sind ...«

Alle Indigenen waren demnach Feinde der Weißen – ein vernichtendes Pauschalurteil, das fortan in Gesellschaft und Politik kursierte, das vervielfältigt und breit debattiert wurde. Das immerhin hatten die Paxton Boys erreicht. Sie hatten eine Öffentlichkeit geschaffen für ihre kriegerische, rassistische Rhetorik. Das Pamphlet der mordenden Siedler, über Franklins Presse verbreitet, trat einen Krieg der Worte los, der das ganze Jahr 1764 andauern würde. Die »Indianerfrage« würde auch die Assembly-Wahl im Oktober dominieren und ihren Weg bis in den Wortlaut der Unabhängigkeitserklärung zwölf Jahre später finden.

Äußerlich kehrte in Philadelphia bald wieder Frieden ein in diesem Februar 1764. Die ausgegebenen Waffen wurden eingesammelt. Man wandte sich wieder dem Alltag zu, auch in der deutschen Gemeinde. Nur Heinrich Mühlenberg kam nicht zur Ruhe. Äußere und innere Krisen legten sich im Kopf des Pastors vielschichtig übereinander. Er fühlte sich so elend und verzweifelt wie nie zuvor. Er suchte nach einem Ausweg, wollte fort von hier, weg von all dem Chaos, von dieser unfertigen Provinz. Im November hatte er es gewagt, bei Gotthilf Francke um seine offizielle Abberufung zu ersuchen. Ob nicht der Graf von Wernigerode ein »Winckelgen zum Refugio« für ihn übrig hätte, eine kleine Gemeinde für einen »ermatteten Diener Christi«? Einen entsprechenden Bittbrief an den Adligen hatte er beigelegt. Eine Antwort stand noch aus.

Anna Maria und die drei Mädchen würden mitkommen. Und den kleinen Enoch, der bald im Schulalter wäre, würde sein schwedischer Freund, der ebenfalls abwanderungswillige Probst Wrangel, fürs Erste mit in seine skandinavische Heimat nehmen, um ihn dort im lutherischen Sinne erziehen und ausbilden zu lassen. Es war alles schon besprochen und abgemacht.

Doch nun, im Februar, lag die Sorge bleiern auf dem Pastor und der Familie. Enoch! Das geliebte Söhnlein war

krank. Seit Tagen litt der Fünfjährige grausam am Stickfluss, konnte immer schwerer atmen. Es stand schlimm
um ihn. Der Junge rang mit dem Tode.

Der Strom an Besuchern wollte nicht abreißen im Haus
der Mühlenbergs am Donnerstag, den 16. Februar 1764.
Den ganzen Nachmittag über kamen die Freunde der
Familie herbei, Älteste der Gemeinde, Kollegen des Vaters, Nachbarn und Bekannte. Es war ein stetes Ein und
Aus, die einen waren kaum aus der Tür, als schon die
nächsten anklopften. Die Leute kommen, um ein paar
Worte des Beistands auszudrücken. Um Abschied zu nehmen.

Das kranke Kind war zumeist auf dem Schoß des Vaters oder der Mutter anzutreffen, eine möglichst aufrecht
sitzende Haltung war das einzige, was ihm noch etwas
Linderung verschaffen konnte. Der Atem des Jungen ging
schwer, begleitet von einem grässlichen Keuchen und
Pfeifen. Tags zuvor hatte Enoch derart heftige Hustenan-
fälle durchlitten, dass Heinrich Mühlenberg in Erwartung
des Schlimmsten bereits sämtliche Amtstermine abgesagt
hatte.

Mit ernster Miene umsorgten Betsy, Peggy und Polly
ihren kleinen Bruder und halfen, wo nötig, der Mutter,
deren Rundung sich schwer unter dem Hauskleid wölbte.
In zwei Monaten würde Anna Maria, beliebte es Gott, ein
weiteres Mal niederkommen – zum neunten Mal seit ihrer
Eheschließung. Drei Jahre zuvor war ihr achtes Kind, das
Söhnlein Johann Carl, nach kaum einer Woche auf Erden
bereits wieder vor seinen Erlöser berufen worden.

Es waren, in weitgehender Ermangelung von Medizin,
Impfungen oder echter Diagnostik, vor allem die ersten

Kindheitsjahre, die in dieser Zeit über die weitere Lebens-
erwartung entschieden – wenn die schwachen Körper der
Kleinen und Kleinsten ungeschützt auf die grassierenden
Krankheitserreger trafen. Es war entscheidend, es ins Er-
wachsenenalter zu schaffen: 20-Jährige lebten im Durch-
schnitt noch, bis sie 65 waren. 50-Jährige sogar bis 70.
Thomas Jefferson wurde 83, Benjamin Franklin starb mit
84. Alleine in den ersten fünf Lebensjahren jedoch ver-
starben von zehn geborenen Kindern vier. Noch weitere
hundert Jahre, bis in die zweite Hälfte des 19. Jahrhunderts hinein, würde sich daran kaum etwas ändern, bis
zu den entscheidenden Durchbrüchen bei Arzneimitteln
und Hygiene.

1764 tappte die Menschheit noch durchs Dunkel medizinischen Unwissens. Auch für Enochs Krankheit war
keine Behandlung bekannt. Man hatte den Steck- oder
Stickfluss nach seinen Symptomen benannt, der lateinische Begriff beschrieb es noch drastischer: *catarrhus
suffocativus*. Die Lunge ertrank langsam in Flüssigkeit.
Die Betroffenen erstickten an sich selbst.

Die ganze Familie litt mit ihrem jüngsten Kind. Abends
zuvor hatte es plötzlich noch Anlass zur Hoffnung gegeben, als die Konvulsionen des Kleinen verstummt, das
Fieber vom einen Moment zum nächsten stark gefallen
war. Doch in der Nacht waren Husten und Atemnot, war
die Hitze des Körpers, schlimmer zurückgekehrt als je zuvor. Erst gegen Abend kehrte im Haus wieder Ruhe ein.
Draußen in der Stadt war es lange schon dunkel. Auf dem
Schreibtisch des Vaters lag ein aufgerissenes Briefbündel,
das ein Freund am Morgen vom Hafen heraufgebracht
hatte. Professor Francke gab Nachricht von der Ankunft
der Jungen, alle drei seien wohlauf, Peter in eine Anstel-

lung in Lübeck vermittelt. Heinrich Mühlenberg hatte die Zeilen nur hastig überflogen.

Abwechselnd nehmen die Eltern das Söhnlein zu sich, erzählen ihm flüsternd vom Heiland im Himmel und ewiger Seligkeit. Sie singen ihm das Abendlied vor, das er so liebt:

Nun ruhen alle Wälder
Vieh, Menschen, Städt' und Felder
Es schläft die ganze Welt.

Irgendwann zieht der Fünfjährige den Kopf des Vaters zu sich herab. Es tue ihm leid, flüstert er ihm kaum hörbar ins Ohr, dass er das schöne Lied nicht mehr mitsingen könne.

Es geht schon gegen zehn Uhr, als die Eltern ihr Kind zur Nacht betten. Heinrich Mühlenberg legt sein Söhnlein vorsichtig hin, küsst ihm die Stirn, zieht ein letztes Mal sein Decklein zurecht. Anna Maria hält ihrem Enoch die verglühende Hand. Auf Knien vor dem Kinderbettchen singen Vater und Mutter noch einmal gemeinsam alle Strophen:

Breit aus die Flügel beide,
o Jesu, meine Freude,
und nimm dein Kücklein ein.

Enochs Atem geht ruhiger, sein Husten ist verstummt. Noch ein paar Mal hebt sich schwach seine Decke. Dann schläft der Junge für immer ein.

Später in der Nacht schreibt der trauernde Vater, unfähig zu schlafen, unter Tränen in sein Journal:

> Wenn Eltern eine Beschreibung von Ihren eigenen Kindern geben, so kann man wol schwehrlich nach der besten Scheidekunst die Partheyligkeit absondern. So viel kan zum Lobe Gottes sagen, daß Gottes Geist in Ihm wohnte und seine gnädigen Wirckungen in Ihm äußerte, durch Ernsthaftigkeit mit Liebe und Freundlichkeit vermenget durch ungemeine Lust zu Gottes Wort und erbaulichen Liedern, zum Gebet und Mitleiden gegen Arme etc. Kurz die Früchte welche sich bey einem erwachsenen wahren Christen im großen finden, die zeigten sich bey ihm *en Miniature* ...
> Dieser mein Söhnlein war wol mein bester Reise Gefährte vom Anfang seines Lebens bis zum Ende in der Pilgrimschaft. Er that mit mir verschiedene Reisen im Mutterleibe, und in seiner zartesten Kindheit that er mit uns zweymal die lange Reise von Providence nach Raritan hin, und 2mal wieder her 280 Meilen auf rauhen Wagen und Wegen, zweymal nach Reading und Tulpehocken hin und her 200 Meilen ... Und da es nun dem allergnädigsten Heiland gefallen, ihn auf die letzte Reise zu beordern, so hoffe, ich werde auch bald nachkommen müßen.

Um die Leitung der Trauerfeier bat Mühlenberg seinen Freund und Amtsbruder von der schwedischen Gemeinde, Probst Carl Magnus Wrangel, der nun alleine zurück in seine Heimat gehen würde.

PETER IN DER »FREYEN STADT«

In der alten Hansestadt Lübeck lebte die Kaufmannschaft in den 1760er Jahren vor allem vom Ruf und Ruhm ihrer Vergangenheit. Knapp hundert Jahre nach Auflösung der Hanse war die Bevölkerungszahl von einst 30 000 auf kaum mehr als 18 000 Bewohner gesunken. Aus dem eminenten Handelsknotenpunkt des Spätmittelalters war ein regionaler Transithafen geworden, an dem man noch einige Importgüter aus dem nahegelegenen Hamburg für den Ostseeraum verschiffte, französischen Wein für den pommerschen Adel etwa. Geblieben war der Stolz der lübischen Händler – manch einer mochte es auch Hochmut nennen …

Die Stadt selbst, mehrfach umschlungen von bewehrten Wällen und den Festungsgräben der Flüsse Trave und Wakenitz, musste Peter Mühlenberg, der die amerikanische Weite gewohnt war, schrecklich eng vorkommen. Aus der Stadtinsel ragten nur die fünf Spitztürme der großen Backsteinkirchen heraus. Zu ihren Füßen drängte sich alles zusammen auf anderthalb Quadratkilometern. Philadelphia hatte 25 000 Bewohner, nur ein Drittel mehr als Lübeck, aber das 13-fache der dortigen Stadtfläche.

Die Arbeit bei Leonhard Niemeyer war auch nach einem halben Jahr noch unvermindert anstrengend. Peter stand sieben Tage die Woche in dem kleinen Laden, der erst abends um zehn Uhr für Kundschaft schloss. Durch die offene Front pfiff ständig der Wind herein. Niemeyer verkaufte Materialien und Gewürze aller Art, Zucker, Tee, auch Branntwein wurde ausgeschenkt. Binnen weniger Tage war Peter klar gewesen, dass ihn Direktor Francke »im Namen der heiligen Dreieinigkeit«, wie es in seinem

Kontrakt hieß, durchaus in kein großes Handelshaus vermittelt hatte, sondern in einen gewöhnlichen Kramladen.

Jeder Tag glich dem anderen. Zusammen mit Niemeyers zweitem Lehrling war Peter für die Bedienung
der Kundschaft zuständig, für das Auspacken und Sortie-
ren neu ankommender Waren und die Reinigung von Geschäft und Regalen. Ansonsten warteten sie sehnlich auf
den Dienstschluss. Peters Consorte war drei Jahre jünger,
noch keine 15, und überdies viel weiter in der Lehrzeit.
Mit seinem 16. Geburtstag würde er ausgelernt haben. Er
wollte dann, wie er Peter offenbart hatte, noch einmal bei
einem richtigen Kaufmann zur Lehre gehen. Welch benei-
denswerte Aussichten!

Wie war er nur in diese Lage geraten? Hatte sich Direktor Francke vom ehrenwerten Namen Niemeyers
täuschen lassen, hatte er dem Anverwandten des Archediakons ohne Prüfung vertraut? Alles, was hier an
Kaufmannschaft zu lernen war, hatte Peter binnen zwei
Wochen erlernt. Ständig hielten ihn Niemeyer und seine
Frau, zweifellos fromme Christen, zum Gebet an und zum
Studium der Lutherbibel, nach dem Kirchgang hatte er auf
schnellstem Wege heimzukehren. Ohnehin durfte er ohne
Auftrag der Herrschaft keinen Schritt aus der Ladentür
setzen, Gespräche mit Fremden waren streng untersagt.

Sechs Monate waren so vergangen. Es war Anfang März
1764. Der norddeutsche Winter mit seinen schier endlosen
Stürmen und dem eisigen Regen war immer noch nicht
vorüber, die Gasse vor dem Laden so grau wie der Himmel. Peter fehlten die Wälder und Felder seiner Heimat,
das Jagen und Fischen rings um Providence. Er vermisste
den klaren, eisblauen Winterhimmel über Pennsylvania.
Das Offene seines alten Lebens. Wie mochte es Enoch

gehen und seinen drei Schwestern? Er hatte noch nichts aus Philadelphia gehört. Von Friedrich und Heinrich in Halle erhielt er gelegentlich ein paar Zeilen. Sie waren immerhin zu zweit, gingen zur Schule, würden Dinge lernen, die ihnen nützlich sein mochten. Sie waren dabei zu wachsen. Ihn dagegen würde man mit 23 Jahren als ungelernten Taugenichts entlassen. Auf jedweden Unterricht, in Buchhaltung, Rechnungswesen, Mathematik oder gar Latein, hoffte er nicht mehr. Dafür sei keine Zeit, hatte ihm Niemeyer beschieden.

Peter wurde wechselweise von gleißendem Zorn und lähmender Mutlosigkeit befallen, wenn er an die elend langen fünfeinhalb Jahre dachte, die er noch in dieser »freyen Stadt« festsitzen würde, wie sich Lübeck ganz offiziell nennen durfte. Welch Hohn! Noch nie hatte er sich so unfrei gefühlt wie hier.

Spät an diesem Märzabend, die Herrschaft musste bereits zu Bett gegangen sein, setzte sich Peter Mühlenberg noch einmal hin und nahm zwei Briefbögen zur Hand. Er verfasste ein deutsches Schreiben an Betsy, seine Schwester. Sie war gerade 16 Jahre alt geworden. Bald schon würde sie heiraten, vermutlich einen Pfarrer wie ihre Mutter. Bis er sie wiedersähe, würde sie wohl bereits ihre ersten Kinder bekommen haben. In einem zweiten Brief wandte sich Peter an seine Eltern. Sorgsam wog er die Worte, er wollte keine unbotmäßige Kritik formulieren. Er wusste, wie sehr gerade sein Vater dem hoch ehrwürdigen Professor Francke und dessen Autorität verpflichtet war. Auch seine Brüder in dessen Obhut in Halle galt es zu bedenken. Die Eltern würden vieles zwischen den Zeilen lesen müssen. Eine Sache aber sprach Peter direkt an. Seit langem schon, schrieb er, mangele es ihm an ausreichender Kleidung für den Dienst in Niemeyers kaltem Ladengeschäft – trotz der regelmäßigen Geldsendungen aus Halle.

Bald schon sind die beiden Briefe auf dem Weg über den Atlantik. Es ist ein erstes Aufbegehren des Kindes Amerikas gegen die deutschen Umstände – und gleichzeitig eine kleine transatlantische Konspiration. Denn das Schreiben an seine Eltern hat Peter eben nicht auf Deutsch abgefasst wie den Geburtstagsbrief an die Schwester, sondern auf Englisch. Einer Sprache, die dem Lübecker Krämer Leonhard Niemeyer leider gänzlich fremd war.

»AM RANDE DER VERZWEIFELUNG«

Aus Halle erhielten Heinrich und Anna Maria Mühlenberg derweil beruhigende Nachrichten über ihre Söhne. »Nachdem die ersteren Folgen der Veränderung der Luft und Lebensart glücklich überstanden, ohne gefährlich krank zu seyn; so scheinet es daß sie eine dauerhafte Gesundheit haben«, schrieb Gotthilf Franckes Frau Eva Wilhelmine am 26. August 1765 an Anna Maria. »Der Kleinste hatte von anfang nicht das lenksame und artige gemüt, das man bey dem ältesten sogleich wargenommen« – doch auch er schien sich nun immer besser zu finden. »Ich will an meinem Theil auch gerne mütterliche libe an ihnen beweisen und zuweilen Gelegenheit nehmen ihnen eine gute Ermahnung zu geben.«

Nach einem Jahr unter den deutschen Waisen hatte man die beiden im Dezember 1764 offiziell in der Lateinschule aufgenommen, Friedrich mit 14, dem üblichen Aufnahmealter der insgesamt rund 300 Lateinschüler,

Heinrich mit gerade elf Jahren. Dort fielen die beiden Pastorensöhne kaum auf. Jeder dritte Lateinschüler in Halle
war das Kind eines Pfarrers oder sonstigen kirchlichen
Amtsträgers und sollte auf eine theologische Laufbahn
vorbereitet werden.

Neben den alten Sprachen und der Religion standen
Geographie, Geschichte, Arithmetik, Mathematik und
Physik sowie Musik, Deutsch und Kalligraphie auf dem
Lehrplan. Wie zahlreiche ihrer Mitschüler waren Friedrich und Heinrich im »langen Gebäude« untergebracht,
dem hauseigenen Internat. Sie lebten Tür an Tür mit ihren
Lehrern. Die ständige Beaufsichtigung war ein Grundpfei-
ler des Zusammenlebens in der Schulstadt, die ganz bewusst als geschlossenes System erdacht worden war. Das
Draußen, die Umwelt, sah man als Gefahr für das Seelenheil der Kinder.

Eine Vielzahl von »Ordnungen« regelte das Leben.
Unterricht fand an sechs von sieben Tagen statt, danach
gab es noch bis in den Abend hinein Gebets- und Erbau-
ungsstunden, sonntags verpflichtenden Besuch mehrerer
Gottesdienste. Selbst die gemeinsamen Mahlzeiten wurde
von Gebeten, Chorälen und dem Aufsagen und Kommen-
tieren von Psalmen begleitet. Lachen und Scherzen bei
Tisch war verboten. Bunte Strümpfe, gepuderte Perü-
cken und andere modische Grillen von Adel und Studen-
tenschaft wurden weder bei Schülern noch bei Lehrern
geduldet. Deren Frömmigkeit war Einstellungsvoraussetzung. An ihrem Lehrer, so Schulgründer August Hermann
Francke, sollten die Kinder sehen, »was Christus für eine
Gestalt habe, wie Er gesinnet und geartet sey«.

Es ist ein strenges pietistisches Regime, das auf dem
Zusammenspiel von Drohung und Verheißung basiert. Ge-

lobt werden die Schüler selten. Wo Gottes Wort und die Aussicht auf Erlösung nichts ausrichten, werden verbaler Druck, körperliche Züchtigung oder als letztes Mittel ein Arrest des Schülers im Karzer vorgesehen, einer kärglichen Isolationszelle, über die jeder Schultyp in Halle verfügt.

Das also war die »erste, eigentlichst- und beste Anstalt«, in die Heinrich Mühlenberg seine Söhne geschickt hatte, »worin die Jugend in Menschliche Zucht und Ordnung gebracht, und die Fundamenta des wahren Christentums gelegt werden«. Hier sollte ihnen ihre »halb oder meist wilde und Indianische Art« ausgetrieben werden, die der Pastor den Kindern Amerikas generell unterstellte. Hier sollte im Sinne von Luthers Lehre ihr kindlicher Wille »gebrochen« und in den göttlichen Willen »eingesenkt« werden. Denn der natürliche Mensch versank ohne Gottes Wort und Christi Wirken im Eigennutz und war dem Untergang geweiht. Die »willentliche Einfügung in Gottes Ordnung«, ein frommes, demütiges Leben also aus einer am Ende tiefen inneren Überzeugung heraus – darauf zielte alles ab, was in Halle geschah.

Das verlief nicht ohne Reibung. Während Friedrich, dem die Aufseher schnell »von Natur ein geschmeidigeres Wesen« bescheinigten, der folgsamere der beiden Brüder war, hatte der kleine Heinrich neben dem Namen des Vaters auch dessen Hang zur Cholerik ererbt. Er neigte dazu, sich von Mitschülern provozieren zu lassen, raufte sich auch vor dem Lehrerkollegium. Was ihm eine mehrtägige Arreststrafe im Karzer einbrachte.

Dort ergreift er mit »vieler Betrübniß die Feder«, um bei Inspektor Sebastian Fabricius um seine Freilassung zu bitten, dem Sekretär Gotthilf Franckes und alten Freund

Heinrich Melchior Mühlenbergs aus dessen Zeit an den
Anstalten. Es ist ein dringliches, flehendes Schreiben, mit
dem der Sohn in sauberer, fast zart verschlungener alt-
deutscher Handschrift den beim Vertrauten des Vaters um
Hilfe ersucht:

> Diese Einsamkeit, in der ich nun schon fast 2 Wo-
> chen befinde ist der Leitfaden gewesen, wodurch ich
> zur Erkenntniß meiner schrecklichen Thaten gekom-
> men bin. Ich sehe es vollkomen ein, daß diese Strafe
> noch gelinde ist, in Vergleichung mit meiner vorigen
> Lebensart, allein ich kann deswegen nicht unter-
> laßen, Sie zu bitten, mir aus diesem einsamen Ort zu
> helfen – Ich begehre keinesweges meine Befreiung,
> um dadurch wieder Gelegenheit zu bekommen, mich
> in neuen Lastern herum zu wälzen, nein, ich verspre-
> che es aufs feierlichste (und was kann ich mehr thun
> als versprechen?) mich ins künftige, durch die Gnade
> des Höchsten eines beßeren Lebens zu befleißigen.
> Ich weiß wohl, daß ich dieses schon oft gethan,
> allein ich bin auch versichert, daß noch niemals sich
> eine solche Reue bei mir gefunden wie ietzo. Ich bin
> überzeugt, dass eine Veränderung in dem innersten
> meiner Seelen vorgegangen ist – doch ich schweige
> von Veränderungen, deren Würklichkeit die Früchte
> des künftigen Lebens erst zeigen müssen. Ist es mir
> erlaubt zu bitten, so legen Sie eine Vorbitte für mich
> bei des HErrn Directoris Hochwürden ein […] Und
> darf ich bitten, inständigst bitten, daß es meinem Va-
> ter nicht berichtet würde.

Dass bloß der Vater daheim in Philadelphia nichts erfährt! Es schien die größte Sorge seiner Söhne zu sein. Sein Ruf verfolgte sie bis nach Deutschland, seine engen Verbindungen hierher warfen fortwährende Schatten auf sie. Ganz abgesehen von der Sehnsucht nach ihrer Familie und ihrem Geburtsort. Regelmäßig schickten Friedrich und Heinrich »Brieflein und Sprüche« nach Philadelphia, die Mutter sandte amerikanische Süßigkeiten zurück. Und der Pastor, sanftmütig unter der starren lutherischen Hülle, legte auch mal »ein portugisisch Scherflein« bei, ein paar Goldmünzen also als Taschengeld.

Trotz allem galt es für die beiden Mühlenberg-Brüder, sich anzufreunden mit diesem Ort, der auch faszinieren konnte. Gerade tagsüber wimmelte die Schulstadt mit all ihren Gebäuden und Gewerken vor Menschen. Da waren die medizinischen Einrichtungen und die Waisenhausapotheke, wo man die berühmte hallesche Medizin mischte, die in alle Welt verschickt wurde. Da war die beeindruckende Bibelanstalt, die hauseigene Druckerei, wo man einen bleiernen Stehsatz der Lutherbibel vorhielt, bestehend aus fünf Millionen Lettern, um jederzeit günstig eine beliebige Anzahl von Armenbibeln nachdrucken zu können.

Die Jungen freundeten sich mit dem alten Gärtner Schönberg an. Besonders Heinrich schien fasziniert von der Welt der Pflanzen, die jedes Jahr aufs Neue erblühte. Der Name Mühlenberg öffnete auch Türen. Mit den jungen Theologiestudenten Johann Schmidt und Heinrich Helmuth verband die beiden bald eine große Vertrautheit, beide waren im gleichen Alter wie Peter. Und Heinrich wurde zum besten Freund von Georg Knapp, dem Sohn des Kondirektors.

Die Jahre in Halle würden für Friedrich und Heinrich Ernst Mühlenberg prägend sein, im Guten wie im Schlechten. Eine identitätsstiftende Zeit, die ihnen aufzuzeigen begann, woher sie kamen und wer sie waren. Es waren diese Jahre, die ihrer beider Lebensläufe später forttragen würde von dem ihres älteren Bruders Peter, der seine Tage statt im festen Rahmen des lutherischen Bildungssystems im lähmenden Stumpfsinn von Niemeyers zugiger Krambude zubrachte. Es ist ein biografischer Graben, der nie mehr ganz zu überwinden sein wird. In der Revolution werden sich die Geschwister eine Weile gar feindselig gegenüberstehen.

Noch ist der amerikanische Bruderkrieg ein paar Jahre entfernt. Doch es gärt bereits in den Kolonien. Oh, wie es gärt! Bald scheint es so, als wolle das Land gar nicht mehr zur Ruhe kommen.

EIN SCHELM, WER BÖSES DABEI DENKT

Ende September 1765 drohte Pastor Heinrich Mühlenberg in Philadelphia in Arbeit zu ersticken. Über hundert Gemeindemitglieder hatten ihn binnen weniger Tage aufgesucht, fast alle mit dem gleichen Anliegen: Sie möchten einen offiziellen Nachweis, einer protestantischen Kirche anzugehören. Eine Voraussetzung, um ins britische Königreich eingebürgert zu werden.

Die Leute hatten guten Grund für die Eile. Wenige Wochen später würden alle Dokumente, ja würde jeder Bogen Papier, der in Amerika hergestellt oder verkauft wurde, sich aufgrund einer neuen Steuer deutlich verteuern – nachzuweisen über einen königlichen Stempel.

Vom Parlament in London zum 1. November 1765 verabschiedet, sollte der Stamp Act dringend benötigtes Geld in die britische Staatskasse spülen. Der Siebenjährige Krieg hatte England Unsummen gekostet, das amerikanische Grenzland war weiterhin alles andere als befriedet. Die Kolonien sollten auf diesem Wege ihren Beitrag leisten – zumal der Landhunger der Siedler ungebremst schien. Ein eigenes Stück Land, das war immer noch der entscheidende Schlüssel zum Wohlstand. Auch und gerade für die Deutschen. Und als offiziell anerkannter britischer Bürger war der Weg zum Grundbesitz deutlich einfacher.

Wie sollte man die Expansion der Siedlungen steuern? Nach dem Ende des ebenso grausamen wie teuren Kriegs war ein Richtungsstreit entbrannt, in England wie in Pennsylvania. London bremste: 1763 hatte das Parlament im Mutterland neue Siedlungen westlich der Appalachen fürs Erste verboten. Ein erstes Steuergesetz, den in Amerika höchst unpopulären *Sugar Act*, hatte man derweil schon wieder einkassiert. Wer würde für die künftige Verteidigung der Kolonie aufkommen? Kolonieeigner Thomas Penn sträubte sich gegen eine Besteuerung seiner riesigen Ländereien, weswegen eine Fraktion um Benjamin Franklin ihn kurzerhand enteignen und Pennsylvania direkt der englischen Krone unterstellen wollte, wie es etwa in Virginia der Fall war. 1764 hatte der Streit in Philadelphia eine kleine politische Revolution ausgelöst. Die Deutschen hatten Franklin bei der jährlichen Wahl aus der Assembly geworfen.

Es waren Zitate aus einem alten Essay, mit denen Franklins Gegner die deutschen Einwanderer gegen ihn aufgebracht hatten. Enthalten in den ersten Fassungen seiner ab 1751 erst privat, später öffentlich zirkulierenden »*Observations Concerning the Increase of Mankind*«, in denen Franklin laut über die ideale ethnische Zusammensetzung der Kolonie nachgedacht hatte. Franklins abfällige Charakterisierung der Deutschen wurde nun genüsslich ausgeschlachtet, aus den »Pfälzer Bauernlümmeln«, den »*Palatine Boars*« in Franklins Original, machte man – absichtlich, unabsichtlich – das fast gleichlautende »*Boors*«, Wildschweine.

Die Erregung war enorm und vielleicht auch nicht ganz unberechtigt. Immerhin hatte Franklin sich an anderer Stelle zu weiterem pseudo-wissenschaftlichem Unfug hinreißen lassen. »Warum sollte Pennsylvania, gegründet von den Engländern, eine Kolonie von *Fremden* werden«, heißt es dort, »die bald so zahlreich sein werden, dass sie uns germanisieren statt dass wir sie anglisieren, und niemals unsere Sprache und Gebräuche annehmen werden, genauso wenig wie sie unsere Hautfarbe erwerben können.«

Ja, die Zahl »rein weißer Menschen«, wie Franklin mit kaum verhohlenem Seufzen ausführte, sei nicht nur weltweit ziemlich klein: »In Europa haben Spanier, Italiener, Franzosen, Russen und Schweden generell eine Hautfarbe, die wir dunkelhäutig nennen; so wie auch die Deutschen, mit einziger Ausnahme der Sachsen, die mit den Engländern den Hauptteil Weißer Menschen auf der Erde ausmachen. Ich wünschte, ihre Zahl könnte erhöht werden.«

Harter Stoff also, der da im Giftschrank des angesehenen Philadelphiers und späteren Gründervaters der USA schlummerte. Die vielen deutschen Migranten der 1750er Jahre waren ihm demnach nicht nur wegen ihrer dubio-

sen Sitten, der fremden Sprache und ihrer undurchschau-
baren Loyalitäten suspekt. Sie waren ihm, dem blütenrei-
nen Angelsachsen, auch schlicht *nicht weiß genug*.

Dem giftigen Wahlkampf war im Oktober 1764 eine tur-
bulente, mehrfach verlängerte Wahl gefolgt, bei der die
konkurrierenden Parteien zwischenzeitlich sogar Alte,
Fußlahme und Krüppel auf Stühlen zur Urne geschafft
hatten, damit sie für sie abstimmen könnten. Am Morgen
des zweiten Wahltags hatten schließlich mehrere Hundert über Nacht mobilisierte Deutsche aus Germantown
Franklins Abwahl perfekt gemacht – und stattdessen
einen der Ihren in die Assembly gewählt, den erfolgreichen deutsch-amerikanischen Geschäftsmann Heinrich
Keppele, einen Ältesten aus Heinrich Mühlenbergs Gemeinde. Im gleichen Jahr wurde Keppele auch Präsident
der sich neu gründenden *German Society of Pennsylvania*, die bis heute existiert.

Ein identitätsstiftendes Jahr also für die Deutschen, die
ihre eigene Spaltung in Kirchenleute und »Sektengeister«
überwunden hatten und sich hinter der gemeinsamen
Herkunft versammelten. Der Germantowner Drucker
Christopher Saur, der Franklins chauvinistische Auslas-
sungen auf Deutsch verbreitet hatte, war daran ebenso
beteiligt wie der Lutheraner-Klerus um Heinrich Mühlenberg. Die Bewahrung der eigenen Privilegien in dieser Kolonie, die Anerkennung als Kirche, die religiöse Freiheit,
all das wollte man nicht aufs Spiel setzen. Wer wusste
schon, was einem in einer Kronkolonie blühen würde?

Franklin, dem am Ende ganze zwanzig Stimmen zur
Wiederwahl fehlten, war beleidigt nach London abgereist,
um dort weiter für sein Ansinnen zu lobbyieren. Doch
die Idee einer Kronkolonie Pennsylvania war bald kaum

noch vermittelbar. Der König und seine Insignien wurden zum Symbol für eine empfundene Ungerechtigkeit. Einen unzulässigen Eingriff. Gegen den Stamp Act regte sich sofort wütender Widerstand. Bezeugte nicht der Papierstempel selbst die Hintersinnigkeit der Angelegenheit? Neben Krone, Zepter und Schwert rankte sich dort das Motto des königlichen Hosenbandordens: *»hony soit qui mal y pense«* – ein Schelm, wer Böses dabei denkt … In den 13 Kolonien bereitete man sich auf vehementen Protest vor. Oder besorgte sich eben vor Inkrafttreten des Gesetzes schnell noch die nötigen Papiere.

Es war indes nicht nur die bürokratische Mehrarbeit, die Pastor Heinrich Melchior Mühlenberg in diesem Herbst 1765 auf die Stimmung schlug. Ein hartnäckiger Katarrh setzte, ungewöhnlich früh in diesem Jahr, seinen Lungen zu. Und seine Pläne, nach Deutschland zurückzukehren, hatten sich zerschlagen.

»Ich wäre fast auf den Gedanken gekommen, daß alles nicht Ihr Ernst sey«, hatte Gotthilf Francke ihm brüsk beschieden – und Mühlenbergs Bittschreiben an den Grafen von Wernigerode gar nicht erst weitergeleitet. Er sei in Philadelphia »unentberlich«. Punkt. Von weiteren Klagen bitte er abzusehen, schließlich sei es Mühlenbergs eigene Schuld, »daß sie sich weitläuftiger eingelassen, als Sie es übersehen und ausführen können«. Egal wie schwierig die Umstände mitunter seien, »so haben Sie doch Freyheit, Gottes Wort zu predigen und an Seelen zu arbeiten«.

Zweifellos eine andere Art von Freiheit als die, hinter der sich Amerikas Kaufleute im Protest gegen den Stamp Act versammelten. Immerhin war Mühlenbergs arglistiger Kollege Handschuh ein Jahr zuvor mit nur 50 Jahren verstorben – nur wenige Tage nach der tumultuarischen Assembly-Wahl. Dieses Problem also hatte sich von selbst erledigt. War alles nur eine Frage der Perspektive? Mühlenberg fand nicht aus seiner depressiven Verstimmung. Er bitte ihn, hatte Direktor Francke sein Schreiben geschlossen, »sich im Glauben zu ermannen, und auf die göttliche Vorsorge zu sehen, die sich an Ihren drey lieben Söhnen […] insonderheit an dem ältesten, aufs neue deutlich offenbaret, und […] weder Sie noch künftig die lieben Ihrigen verlassen wird.«

Heinrich Mühlenberg hatte da so seine Zweifel. Er hatte Nachricht »von jemandem aus Lübeck« erhalten. Neuigkeiten, die ihn nicht losließen. Es ging um Peter. »Zerlumpt und 3 bis 4 Wochen in einem Hemde ohngewaschen« hätte der tagein, tagaus, in Niemeyers Laden zu stehen. Was war mit den 14 Pfund, fragte sich der Pastor, die er erst in diesem Jahr für Kleidung an Peters Herren übersandt hatte? Wo war das Geld geblieben? Peters Umstände beschrieb man ihm als desolat. Er hatte mit dem gemeinen Gesinde in der Küche zu speisen, der Herrschaft die Schuhe zu putzen und sie bei Tisch zu bedienen. Zu lernen gebe es nichts.

Am meisten aber erzürnte Mühlenberg, dass Niemeyer offenbar unter seinen Kaufmannskollegen damit angab, es hätte ihn nur »einen Ancker Wein gekostet, um diesen Americaner auf 6 Jahre zu bekommen«. Wenn das tatsächlich stimmte, so hatte sich nicht zuletzt auch Gotthilf Francke an Peters Zukunft versündigt, als er ihn allzu sorglos über Mittelsmänner nach Lübeck empfahl. Es war auch die Abwertung von Peters Herkunft, die seinen Vater so wütend machte: der Pastorensohn als Laufbursche.

Ein einfacher Krämer hielt Heinrich Mühlenberg und seinen Namen zum Narren.

Einige Wochen wälzte Mühlenberg die Dinge in sich, wartete auf eine Gelegenheit, die richtige Stimmung vielleicht. Dann, an einem Samstagabend Ende November, setzte er in rascher Folge mehrere Briefe nach Deutschland auf. Der Wichtigste sollte an den Kaufmann Leonhard Heinrich Niemeyer gehen.

»Hochedler, Hochzuverehrender Herr und Gönner«, beginnt der Pastor seinen Brief vom 23. November 1765, äußerlich um Diplomatie bemüht, auch die üblen Gerüchte um Peters Vermittlung mit keinem Wort streifend. Nach der Abhandlung aller nötigen Freundlichkeiten kam er schnell zur Sache. Niemeyer möge Peter »auf meine Rechnung besonders im Winter mit warmhaltender Kleidung versehen lassen«. Denn: »weil wir hier 10 bis 12 gradus näher zur Sonne wohnen; so können die Americanischen oder pensylvanischen Gewächse nicht wol die dasige Kälte so gut vertragen«. Eine plausible Begründung immerhin, liegt Philadelphia doch südlicher als Madrid, etwa auf Höhe des türkischen Ankara.

Dann kam Mühlenberg zu seiner Hauptforderung. Er bat Peters Herren »um gütige Erlassung zweyer Jahre, von den 6 Stipulirten, für eine, von Dero gütigen Willkühr zu bestimmende Vergütung am Gelde«. Er habe, gab der Pastor an, damit nur seines Sohnes »Seelen Wohlfahrt« im Sinn, außerdem nun etwas mehr Zeit für ihn (eine glatte Lüge). Und schließlich würden »die Kinder insgemein den stärcksten Hang und Neigung zu ihrem ersten Vaterlande, wo sie geboren sind, behalten«. Außerdem sei in Amerika die männliche Jugend nach dortigem Recht mit dem 21. Geburtstag »Majoren und frey«, also volljährig, und könne selbst entscheiden, was sie mit ihrem Leben anfange. Weshalb er um Entlassung Peters zu ebenjenem 1. Oktober 1767 bitte.

Kurzum, der Pastor argumentierte nun plötzlich gleich mehrfach mit der Geburtsheimat seines Jungen. Er war bereit, Peter freizukaufen, um einen offenen Skandal zu vermeiden. An Peter schrieb er, dessen Beispiel aus dem Vorjahr folgend, einen englischen, also streng vertraulichen Brief. Gotthilf Francke unterrichtete er separat von dem Vorgang. Ziegenhagen, seinen schärfsten Kritiker, ließ Mühlenberg ganz außen vor, das Briefpaket nicht wie üblich nach London adressierend, sondern einem Reisenden direkt nach Deutschland mitgebend. Der nun in Kraft getretene Stamp Act, der auch das englische Porto verteuerte, gab hierfür willkommenen Anlass.

Es ist eine Revolution im Inneren, die sich hier andeutet. Nach Jahren der mühsamen Abstimmung mit Halle, all dem endlosen Hin und Her, nimmt Heinrich Mühlenberg die Sache nun selbst in die Hand. Es war schließlich eine Familienangelegenheit. Sollte Francke darin verstrickt sein, so sehr er wollte.

Während Mühlenbergs Briefe auf dem Atlantik unterwegs waren, blieb der Stamp Act auch im neuen Jahr mehr als unbeliebt. Insbesondere bei den deutschen Druckern, die ihre nicht-englischen Publikationen sogar in doppelter Höhe besteuern mussten. Henrich Miller legte seinem *Philadelphischen Staatsboten* am 6. Januar 1766 einige etwas holprige »Neujahrsverse« bei, die zeigten, dass die Menschen in Amerika den Streit mit dem Mutterland oft ebenfalls als eine familiäre Krise lasen:

Nur du, America, weiß'st von gar keinen Freuden;
In dir ist nichts als Noth, in dir ist lauter Leiden!
Möcht' deine Mutter sich doch ihres Kinds erbarmen,
Und es im Neuen Jahr mit neuer Lieb umarmen;
Ach! machte Sie dis Jahr dich aller Stämpeley,
Und mit derselbigen auch aller Unruh frey!

UNTER DEM FREIHEITSBAUM

Begonnen hat alles mit der Rede eines politischen Neu-
lings. Gerade eine Woche ist Patrick Henry Mitglied im
House of Burgesses, dem Kolonialparlament von Virginia,
als er am 29. Mai 1765, seinem 29. Geburtstag, das Wort
ergreift. Eine eigentlich schläfrige Sommersitzung, nur 39
von 117 Delegierten sind anwesend. Fast alle von ihnen
entstammen der Gentry, der Tabakpflanzer-Elite in der ältesten und wohlhabendsten britischen Kolonie Nordamerikas. Auf ihren Plantagen lassen diese Männer aus Afrika
verschleppte Sklaven schuften und genießen auch sonst
ihre Privilegien und den Schutz des Königs von England,
dem Virginia als Kronkolonie offiziell untersteht.

Patrick Henry hat an diesem Tag andere Pläne. Er entstammt einer erfolgreichen Pflanzerfamilie und hat nach
einigen glücklosen Anläufen als Storckeeper und Farmer
in jungen Jahren schließlich die Rechtswissenschaft für
sich entdeckt. Tags zuvor hat ein Schiff die Nachricht
von der Verabschiedung des Stamp Act nach Virginia gebracht. Das will Henry nun ins Zentrum seiner Rede stellen. »Caesar hatte seinen Brutus«, beginnt er in empha-
tischem Tonfall, »und Charles I. seinen Cromwell.« Ein
Raunen geht durch die Kammer. »Und ich habe keinen

Zweifel«, fährt Henry fort, »dass sich ebenfalls einmal ein guter Amerikaner für sein Land erheben wird, wenn auch …« Er muss innehalten. »Hochverrat!«, schallt es durch die Kammer. Man ist außer sich. Der Sprecher des Hauses ruft zur Räson. Henry muss mehrfach seine Königstreue versichern. Schließlich kann er fortfahren.

Henry hält an diesem Tag eine Rede, die mitreißt. »Er schien mir zu sprechen wie Homer geschrieben hat«, befindet ein mit ihm befreundeter Jurastudent, ein gewisser Thomas Jefferson. Die beiden kennen sich aus der Taverne, die Henry eine Zeitlang als Gastwirt für seinen Schwiegervater betrieben hat. Im kleinen Williamsburg nimmt Henry an diesem Tag im Mai Einfluss auf den Gang der Weltpolitik. Mit einigen Gleichgesinnten nutzt er die geringe Anwesenheit, um Fakten zu schaffen im Widerstand gegen den Stamp Act. Fünf Resolutionen werden verabschiedet. Die ersten »Abenteurer und Siedler«, die von England nach Virginia gekommen waren, heißt es im ersten Punkt, hätten »alle Freiheiten, Privilegien, Konzessionen und Immunitäten« mit sich gebracht, die auch für die Bürger des Mutterlands galten. Daran habe sich nichts geändert. Kurzum: Man wollte entweder im Parlament von London vertreten sein oder selbst über seine Steuern und Abgaben befinden. *No taxation without representation.*

Ein Slogan, der binnen weniger Wochen auch in anderen Kolonien um sich griff. In New York und Neu-England organisierte sich der Protest, noch bevor die neue Steuer im November gleichen Jahres in Kraft trat. In Boston fanden sich über den Sommer meist junge Protestierende zu einer Art Geheimbund zusammen. Sie nannten sich »Sons of Liberty«, die Söhne der Freiheit. Man traf sich im Schutz der Dunkelheit unter einer 120 Jahre alten Ulme am Hanover Square. Bald sprach man in der Stadt nur noch vom »Liberty Tree«, dem Freiheitsbaum.

Allerorten gründeten sich bald regionale Ableger der »Sons of Liberty«. Man hängte Puppen mit den Konterfeis verhasster Offizieller auf und verbrannte sie. Man überfiel die Privathäuser bekannter Steuerbeamter. Der stellvertretende Gouverneur von Massachusetts entkam mit seinen Kindern nur knapp einem aufgebrachten Mob. Die Gewalt zeigte Wirkung, zwölf von dreizehn der von London in Amerika neu eingesetzten Steuerbeamten waren von ihrem Amt zurückgetreten, bevor sie auch nur eine Steuermarke verkauft, auch nur einen einzigen Stempel auf einen Papierbogen gesetzt hatten.

Die Kolonien vernetzten sich untereinander und stimmten sich ab. Auf einem offiziellen Kongress im Oktober 1765 formulierten Abgesandte von neun Kolonien eine »*Declaration of Rights*«. Man beschloss Importboykotte für britische Waren. Forderte die Rücknahme des Stempelgesetzes und eine Gleichstellung mit den britischen Bürgern. Im Kern aber ging es um das alte koloniale Wohlstandsversprechen. Die Taxe traf nicht nur Drucker, Verleger und Papierindustrie, sondern griff in die Kalkulationen fast aller amerikanischen Branchen und Gewerke ein. Von den Lehrlingsverträgen der Handwerker über Tavernenbetreiber, nicht wenige unter ihnen Frauen, die auf schriftliche Ausschanklizenzen angewiesen waren – bis hin zu all jenen, die in den Kauf und Verkauf von Land involviert waren, ein Geschäft, das ebenso lukrativ war wie bürokratisch und damit papierlastig.

Gleichzeitig war man darauf bedacht, offiziell nicht allzu viele Grenzen zu überschreiten. Die Mobgewalt wurde öffentlich geächtet. Und auch die letzte von Patrick Henrys Resolutionen hatten die Burgesses in Williamsburg nach dessen Abreise am Sitzungstag lieber doch wieder einkassiert. Eine Besteuerung von außen, hieß es dort, habe »die erklärte Tendenz, die britische wie auch die amerikanische Freiheit zu zerstören«. Das ging eindeutig zu weit. Auf eine Anklage wegen Hochverrats hatten die meisten der anwesenden Gentlemen ganz entschieden keine Lust.

Auch so nahm der Stamp Act ein schnelles Ende. Bereits im März 1766, kein halbes Jahr nach Inkrafttreten, nahm das Parlament in London das Gesetz wieder zurück. Mitte Mai erreichte die Nachricht den Hafen von Boston, wenige Tage später erfuhr man auch in Philadelphia davon. Die Glocken der Kirchen läuteten, für den nächsten Tag wurde ein Galadinner im State House anberaumt. Auch die deutschen und schwedischen Lutheraner der Stadt beschlossen gemeinsam ein »Beth- und Dankfest wegen Aufhebung der Stämpel-Acte«.

Am Freitag, den 1. August 1766, erklomm Pastor Heinrich Mühlenberg die Kanzel von St. Michael. Es war einer jener drückend heißen Hochsommertage, die in Philadelphia häufig sind. Draußen stand gleißend die Sonne am Himmel, die Luft war feucht und schwer, auch im heillos überfüllten Kirchenschiff rann allen der Schweiß von der Stirn.

Gefeiert wurde ein politischer Sieg in den Gotteshäusern der Stadt. Passend dazu predigte Mühlenberg von der Verknüpfung des Weltlichen mit dem Göttlichen. »Dankest du also dem Herrn, deinem Gott, du toll und töricht Volk?«, stand im fünften Buch Mose. »Ist er nicht dein Vater und dein Herr? Ist's nicht er allein, der dich gemacht und bereitet hat?« Dies war die Warnung, die Gott seinem Bundesvolk durch den bereits 120 Jahre alten Mose übermitteln ließ. Und trotz allem würde sich, so prophezeite es Gott, nach Moses Tod das Volk »erheben und nachhuren den fremden Göttern des Landes, in das sie kommen, und wird mich verlassen und den Bund brechen, den ich mit ihm geschlossen habe. Da wird mein Zorn entbrennen ...« Die Geschichte einer gefährdeten Migration also. Da war man doch gleich beim Thema.

»Liebes Volk deutscher Nation«, begann der Pastor mit fester Stimme unter dem langsam ersterbenden Gemurmel der Gemeinde, »des Herrn aller Herren Geschöpfe, des Königs aller Könige teuer erworbene Schafe, und Seiner Großbritannischen Majestät Georgii getreue Untertanen und Mitbürger!« Die steinernen Mauern von Michaelis warfen das Echo von Mühlenbergs Worten über die Köpfe der Menschen zurück. Die Luft in der Kirche schien zu stehen.

»Beten und Danken«, fuhr Mühlenberg fort, »sind nicht allein schuldige Pflichten der Christen gegen ihren höchsten Wohlthäter, sondern auch Privilegien, die ihnen Christus erworben.« Er sprach von den Rechten, die auch die deutschen Christen in den königlichen Kolonien erhalten hatten, gerade hier in Pennsylvania, der Kolonie der vielen Religionen und Glaubensrichtungen. Es gab hier Freiheiten, die keineswegs auf ewig gesichert waren. Die knapp überwundene Stamp-Act-Krise hatte es gerade erst bezeugt.

Aus diesem Grunde feiere man nun dieses Dankfest: »Weil unter andern der alles regierende Gott, durch seine herzlenkende Kraft und Barmherzigkeit in diesem Jahre eine große Gefahr von uns amerikanischen Einwohnern abgewandt hat und Gnade für Recht ergehen lassen.« Eine politische Krise als glimpflich verlaufene Gotteswarnung, dankbar empfangen von einem frühen amerikanischen Wir – das war die Auslegung des Pastors. Doch dies war noch immer keine Gemeinschaft zu gleichen Teilen. Die englische Elite gab den Ton an, auch im Protest, der Diaspora oblag Demut. »Ihr tatet wohl, meine deutsche Mitbrüder, dass ihr euch stille verhieltet«, lobte Mühlenberg. »Denn wenn wir deutsche Einwohner nur einen Fuß bewegt hätten, so dürfte es bald geheißen haben: Sehet da!«

Es galt, Vertrauen zu haben, predigte der Pastor, Glauben an die gütige Vorsehung Gottes, der eben nicht wie ein gemeiner Uhrmacher die Welt »den Menschenkindern zum willkürlichen Gebrauch« übergeben hatte. (Diesen Seitenhieb auf die verhassten Deisten ließ sich Mühlenberg nicht entgehen.) »Wir glauben«, rief der Pastor mit donnernder Stimme von der Kanzel, »dass Gott noch lebet, Himmel und Erden regieret, dass sich seine höchstväterliche Vorsorge erstrecket auf alle seine geschaffenen sichtbaren und unsichtbaren Kreaturen; daß er aller Könige und Regenten Herzen in seiner Allmachtshand habe und sie lenke nach seinem Rat.«

Denn auch die besten Herrscher auf Erden, fuhr der Pastor fort, waren am Ende nur Menschenkinder, »Fürsten vom Weibe geboren, die ihre eingeschränkten Leibes- und Seelenkräfte haben«. Niemand konnte ihnen zumuten, sich aus weiter Ferne um jede Kleinigkeit ihrer Untertan zu bekümmern. Doch gleichzeitig durfte auch der beste Monarch, so viel Herrschaftskritik mochte verstattet sein, von seinen Untertanen nicht zu viel fordern.

Mühlenberg setzte eine Pause, hob kurz die Hand, ehe er weitersprach: »Was aber bei den Menschen unmöglich, das ist bei Gott möglich.«

Es war ein kunstvoller Brückenbau, den der Pastor unternahm, eine Verbindung zwischen Volk und Herrscher, zwischen Himmel und Welt. Ein epischer Sermon, bald war eine, bald waren anderthalb Stunden vergangen, und noch immer redete Mühlenberg mit unverbrüchlicher Energie. Es war auch die Geschichte jener, die ihm zu Füßen saßen, die er hier entwarf, die Erzählung von der weitgewanderten Herde in der Fremde.

»Geliebte Mitbürger und Brüder«, fuhr Mühlenberg in leiserem Tonfall fort. »Wir hatten vor 23 Jahren mit Ach und Wehe diese St. Michaelis-Kirche nach und nach erbauet, und wurden verspottet und gefragt, womit wir die große Kirche ausfüllen wollten?« Ein erwartungsvolles Raunen füllte die folgende Stille. »Sie ist nun kaum um die Hälfte groß genug, und die äußerste Not hat uns gedrungen, den neuen Bau, nämlich die große Zionskirche anzuheben.« Zustimmendes Gemurmel mischte sich mit unterdrücktem Jubel. Zion! Die Deutschen waren im Begriff, sich einen neuen Tempel zu bauen – und was für einen. Im Frühsommer hatte Mühlenberg feierlich den Grundstein gelegt, noch vor dem ersten Anglikaner der Stadt, dem Gouverneursrat Richard Peters. Zion, das war ein schier gigantisches Bauprojekt für die sich streckende deutsche Gemeinde. Mehr als eine halbe Million Backsteine würde man verbauen, ein Gotteshaus für 2500 Gläubige mitten in Philadelphia errichten, ja, das größte Versammlungshaus in ganz Nordamerika.

Die neue Kirche war Symbol für den Raum, den die Deutschen in dieser Kolonie mittlerweile einnahmen –

und gleichzeitig ihr heimatlicher Rückzugsort. »Es ist noch immer unser Trost und Freude gewesen, unter aller Mühe und Arbeit in dieser Abendwüste«, führte Mühlenberg aus, »daß wir Gottes Wort in unserer reinen Muttersprache zu unserer Seelenerbauung genießen dürfen.« Für das Geschäftliche, den »leiblichen Beruf«, das Fortkommen an diesem Ort, bediene man sich derweil des Englischen. Recht so. Mühlenberg selbst pflegte sein Netzwerk zur Mehrheitsgesellschaft, zu Reverend Peters etwa. Man kannte und schätzte sich.

Nun würde er die beiden Welten in seiner Predigt zusammenführen, die äußere und die innere, Britanniens Merkantilismus und den frommen Fleiß seiner Deutschen: »So ihr fliehet die vergängliche und niederträchtige Lust der Americanischen Welt; so wird sie euch nicht faul, noch unfruchtbar seyn lassen, sondern euch fleißig und vermögend machen.« Das also war sie, die Verheißung für die Lutheraner in der Fremde. Das war er, Heinrich Melchior Mühlenbergs deutsch-amerikanischer Traum.

Der Pastor hebt den Kopf und blickt in ergriffene, von der Hitze gerötete Gesichter. »Liebe Brüder«, spricht er leise, kaum hörbar nun seine Schlussworte. »Ich bin nicht wie Moses ein außerordentlicher Heerführer, sondern als ein gemeiner berufener Hirte und Diener Christi unter euch gewesen.« Der Pastor räuspert sich, schaut auf, tupft sich ein letztes Mal den Schweiß von der Stirn. »Ich stehe bereits am Ufer der unendlichen Ewigkeit, und rufe zum Beschluß: Haltet fest an der heilsamen Lehre von der Versöhnung durch Christum: Fürchtet nach derselben Gott, ehret den König, habt die Brüder oder Mitchristen lieb, und beweiset euch gegen eure Nebenmenschen, wie ihr wollet von ihnen gegen euch getan haben. Amen.«

Mit einem Ruck erhebt sich die Kirche zum Gebet. Lange noch würde man sich von dieser Predigt erzählen. Die Ältesten würden den Pastor bitten, seine Notizen ins Reine zu schreiben und sie bei Henrich Miller in Druck geben, volle 60 Seiten Oktav. Ein Dokument für die Nachwelt. Miller hatte die Rücknahme der Steuer im Mai bereits in einem seiner typischen Extrablätter bejubelt: »Den HERREN lobt und benedeyt, der von der Stämpel-Act uns hat befreyt.«

War es am Ende also tatsächlich Gottes lenkende Hand gewesen, die den Streit zwischen Kolonien und Mutterland beigelegt hatte? Oder doch der vehemente Protest der Amerikaner, mit dem man in England nicht gerechnet hatte? »Die Zahl derer ist groß, die nun den Verdienst für die Rücknahme des Gesetzes beanspruchen«, schreibt Benjamin Franklin aus London einem Freund in Philadelphia. »Aber wenn ich Sie noch einmal lebend sehe, werde ich Sie wissen lassen, […] wie sehr wir dem verbunden waren, was die Profanen *Glück* nennen würden und die Frommen *Vorsehung*.«

Denn was in Amerika als Triumph der Freiheit verklärt und in alle möglichen Richtungen gedeutet wurde, war im Parlament von London schlicht ein politischer Kuhhandel gewesen. Ein Deal zwischen kolonialen Hardlinern und Amerikaverstehern. Für die einen war der Stamp Act zurückgenommen, für die anderen am gleichen Tag der sogenannte Declaratory Act beschlossen worden, die nächste Verschärfung der Kolonialpolitik: Nur im Mutterland durften fortan neue Gesetze für die Kolonien beschlossen werden. Die Absicht war schon im Titel klar umrissen: »*An Act for the better securing the Dependency of His Majesty's Dominions in America* ...« Es war also eine offizielle Abhängigkeitserklärung für die amerikanischen Kolonien, zehn Jahre vor dem 4. Juli 1776.

Nicht jeder Konflikt aber vertagte sich in diesem heißen Sommer des Jahres 1766. Nur wenige Tage nach der fulminanten Predigt seines Vaters in Philadelphia entschloss sich Peter Mühlenberg gut 6000 Kilometer von seinem Elternhaus entfernt in der Hansestadt Lübeck, sein Schicksal endgültig selbst in die Hand zu nehmen.

Lange hatte er es im Guten probiert, hatte bei der Herrschaft um einen freien Sonntag gebeten, um wenigstens eine Stunde Buchhaltung in der Woche – vergebens. Man verhöhnte ihn und die Seinen. Wenn seine Eltern nicht bald neues Geld schickten, hatte ihm Niemeyers Frau beschieden, könne er gerne nackend laufen.

Monatelang waren Schreiben hin und her gegangen, von London nach Halle, von Halle nach Lübeck und zurück. Peter hatte klar gemacht, dass er nach der Hälfte der Lehrzeit entlassen sein wollte, Ende September also. Doch Niemeyer wollte ihn über Ostern hinaus behalten und überdies 100 Taler Entschädigung. Ein Wucher, wie Peter von anderen Kaufleuten wusste. Doch man hörte nicht auf ihn. Direktor Francke in Halle hielt ihn an, die Dinge im reinen Gebet in Gottes Hand zu legen; der rechte Weg werde sich schon weisen. Allein, Peter hatte den Glauben daran verloren.

In aller Frühe stiehlt er sich am 14. August 1766 aus dem Haus. In größtmöglicher Heimlichkeit hat er alles vorbereitet. Hat den Koffer aus Niemeyers Laden geschafft und den Kontakt zu dem britischen Regiment hergestellt, das in der Stadt Station macht. Es ist auf dem Weg nach Amerika. Der Kommandeur erwartet ihn schon. In seiner Obhut angekommen, drückt Peter einem Laufburschen seinen vorab verfassten Abschiedsbrief in die Hand.

»Mein lieber Herr Niemeyer«, hat er darin geschrieben. »Sie werden sich gewiß nicht wenig Alteriren, wen Sie hören, daß ich so unvermuthet mich entfernet habe [...] Ich habe mich unter den Engelländer die America in Garnison kommen als Cadet annehmen lassen. Nun bitte ich gehorsamst schaden Sie Ihrer Gesundheit nicht durch einen vergeblichen Eyffer, weil es nun nicht mehr zu ändern ist.«

Tobend sucht der genarrte Herr nach seinem Lehrling und findet ihn schließlich. Peters britischer Kommandant jedoch weist den Kaufmann freundlich, aber bestimmt ab. Er könne den jungen Mann nur auf dessen ausdrücklichen Wunsch herausgeben. Ansonsten werde man ihn erst nach Ankunft in den amerikanischen Kolonien entlassen. Er hat Peter einstweilen als Regimentssekretär aufgenommen. Niemeyer ist machtlos, zieht grollend ab. Er solle sich nicht grämen, hat Peter seinem ehemaligen Herren noch mit auf den Weg gegeben. »Die Liebe zu meinem Vaterland ist eines Theils schuld daran, die anderen Ursachen kann ich Ihnen nicht offenbahren.«

Ein teils kryptisches Schlusswort also steht am Ende dieses transatlantischen Missverständnisses, das Peter lange vor seinen Brüdern zurückholt nach Amerika. Das Netzwerk des Vaters hat versagt, die Verpflanzung seines Ältesten in die eigene Herkunftswelt ist kläglich gescheitert. Eine Episode, die auch familienintern noch lange nachwirken wird.

Über Ratzeburg marschierte das Regiment nach Hamburg, Ende September schiffte man sich Richtung New York ein. Das nun war das vorläufige Fazit dieser Episode: Peter Mühlenberg, auf dem Heimweg vom Land seines Vaters in das, was er selbst nun offen sein Vaterland nannte.

IV.
KRIEG DER BRÜDER
1770–1776

Das Boston Massacre (1770) – kolorierter Kupferstich von Paul Revere

EIN KLEINER MÄRTYRER

Der 22. Februar 1770 war ein Markttag in Boston. Wie jeden Donnerstag wimmelte die Stadt schon früh am Morgen von Menschen. Die Farmer aus dem Umland waren herbeigekommen, um ihre Produkte anzubieten, Säcke voller Getreide, Milch, Butter, Schlachtvieh oder Holz. Bei den Händlern der Stadt fand man alles Nötige zum Leben, von Zucker, Tee, Molasse und Fisch bis hin zu Webstoff oder Baumaterial wie Ziegeln und Eisen. Eine geschäftige Unruhe lag über Boston, dem wirtschaftlichen und politischen Zentrum des puritanisch geprägten Neu-England und mit gut 15 000 Einwohnern einer der damals größten Städte Nordamerikas.

Auf den Straßen waren auch zahlreiche Kinder und Jugendliche unterwegs, die den Erwachsenen bei Besorgungen und Einkäufen halfen. Viele Schulen hatten am Morgen des Markttags geschlossen. Auch der elfjährige Christopher Snider streifte durch die Stadt. Seine Eltern waren aus Deutschland eingewandert, die Familie lebte in ärmlichen Verhältnissen in der Frog Lane am südlichen Stadtrand. Der Junge hatte es bereits früh aus seinem kargen Elternhaus heraus geschafft. Snider (oder Seider, beides zweifellos englische Varianten des deutschen Namens Schneider) lebte als Houseboy in der prächtigen Villa der Madam Grizzell Apthorp, deren verstorbener Mann einer der reichsten Bostoner gewesen war.

Warum der deutsche Junge in der Stadt unterwegs war, ist unbekannt. Möglich, dass er im Auftrag seiner Chefin Besorgungen erledigte. Oder er streifte einfach ziellos durch die Straßen, von nichts außer der eigenen Langeweile getrieben. Im Laufe des Vormittags führte ihn sein

Weg jedenfalls in die Middle Street im Bostoner North End. Schon von weitem war das von dort kommende Geschrei zu hören. Vor dem Textilgeschäft von Theophilus Lillie hatte sich eine Menschenmenge versammelt, etwa 50 zumeist männliche Jugendliche und Kinder.

Der Tumult war um einen hoch aufragenden Holzpfahl entstanden, den irgendwer über Nacht vor Lillies Geschäft errichtet hatte. Oben am Pfahl hatte man eine Fratze des Händlers angebracht, dazu gut lesbar ein Schild mit der Aufschrift »Importer«. Derart diffamierten die »Sons of Liberty« diejenigen Kaufleute, die sich nicht an den allgemeinen Boykott britischer Waren halten wollten – eine Reaktion auf die nächsten Zollgesetze, die sogenannten Townshend Acts, benannt nach dem damaligen britischen Finanzminister. Unter anderem waren Glas, Farben, Papier und Tee betroffen. Boykottaufrufe in zahlreichen amerikanischen Städten waren die Folge, besonders stark war der Protest in Boston, wo sich das Hauptquartier der britischen Zollbehörde befand. Die englische Regierung hatte sich genötigt gesehen, zwei Regimenter aus Irland nach Boston zu verlegen, mehrere Tausend Soldaten waren seit Monaten dort stationiert. Besonders häufig brach sich der Zorn der Bevölkerung an den Markttagen Bahn, wenn die Stadt voller Menschen war.

Vor Lillies Stoffgeschäft an der Middle Street schaukelte sich die feindselige Stimmung immer weiter in die Höhe. Bald schon hatte sich ein Nachbar des Händlers eingemischt, ein gewisser Ebenezer Richardson, der als Steuereintreiber und Ex-Informant der Krone eine bei vielen verhasste Figur war. Mit seinem Pferdewagen rammte er den Pfahl, wieder und wieder nahm er aufs Neue Anlauf, doch gelang es ihm unter dem Gejohle der Menge nicht, diesen umzureißen. Bald darauf bewarfen ihn die Jungen mit Küchenabfällen. Richardson zog sich in sein Haus zurück, das gleich nebenan lag. Doch der Bewurf ging weiter. Immer wieder tauchte Richardson vor dem Haus auf, brüllte und drohte. Auch seine Frau versuchte, die Störenfriede zu vertreiben. Irgendwann hatte Richardson eine Muskete in der Hand. Er feuerte einen Warnschuss über die Köpfe der Menge ab. Nun flogen keine Kartoffelschalen und Eier mehr, sondern Steine.

Als seine Frau am Arm verletzt wird, so schildert Richardson es später, befüllt er den Lauf der Muskete noch einmal, diesmal mit kleinen Schrotkugeln, »*swan shot*«, wie man sie hier nennt. Normalerweise schießt man damit auf Wasservögel und anderes Kleintier. Richardson rennt die Treppe hinauf. Im ersten Stock ist ein Fenster eingeschmissen worden. Durch die zerborstene Scheibe richtet er das Gewehr auf die mittlerweile fast 70 Menschen vor seinem Haus. Das Geschrei ist ohrenbetäubend. Dann löst sich krachend ein Schuss.

In der Menge sackt Christopher Snider zu Boden. Neben ihm ist ein weiterer Junge getroffen worden. Blut fließt aufs Straßenpflaster. Man ruft um Hilfe, transportiert die beiden Verletzten ab. Der zweite Junge ist nur leicht verletzt. In Sniders Körper jedoch hat sich das Schrot an elf unterschiedlichen Stellen gebohrt, wie die Ärzte feststellen. Verzweifelt versuchen sie, den Blutverlust zu stoppen. Hilflos halten die herbeigerufenen Eltern die Hand ihres sterbenden Kindes. Um neun Uhr abends ist der Elfjährige tot.

Eine Welle der Wut und Bestürzung erfasste die Stadt. In den Zeitungen wurde Christopher Snider, das zuvor völlig unbekannte Einwandererkind, als »kleiner Held« gefeiert, als »erster Märtyrer für die noble Sache«. Ein Symbol des gerechten Kampfes. »Dieser unschuldige Junge«, schreibt die *Boston Gazette*, »ist der erste, dessen Leben Opfer von Grausamkeit und Zorn der Unterdrücker geworden ist.« Zu Sniders Beerdigung zogen 2000 Menschen durch Boston. Man traf sich unter dem Freiheitsbaum am Hanover Square, der zufälligerweise ganz in der Nähe von Sniders Elternhaus lag. 500 Schulkinder bildeten die Spitze des Trauermarschs, sechs Jugendliche trugen Sniders Sarg. »Niemals haben meine Augen eine derartige Beerdigung erblickt«, notierte der Bostoner Anwalt und spätere US-Präsident John Adams in seinem Tagebuch. »Die Prozession erstreckte sich weiter, als man sich vorstellen könnte.«

Auch die schwarze Bostoner Sklavin Phillis Wheatley inspirierte der Tod des deutschen Einwandererkinds zu einem Heldengedicht. »On the Death of Mr. Snider / Murder'd by Richardson«:

In heaven's eternal court it was decreed
How the first martyr for the cause should bleed
To clear the country of the hated brood
He whet his courage for the common good.

Ebenezer Richardson, der Mann, der Snider erschossen hatte, wurde nach einem Verfahren in Boston wegen Mordes verurteilt, zwei Jahre später aber vom König begnadigt, was zu neuem Aufruhr führen würde. Einstweilen suchte eine Stadt nach dem Sinn in der Tragödie von der Middle Street. »Es ist zu hoffen«, schreibt die *Boston Gazette* am Tag vor der Beerdigung, »dass der unerwartete und melancholische Tod des jungen Snider ein Mittel der Zukunft sein wird, um jeden, und spezieller die Soldatenschaft, davon abzubringen, ihre Todesinstrumente mit allzu viel Freiheit anzuwenden.«

Doch schon eine Woche später, am 5. März 1770, war es mit dieser Hoffnung vorbei. Vor dem Bostoner Custom House, wo die eingenommenen Zölle verwahrt wurden, kam es zu erneuten Ausschreitungen. Ein britischer Wachsoldat wurde von einer aufgebrachten Menge mit Schneebällen, Eisklumpen und Austernschalen beworfen. Auch herbeigerufene Verstärkung konnte die Lage nicht beruhigen. Einer der Soldaten eröffnete das Feuer, im Chaos fielen weitere Schüsse, es gab insgesamt fünf Tote. Was der diensthabende Offizier in seinem Bericht schlicht *»the incident on King Street«* nannte, den »Vorfall in der King Street«, ging als *Boston Massacre* in die Geschichtsbücher ein. Jedes amerikanische Schulkind kann heute darüber Auskunft geben. Der schwarze Hafenarbeiter Crispus Attucks, der am 5. März vor dem Custom House umkam, gilt als erster Toter der Revolution.

Der tragische Tod eines deutschen Einwandererkindes elf Tage zuvor, der die Stimmung in der Stadt entscheidend aufgeheizt hatte, ist über die Jahrhunderte zur Fußnote geworden, mitunter im Wortsinne: Auf dem Gedenkstein für das *Boston Massacre*, im Jahre 1906 von der Organisation »Daughters of the American Revolution« gestiftet, wird der Tod des Jungen erst nach einem Trennstrich im unteren Drittel erwähnt: »Hier liegt auch Christopher Snider begraben / Unschuldiges Opfer des Kampfes zwischen Kolonisten und Krone, der zur Unabhängigkeit führte.«

Auch auf der berühmtesten Darstellung des *Boston*

Massacre, dem Kupferstich des Bostoner Buchdruckers und Silberschmieds Paul Revere, findet sich ein kleiner Verweis auf den Tod des deutschen Jungen. Das Bild dominiert eine Reihe von britischen Rotröcken, die auf blutende Bürger feuert, einige liegen bereits am Boden. Nur wer weiß, dass er danach suchen soll, entdeckt entlang der Häuserzeile rechts im Hintergrund des Bildes einen einzelnen Gewehrlauf, der aus einem offenen Fenster im ersten Stock feuert.

TOD EINES VATERS

Anfang 1770 waren die Townshend Acts bereits zweieinhalb Jahre in Kraft. Nicht nur in Massachusetts litt die Wirtschaft unter dem Boykott britischer Güter. Die Händler von New York und Philadelphia hatten sich ihren Kollegen aus Boston angeschlossen. Der Wert der Importe aus England war allein vom Jahr 1768 auf 1769 um mehr als ein Drittel gesunken. Die Rezession war unübersehbar. Arme und Bettler prägten wie nie zuvor das Stadtbild von Philadelphia. Die Preise stiegen, der Wohlstand nahm ab.

»Der leibliche Handel und Wandel ist in Agone«, schrieb Heinrich Mühlenberg klagend nach Europa. Auch die Vorhaben seiner Lutheraner waren betroffen. Die Fertigstellung der Zionskirche, des Prestigeprojekts der deutschen Gemeinde von Philadelphia, hatte sich monatelang verzögert, weil keine Kredite zu bekommen waren. Mit einem halben Jahr Verspätung hatte man schließlich Ende Juni 1769 Einweihung feiern können. Sonntags predigte dazu Mühlenberg auf Deutsch, montagmorgens dann noch einmal das Oberhaupt der Church of England, Richard Peters, auf Englisch.

Mühlenberg und seine Lutheraner waren weit vorangekommen: Sie hatten die größte Kirche Amerikas errichtet und dafür den Segen der englischen Staatskirche bekommen. Ehrengast der englischen Messe war der einflussreiche Anwalt und Sklavenhalter John Dickinson, den Mühlenberg als großzügigen Mitstifter des Kirchbaus persönlich eingeladen hatte. Dickinson war zum Protagonisten des Protests gegen England geworden. Mit seinen viel beachteten »Letters from a Farmer in Pennsylvania« hatte er die Townshend Acts juristisch und staatsrechtlich im Detail widerlegt, seine Briefe waren auch in zwei deutschen Ausgaben erschienen. Nicht zuletzt hatte Dickinson auch den Soundtrack des Boykotts geliefert, den »Liberty Song«. Anfang 1768 erstmals in der *Boston Gazette* veröffentlicht, sangen ihn die »Sons of Liberty« bei all ihren Treffen. Im Refrain betonte Dickinsons Kampflied die Verbindung zwischen Freiheit und dem nötigen Kleingeld:

In FREEDOM we're born and in FREEDOM we'll
  live,
Our purses are ready,
Steady, friends, steady,
Not as SLAVES, but as FREEMEN our Money
  we'll give.

Selbst die Geldbeutel der Amerikaner sollten also als Waffen herhalten in diesem Kampf gegen die empfundene Tyrannei. (Dass ein Sklavenhalter wie Dickinson sich und seinesgleichen zu Sklaven stilisierte, ist dabei von besonders bitterer Ironie.) Heinrich Mühlenberg bemühte bei der Analyse der Krise derweil vertraute Bilder: »Die Ruthe über America wird nicht unbekant seyn. Herr! Du wollest um des großen Versöhners willen uns nicht im Zorn aufreiben, und mit Maßen züchtigen.« Seine eigenen politischen Ansichten blieben derweil vage. Alle schienen verstrickt in diese Malaise. Mal machte Mühlenberg die »wunderlich-confuse Regierung« in England verantwortlich, mal Amerikas Kaufleute, die »lieber Hunger leiden, bis die hysterische Mutter wieder freundlich wird«.

Den Tod Christopher Sniders und das *Boston Massacre* kommentierte der Pastor nicht. Überhaupt finden sich in seinem Journal zwischen Anfang Januar und Mitte April 1770 keinerlei Einträge. Eine sehr untypische Pause für den sonst so verlässlichen Chronisten. Wir erleben Heinrich Melchior Mühlenberg in dieser Zeit in sich gekehrt wie selten. Er hatte Trauerarbeit zu leisten.

Gotthilf August Francke war tot. Zum Jahreswechsel hatte Mühlenberg die Nachricht erreicht, dass der Direktor des Waisenhauses im September 1769 mit 73 Jahren in Halle verstorben war. Es war, trotz aller Missverständnisse der letzten Jahre, ein schwerer Verlust. Francke war dem Pastor mehr als nur geistliche Autorität gewesen, mehr als nur »ein Vater, den mir Gott verliehen«. Francke war es, der den Pastor zu dessen 30. Geburtstag mit der Idee überrumpelt hatte, nach Amerika zu gehen. Der persönliche Push-Faktor des Migranten Mühlenberg: »Er rief mich aus Sachsen, und stieß mich in diese Abendwüste! Er ist mein unverrückter Gönner, Wohlthäter, Pfleger […] gewesen!«

Das Gefühl des Verlusts war allumfassend. Seit der Nachricht vom Tode Franckes, schrieb Mühlenberg an seinen lutherischen Vertrauten Friedrich Pasche in London, »ist mir alles zu enge in der Welt, alles ekelhaft, alles finster wo hinsehe, gehe, liege oder stehe«. Mühlenberg sah sich eines jahrzehntelangen Ankers beraubt: »Was ist eine Laterne ohne Licht?«, fragte er, »ein Gehirn ohne Lebens-Geister? ein Rumpf ohne Haupt?«

Und doch waren im Verhältnis der beiden Männer zuletzt kaum übersehbare Risse entstanden. Mühlenberg hatte Francke nicht vergessen, wie er Peter erst in die sinnlose Lehre nach Lübeck vermittelt und dann jede Schuld von sich gewiesen hatte. Mehr noch, Mühlenberg selber hätte Peter doch »die Englische Freyheit … in den Kopf gesetzt«, hatte Francke dem Pastor vorgehalten. Anderthalb Jahre lang hatte Mühlenberg darauf keine Zeile mehr nach Halle geschrieben. Man beliebte zu schmollen.

Nichtsdestotrotz war Mühlenberg stets von Franckes Autorität abhängig gewesen. Er war ein Rädchen in dessen globalem Missionsnetzwerk, auf die Spenden der wohlhabenden Gönner in Europa angewiesen und die Gunst des ehrwürdigen Herrn Direktor. Immer wieder war er jäh an ihm abgeprallt, beim Bau eines Predigerseminars in Amerika nach deutschem Vorbild etwa, und nicht zuletzt, als Francke Mühlenbergs Rückwanderungswunsch nach Wernigerode umgehend im Keim erstickt hatte.

Franckes Tod ist nun wie eine Befreiung von alldem. Der persönliche Faden, an dem Mühlenbergs Auswanderung hing, ist nun gekappt. Eine Machtverschiebung, die sofort spürbar wird. Gleich im ersten Kondolenzbrief nach Halle wendet Mühlenberg den Blick nach vorne. »Meine Knaben haben beyde das Heimweh«, schreibt er. Er danke »dem himmlischen Vater«, dass sie so lange in

den gesegneten Anstalten erzogen worden seien, doch
nun sei es Zeit für sie heimzukehren. Die beiden hätten
ihn gerade erst selbst darum gebeten. »Wollten Ew. die
Mühe nehmen, und … denen Knaben wißen laßen, daß
ich consentirte …« Er könne sie als Helfer in seinen Gemeinden gut gebrauchen.

Schon nach Peters Flucht aus Lübeck drei Jahre zuvor
hatte Mühlenberg um die Rückkehr der beiden gebeten.
Doch Francke hatte die Angelegenheit in typischer Manier »noch nicht für Ihren rechten Ernst« aufnehmen
wollen – und väterlich-autoritär ad acta gelegt. Nun ging
alles ganz schnell. Franckes Nachfolger Johann Georg
Knapp stimmte der Abreise der beiden kurz nach Er-
halt der Nachricht Mitte Mai 1770 zu, nicht ohne anzu-
fügen, dass seiner Ansicht nach keiner der beiden »zum
Predigtamte tüchtig sey«. Mahnende Worte, die auf der
anderen Seite des Atlantiks ungehört verhallen würden.
Wer wofür tüchtig wäre in Mühlenbergs Kirchen, darüber
würde der Pastor zusammen mit den Gemeinden vor Ort
fortan selbst befinden.

Noch im Mai verließen die beiden Brüder Halle und
gelangten über Einbeck, Braunschweig, Lüneburg, Hamburg und Altona am 21. Juni an den königlichen Hof von
Kensington, wo sie einen guten Monat bei Pasche und
Ziegenhagen Station machten. Am 28. Juli 1770 segelten
sie mit der »Duchess of Gordon« von Deptford aus hinaus
auf den Atlantik. Ein letzter Blick auf die zwischen Himmel und Meer verschwindende Insel – die beiden würden
England oder den europäischen Kontinent nicht mehr
wiedersehen.

Vor ihrer Abreise aus Halle hatten Friedrich und Heinrich noch ein persönliches Gedicht auf den seligen Herrn

Direktor verfasst, das Knapp in einem Trauerband zu
Franckes Ehren veröffentlichte:

Ach unser Vater stirbt, so klagten einst die Stämme
Um Samuel, da er entschlief.
Er flieht von uns! Wer ists, der unsre Thränen
  hemme?
So ächzen Franckens Waisen tief.
So klagen wir, auch wir, die aus entferntem Lande
Gekommen sind, um Ihn zu sehn.

Unterdessen hatte sich in den dreieinhalb Jahren, die seit
Peter Mühlenbergs Heimkehr vergangen waren, ganz Er-
staunliches getan. Natürlich hatte der Vater sich nach
dessen unerwarteter Rückkehr Anfang 1767 zunächst er-
schüttert gezeigt über dessen »infames desertiren« und
mit dessen Gründen gehadert. »Wäre er etwa von Heimweh überwältiget, und zu lüstern nach dem americanischen Knoblauch gewesen, so hätte ers ja schreiben können.« Die entstandenen Kosten waren das eine, neben der
horrenden Ablöse an Niemeyer in Lübeck wurden alleine
30 Pfund an Peters britisches Regiment für »Fracht und
nöthige Kleidung« fällig. Das Ausmaß der Schande vor
den Gemeinden konnte derweil niemand bemessen. Den
angebotenen Rücktritt von allen Ämtern verbaten sich
Francke und Ziegenhagen. Mühlenberg möge sich, bitteschön, nicht so anstellen, er werde noch gebraucht.
  Nachdem Peter an einer englischen Privatschule in
Philadelphia mit einigem Erfolg das Buchhalten erlernt
hatte, nahm ihn Mühlenbergs Freund, der schwedische
Probst Carl Magnus Wrangel, zu sich. Er unterwies ihn
in den alten Sprachen und in den Grundlagen der Theo-

logie. Vielleicht konnte man aus dem verlorenen Sohn ja am Ende noch »einen Schulmeister oder Catecheten« machen. Immerhin schien er »zum Nachdencken gelangt« zu sein und gab »zur Bekehrung Hoffnung«.

Zur Übung ließ Wrangel Peter als seinen Amanuensis, als seinen Schreibgehilfen und Assistenten also, in der Kirche die englischen Sonntagspredigten mitschreiben – eine Art theologische Stenografie, die er mit Bravour zu lösen schien. Erste eigenständige Predigten vor der schwedischen Gemeinde folgten. Innerhalb eines Jahres hatte sich eine schier wundersame Wandlung in Peter vollzogen – ein neuer Mühlenberg war zum Prediger gereift. Das sprach sich herum, und schließlich erging die Einladung der St. Michaels-Gemeinde an Peter, dort am Karfreitag 1768 auf Deutsch zu predigen.

In der Kirche an der Fünften Straße herrschte am Abend des 1. April 1768 dichtes Gedränge. Nur Peters Vater hatte es nicht übers Herz gebracht zu kommen. Er lag »zu Hause in meinem Kämmerlein als ein verurtheilter Zöllner und Wurm, bittende mit Thränen dem Ober-Hirten und Bischof der Seelen, daß Er das Gantze um seines Namens willen für des Satans List schützen, und [nicht] beschädigen laßen wolte!« Unbegründete Sorgen – die Gemeinde war begeistert, die Ältesten kamen gleich nach der Messe ins Haus der Mühlenbergs und »gratulirten mit starckem Affect und Bewegung«.

Wenige Wochen später ernannten die deutschen Gemeinden von Neu-Germantown und Bedminster den 21 Jahre alten Peter Mühlenberg offiziell zu ihrem Diakon. Vom Vater hatte er die Gaben fürs öffentliche Sprechen geerbt. »Unpartheyisch verständige und erfahrne sagen, er habe eine angenehme Tenor Stimme, sehr deut-

lich und vernehmliche Aussprache, setze Emphasin am
rechten Orte«, meldete Mühlenberg nach Halle. Man be-
schreibe ihm den Sohn außerdem als »sittsam, stille und
behutsam in Umgange«.

Die Kritik aus Deutschland hatte nicht lange auf sich
warten lassen. Gotthilf Francke ging das alles viel zu
schnell. Ob nicht Peters »Munterkeit und Stimme Beyfall
gefunden haben möchte, [...] ehe er vielleicht redlich dahin trachtet, das zu erfahren, was er selbst geprediget«?
Man möge ihn bitte allenfalls als Religionslehrer für die
Landkinder einsetzen. Wie solle ein junger Mensch überhaupt vernünftig predigen, ohne die Sprachen der Bibel
zu beherrschen? »Kan er nicht Latein, so kan er Englisch, welches hier nöthig und nützlicher ist, als Latein
und Griechisch«, schrieb Mühlenberg knapp zurück. »Wir
brauchen hier in den armen Land Gemeinen keine Criti-
cos, sondern Catecheten, die die göttlichen Wahrheiten
aus der Deutschen Bibel und Catechismo einfältig vor-
tragen ...«

Das Nützliche stand jetzt über den Dogmen der alten
Welt – es schien fast, als wäre Heinrich Melchior Mühlenberg beim amerikanischen Praktiker Benjamin Franklin
zur Schule gegangen. Jedenfalls war er in diesem Punkt
die langwierigen Abstimmungen mit den deutschen Kir-
chenvätern leid. Wenn da in seinen Gemeinden einer
wirkte, der die Leute überzeugte, der fleißig und begabt
war, war das alles, was zählte.

Die schrittweise Emanzipation des Pastors hatte also
in Wirklichkeit schon vor Franckes Tod begonnen. Auf
der jährlichen Synode im Sommer 1769 ließ Mühlenberg
seinen Ältesten von den anwesenden Pastoren ein erstes
Mal prüfen. Nach zwölf Monaten als Diakon auf Probe

wollte man Peter im Folgejahr dann rechtmäßig als Pastor ordinieren – genau wie Peters Freund Christian Streit, den Spross einer armen Lutheranerfamilie, der von den Mühlenbergs aufgenommen und ebenfalls von Wrangel privat ausgebildet worden war.

So standen Heinrich Mühlenbergs Gemeinden zwei zusätzliche Prediger zur Verfügung, und sein ältester Sohn war beruflich auch wieder auf einem vernünftigen Weg. Eine Entwicklung, die den Pastor zweifellos sehr erleichterte. Und was die Kritik aus Europa anging, nun, da konnte man ja praktischerweise auf ganz andere Autoritäten verweisen. »Ist die Sache von Oben, so wird sie bestehen, ist sie von Menschen, so wirds vergehen.«

EINE HOCHZEIT UND IHRE FOLGEN

Wie die meisten Familien waren auch die Mühlenbergs im Kern ein Ensemble von Eigenwilligkeiten und Charakterschwächen. Ein vor sich hin brodelndes Gemisch aus Temperament und Erwartung. Sicher, da gab es einen Sinn für Kontemplation in ihren Reihen, ein Talent zur Diplomatie. Schon der Lebensweg des Vaters bezeugt es. Der antiken Temperamentenlehre folgend, sah er sich selbst als Melancholicus, als schwermütigen Denker also, der mitunter an der Welt und ihren Menschen verzweifelte. Dabei unterschlug er eine weitere Anlage, die er auch seinen Kindern mitgegeben hatte.

Man neigte zu Wutausbrüchen und tödlichem Beleidigtsein. Zu Affekthandlungen in höchster Emotion. Wie oft hatte der Pastor nicht schon alles hinschmeißen wollen, weil die Welt da draußen nicht so wollte wie er. Auf dem

Höhepunkt eines Gemeindestreits hatte er einmal wütend seine Berufungsurkunde aus dem Kirchbuch gerissen und ins Feuer geworfen – seine ganze Legitimation. Neben dem Melancholiker saß der Cholericus in ihm, ja, beides hing bei Heinrich Mühlenberg untrennbar zusammen. Empfundene Ungerechtigkeit konnte er nur schwer ertragen, seine Empfindsamkeit war leicht bis aufs Blut zu reizen. Peter, sein Ältester, mochte dem Vater diesbezüglich am ähnlichsten sein, der Eklat von Lübeck hatte das bereits angedeutet. Nie aber würde es sich so deutlich zeigen wie im Herbst 1770, als die beiden Hitzköpfe der Familie mit voller Wucht aufeinanderprallten.

Über den Kolonien lag in diesen Monaten eine Zeit des trügerischen Friedens. Im Frühjahr hatte das Parlament in London alle Zölle der Townshend Acts wieder aufgehoben (mit Ausnahme des Teezolls). Eine politische Entscheidung im Mutterland, die unabhängig von den Toten von Boston erfolgt war, praktisch zeitgleich mit den dortigen Massakern. Was folgte, war ein Luftholen auf beiden Seiten des Atlantiks. Boykott und Protest waren obsolet geworden, die britischen Schutztruppen wurden aus Boston abgezogen, Amerikas Handel war dabei, sich zu erholen.

Im Haus der Mühlenbergs in Philadelphia war die Familie Anfang Oktober 1770 nach langen Jahren wieder vereint. Wenige Tage zuvor waren Friedrich und Heinrich junior (engl.: Henry) nach zweimonatiger Fahrt über den Atlantik eingetroffen. In siebeneinhalb Jahren waren aus den zwei Knaben junge Männer von 20 und annähernd 17 Jahren geworden. Nach Abschluss der Glauchaschen Lateinschule hatten sie am Ende noch einige Monate an der Universität Halle Theologie studiert. In den alten

Sprachen und der Religionslehre hatten die beiden im
Vergleich zu Peter also eine durchaus fundierte Ausbildung erhalten, das Deutsche beherrschten sie ohnehin
längst wie echte Muttersprachler. Schuldirektor Knapp
wollte dennoch nicht dafür »votiren, daß einer von ihnen
zum Predigtamte tüchtig sey, da noch kein Anfang einer
reelen Herzens-Änderung bey ihnen angetroffen«.

In Philadelphia sah man das anders. Die Neugier innerhalb der Gemeinde war groß auf »die 2 Landes-Ge-
schöpffe, welche so lange in einem andern Welt theile
und besonders in den berühmt- und gesegneten Halli-
schen Anstalten gewesen«. Eine Stimmung, die Heinrich
Mühlenberg zu nutzen gedachte. Am 7. Oktober stand das
Erntedankfest an, eine ideale Gelegenheit, die beiden Jungen der Gemeinde vorzustellen. Für den Nachmittag des
Festtags ließ der Pastor kurzfristig zwei weitere Gottesdienste in Zion anberaumen. Anna Maria kümmerte sich
um das Erscheinungsbild ihrer Söhne, ließ sie gründlich
waschen und »dem geistlichen Stande gemäß« einklei-
den. Ihr Mann bat vorab beim Bürgermeister persönlich
darum, eigens einen Constable abzustellen, um während
der Messe rings um die Kirche für Ruhe zu sorgen und
etwa einen »Zusammenlauf von unbändigen Lehrjungen
und gottlosen Burschen« zu verhindern.

Die Zionskirche war beide Male mit über 2000 Menschen gefüllt. Die Gemeinde zeigte sich begeistert von
den beiden Mühlenberg-Söhnen und ihren Predigten. Besonders Henry, der Jüngste, beeindruckte mit seiner für
sein zartes Alter erstaunlichen Reife. Mühlenberg, diesmal selbst anwesend und nicht angstvoll verkrochen wie
noch bei Peters Einstand, nahm die Glückwünsche des
Kirchenrats gerne entgegen. Alles lief nach Plan. Gottes

Vorsehung hatte ihm zwei weitere tüchtige Mitstreiter für seine lutherischen Gemeinden beschert, noch dazu aus der eigenen Familie. Er würde die beiden so schnell wie möglich ordinieren lassen – zusammen mit ihrem Bruder Peter und Christian Streit, deren Probejahr nun vollendet war. Man hatte dafür eigens die Synode verschoben, die diesmal in Reading stattfand. Dorthin wollte man sobald wie möglich aufbrechen.

Die Synode, das Jahrestreffen der lutherischen Prediger aus Mühlenbergs Ministerium, fand am 24. und 25. Oktober 1770 statt, Reading lag knapp zwei Tagesreisen von Philadelphia entfernt. Am 21. Oktober notierte Heinrich Mühlenberg noch eine kleine Planänderung in sein Tagebuch. Peter leide am Fieber und werde daher in Abwesenheit des Pastors in den Gemeinden von Philadelphia nach dem Rechten sehen.

Was zunächst nach einer Kleinigkeit aussah, wuchs sich im Folgenden zu einem undurchsichtigen Eklat aus. Während seine Brüder und auch Christian Streit in Reading zu ordentlichen lutherischen Predigern gemacht wurden, würde Peter seine Ordination nicht wie versprochen erhalten. War er wirklich so schwer erkrankt, dass er nicht reisefähig war? Hätte man die Synode nicht erneut verschieben oder andere Wege finden können, ihn zu examinieren?

Nach der Synode reiste Heinrich Mühlenberg mit Friedrich und Heinrich Ernst weiter zu Anna Marias Verwandtschaft nach Tulpehocken. Dort erreichte den Pastor am Freitag, den 2. November, ein Brief aus Philadelphia. »Meine Frau berichtete, daß sie mich wegen einer Familien Angelegenheit am 6ten Novembr: gern heim sähe, welches aber eben so wohl mit Schreiben ausrichten kan.« Mühlenberg schrieb noch in der gleichen Nacht zwei Briefe als Antwort: »a) weitläufftig an meine Frau b) einen Brief an H[errn] Matth: Mayer Einwohner in Philadelphia und alten Vorsteher unserer Gemeine, gab darin meine völlige Genehmhaltung und Segens-Wunsch zu erkennen, zu der Verlobung und Trauung meines ältesten Sohn Peters und seiner ältesten Tochter Hanna ...«

Peter also hatte sich nach der Abreise seines Vaters und seiner Brüder kurzfristig dazu entschlossen, sich nicht nur zu verloben, sondern auch wenige Tage später zu heiraten. Seine Braut war Hanna, die älteste Tochter des deutschstämmigen Töpfers Matthias Mayer. Friedrich und Henry brachen in aller Eile im Morgengrauen auf, um es noch rechtzeitig nach Philadelphia zu schaffen, die Briefe des Vaters nahmen sie mit. Pastor Mühlenberg setzte derweil seine geplante Reise zu den Landgemeinden ungerührt fort. Die Hochzeit seines Ältesten würde ohne ihn stattfinden. Er verlor darüber in seinen Aufzeichnungen kein weiteres Wort.

Was war nur passiert, das Vater und Sohn derart gegeneinander aufgebracht hatte? War Peters überhastete Verlobung eine Reaktion darauf, dass er doch nicht mit zur Synode durfte? Wollte er den abwesenden Vater bewusst mit seiner Heirat brüskieren? Ihm hatte er überdies gar nicht persönlich geschrieben, nur Friedrich hatte in Tulpehocken einen Brief von Peter erhalten. Anna Maria hatte offenbar noch bei ihrem Mann zu vermitteln versucht. Vergebens. Es war ein Affront, egal, wie man es auch drehen und wenden wollte. Die Trauung von Peter und Hanna Mayer fand überdies nicht in einer der beiden Gemeinden des Vaters statt, sondern außerhalb der Stadt in Germantown.

Möglich, dass Peters Kränkung schon vorher stattgefunden hatte. Im Sommer 1770 hatte Pastor Heinrich Helmuth geheiratet. Peter und Christian Streit, etwa gleichalt wie Helmuth, hatten dazu je ein deutsches Gedicht verfasst. Doch Heinrich Mühlenberg, über dessen Tisch die Grußnoten gingen, hatte nur Streits Verse verschickt und die seines Sohnes für nicht gut genug befunden und kurzerhand zurückbehalten. Ja, der Pastor hatte sich mokiert über die »treuhertzige und wohl meinende Reimen« seines Ältesten, über dessen Unreife auch. »Und was können solche junge Laffen und Lehrlinge praetendiren? Sie mögen erst Jacobs werden, des Tages Hitze und des Nachts Frost ausstehen, mögen erst 7 oder zweymal 7 Jahre die Schafe und Lämmer hüten, dann werden sie schon eine Lea oder Rahel bekommen.«

Nun hatte Peter dem Vater mit seiner von einer Woche zur nächsten anberaumten Hochzeit gezeigt, dass er durchaus nicht derart lange zu warten gedachte. Entscheidendes Resultat der familiären Wirren des Jahres 1770 war, dass Peter Mühlenberg weiterhin nicht lutherisch ordiniert war. Auch vier Jahre nach seiner Rückkehr verblieb er im Zwischenstatus des *diaconus designatus*, in vager Probezeit also. Die jüngeren Brüder waren somit bereits kurz nach ihrer Rückkehr beruflich an ihm vorbeigezogen – und nun enger denn je mit dem Vater verbunden.

Henry begann wie einst der Vater die Ochsentour durch die entlegenen Landgemeinden. Barrenhill, Frankfurt, Pikestown, Hunderte Taufen und Beerdigungen, bis zu 170 Meilen im Monat zu Pferd. Später würde er Assistent des Vaters in Philadelphia werden, schließlich zweiter Prediger der Stadtgemeinde. Und Friedrich begann mit dem Tag seiner Ordination, auch er nun ganz der Vater, ein halb-offizielles Tagebuch zu führen: »Es ist und bleibt mir dieser Tag der wichtigste meines Lebens«, schreibt er dort in kindlicher Freude, »als an dem ich zum Mitarbeiter an den hiesigen vereinigt, evangelisch lutherischen Gemeinden, bin ordinirt worden.«

Der brüskierte Peter derweil blieb frei für andere Optionen. Anfang Mai 1771 wurde ihm über einen Mittelsmann in Philadelphia die Anfrage einer gemischtsprachigen Gemeinde in Virginia angetragen. Man suchte jemanden, »der fähig zum Predigen sowohl in englischer wie deutscher Sprache ist«. Das Angebot war überaus lukrativ, 250 Pfund Jahressalär, dazu ein Pfarrhaus nebst einer Farm von stattlichen 250 Acres auf »extrem gutem Land«, kurzum, »*Very Convenient for a Gentlemans Seat*«.

Reverend Richard Peters verfasste gerne ein englisches Empfehlungsschreiben für »*Mr. Muylenberg, the Worthy Son of a very Worthy Father*« (Wer wollte ihm die leicht verrutschte Schreibweise des deutschen Familiennamens an dieser Stelle übelnehmen?). Als Beweis für die große konfessionelle Harmonie zwischen Anglikanern und Lutheranern hängte Reverend Peters die Predigt an, die er bei der feierlichen Eröffnung der Zionskirche zwei Jahre zuvor gehalten hatte. In der Kronkolonie Virginia war die Church of England wie im Mutterland die Staatskirche, eine Weihe durch den Bischof von London daher Einstellungsvoraussetzung. Am Ende war dies jedoch kaum mehr als eine transatlantische Formalität.

Nur wenige Wochen später war Peter Mühlenberg auf dem Weg nach Virginia, um sich selbst ein Bild zu machen. Eine Reise von 250 Meilen bis in den nördlichen Teil der Nachbarkolonie. Ein neues Kapitel deutet sich an, ein Lebensabschnitt, der Peter Mühlenberg mitten hinein führen wird in die aufflammende Revolution, mitten in den bald offen ausbrechenden Krieg.

Noch hält sich alles an dem Psalm fest, den Peter zur Einweihung der Zionskirche beigetragen hat, dem prächtigen Tempelbau seines Vaters. »Wünschet Jerusalem Frieden! Es möge wohlgehen denen, die dich lieben! Es möge Friede sein in deinen Mauern und Glück in deinen Palästen!«

TEA PARTY

Wenn es eine Sache gab, in der sich die Engländer in den Kolonien und im Mutterland einig waren, dann war es ihre Vorliebe für ein aus Asien importiertes Heißgetränk. Von einem Statussymbol der Upper Class war der Tee, den man zuvor noch in nobler Nachmittagsgesellschaft meist unvermengt zu sich genommen hatte, bis in die 1770er Jahre zu einem frühen Volksgetränk geworden, und zwar auf beiden Seiten des Atlantiks.

Der Tee, meist eine dunkelbraune Mischung, die man Bohea nannte, oder eine der helleren Grüntee-Varianten, schien überall zu sein. Man trank ihn mit Zucker gesüßt und mit Milch oder Sahne verdünnt, um seine Bitterkeit abzumildern. Parfümierte Sorten wie Earl Grey waren damals noch unbekannt. Man trank seinen Tee daheim zum Frühstück mit Buttertoast oder nachmittags mit dem Hausbesuch, man trank ihn in einfachen Coffee Houses und auf edlen Empfängen. Frauen tranken Tee ebenso wie Männer, Herrschaften wie Bedienstete, denen man oft eine Monatsration Teeblätter als Ergänzung des kärglichen Lohns zugestand.

Mit abgekochtem Wasser zubereitet, verursachte er keine Krankheiten; manch ein Doktor empfahl ihn gar als wirksame Arznei. Für das Empire war der Tee ein enorm lukratives Geschäft. England importierte alleine sechs Millionen Pfund im Jahr, das meiste davon aus der chinesischen Hafenstadt Kanton (Guangzhou), wo englische Kaufleute Sonderhandelsrechte besaßen. Das Verkaufsmonopol hielt die British East India Company bereits seit mehr als hundert Jahren. Zwischen 1730 und 1760 hatten sich deren Importe mehr als verfünffacht. Das Luxusgut war zur breit erhältlichen Ware geworden. Was an stark gesenkten steuerlichen Abgaben lag, aber auch am lange kaum unterbundenen Schmuggel – in Amerika etwa trank man vor allem undeklarierten Tee aus niederländischen Häfen.

Auch in den vielen Coffee Houses von London hatte der Tee Mitte des 18. Jahrhunderts den oft zähflüssigen und bitteren Kaffee als beliebtestes Getränk abgelöst. An die 3000 Kaffeehäuser soll es in der Stadt gegeben haben, sie waren oft wichtige Informationsbörsen für Neuigkeiten aller Art. In *Lloyd's Coffee-House* in der Lombard Street etwa kamen Reeder und Schiffsmakler der Atlantiksegler zusammen und versicherten die Überfahrten der Amerikawanderer gegen Prämien. Im *Virginia and Baltick Coffee-House* zwei Straßen weiter konnte man, der Name legte es nahe, Briefe und Päckchen für die größte nordamerikanische Kolonie und den Ostseeraum aufgeben. Hier verkehrte auch Peter Mühlenberg gerne, als er im Mai 1772 einige Wochen in der britischen Hauptstadt verbrachte.

Vielleicht kein Zufall: Hier waren die Kapitäne und Kaufleute zu Gast, die über ihre Handelsrouten gewis-

sermaßen Peters Vergangenheit mit seiner Zukunft ver-
banden, die Lübeck-Episode mit dem Ruf nach Virginia,
den er mittlerweile angenommen hatte. Mit zwei anderen
jungen Amerikanern war Peter nach London gereist, um
sich vom Lord Bishop offiziell zum Pfarrer der Church of
England weihen zu lassen. Der offizielle Teil war schnell
erledigt, kurz nach ihrer Ankunft hatte der anglikanische
Bischof die Zeremonie in der kleinen Keith's Chapel im
Stadtteil Mayfair vollzogen, inklusive einer »sehr ernsten
und eloquenten Ansprache an uns betreffend der wichtigen Aufgabe, die uns bevorstand«, wie Peter pflichtbe-
wusst in seinem Reisetagebuch notierte.

Den Rest ihres sechswöchigen Aufenthalts verbrachten
die drei Amerikaner mit Networking und diversem Amü-
sement. Peter besuchte die Besitzer seiner Heimatkolo-
nie Pennsylvania, Thomas und John Penn, und holte sich
beim zunehmend greisen deutschen Hofprediger Ziegenhagen den erwartbaren Rüffel für seinen Wechsel von der
deutsch-lutherischen in die englische Kirche ab. Sicher,
diese beiden Zweige des Protestantismus lagen eng genug
beieinander, in Amerika sah man die Sache ohnehin prag-
matisch, doch ging den halleschen Gemeinden damit offiziell ein helfender Prediger von der Fahne. Einige Jahre
zuvor hatte Heinrich Mühlenberg es noch abgelehnt, Peter im Auftrag des Anglikaners Richard Peters unter die
Mohawk zu schicken, weil er die Abwerbung seines Sohnes durch die Church of England fürchtete. Dieses Mal
hatte der seinen Vater wohl gar nicht erst befragt.

Peter genoss die Tage vor seiner Rückkehr. Mit seinen
zwei Begleitern streifte der 25-Jährige durch die Straßen
dieser überquellenden Weltstadt, die mit nichts in Amerika vergleichbar war. 700 000 Menschen drängten sich

hier auf nur sieben Quadratmeilen. An einem der letzten
Abende gingen sie im West End ins Theater. Einmal im
Leben musste man den großen David Garrick in seinem
Theatre Royal in der Drury Lane doch mindestens gese-
hen haben!

Mit seinen modernen Shakespeare-Inszenierungen und
seinen zahllosen Lustspielen hatte es der in Wahrheit nur
1,63 Meter messende Garrick zu großer Berühmtheit gebracht – als Produzent, Dramaturg, Hauptdarsteller und
Werbetreibender seiner Stücke. So etwas hatte man im
damaligen Amerika noch nicht gesehen, schon gar nicht
im Pennsylvania der strengen Quäker, die das Schauspiel
im Sinne William Penns als »Beleidigung gegen Gott« verachteten und lange sogar gesetzlich verboten hatten. In
London dagegen verehrte man David Garrick, einen der
bekanntesten Bürger der Stadt. Ein berühmtes Gemälde
der Zeit zeigt ihn mit seiner Frau im weitläufigen Garten
ihres Landhauses an der Themse – natürlich beim Teetrinken.

Ende Juli 1772 war Peter Mühlenberg zurück in Philadelphia, im August verkauften Hanna und er ihre Möbel
und machten sich auf den Weg nach Virginia. Noch war
das Paar kinderlos, in diesem Fall ein Segen, denn selbst
bei günstigsten Bedingungen waren es fünf fordernde Ta-
gesritte von Philadelphia bis nach Woodstock, der Hauptstadt des gerade neu formierten Dunmore County, das
man nach dem Gouverneur Virginias benannt hatte.

Woodstock war erst zehn Jahre zuvor vom Deutschen
Jacob Müller zunächst als Muellerstadt auf 2000 Acres
Land gegründet worden, ehe das House of Burgesses
dem Ort einen englischen Namen gegeben hatten. Man
sah sich in der Kronkolonie Virginia dem Mutterland noch

*David Garrick beim Teetrinken mit seiner Frau im Garten
ihres Hauses an der Themse – Gemälde von Johann Zoffany
(1762)*

mehr verpflichtet als anderswo. Für die erste Zeit kamen
Peter und Hanna am Courthouse unter, denn das Pfarr-
haus, der versprochene »Gentlemans Seat«, war noch im
Bau. Die Gemeinde gelobte, alles bis zum kommenden
Sommer eingerichtet zu haben. Peters Salär war derweil
durch die Staatskirche garantiert.

Das Shenandoah Valley, zwischen den Appalachen im
Westen und den blauen Bergen im Osten gelegen, knapp
150 Kilometer westlich der heutigen Hauptstadt Washington, war erst in den Jahren zuvor von einigen schottisch-
irischen, aber vor allem deutschstämmigen Farmern besiedelt worden, die auf der Suche nach urbarem Land
von Pennsylvania herübergekommen waren. Statt Groß-
grundbesitz prägten kleinere Farmen das Bild. Auf ihnen
arbeiteten oft deren Besitzer, unfreie weiße Servants
und mitunter auch einer oder mehrere schwarze Sklaven

Seite an Seite. Anders war das auf den Tabakplantagen im Osten der Kolonie, deren Besitzer meist Dutzende, manchmal Hunderte, Sklaven hielten und dafür sorgten, dass Virginias Bevölkerung insgesamt zu etwa 40 Prozent aus afrikanischen Sklaven bestand.

Das Shenandoah-Tal war eine deutsch geprägte Region mit vielen deutschen Ortsnamen, zu Peters Gemeindebezirk gehörten allein sechs deutsche, aber nur zwei englischsprachige Kirchen. Die Gläubigen waren meist Lutheraner und Reformierte, die Unterordnung unter die Church of England insgesamt eher formeller Natur. Williamsburg, die Hauptstadt der Kolonie, lag mehrere Tagesreisen entfernt. Die indigene Bevölkerung hatte sich weitgehend aus dem Tal zurückgezogen und nutzte die Berge als Puffer zu den Siedlungen der Weißen.

Peter geht jagen und fischen, die beiden großen Leidenschaften seiner Kindheit und Jugend. Vor allem aber stürzt er sich in die Arbeit. Ständig ist er zu seinen Kirchen unterwegs, reitet auch unter der Woche von einem Haus zum nächsten, um Neugeborene zu taufen und die Sakramente zu spenden. In den kommenden dreieinhalb Jahren wird er nicht weniger als 158 Paare trauen und 463 Kinder taufen, manchmal zwanzig am gleichen Tag. Allein für das Jahr 1773 weisen die Kirchbücher 215 Taufen aus.

Kurzum, Peter Mühlenberg eiferte beruflich, ob bewusst oder nicht, als rastloser *saddlebag preacher* den frühen Jahren des eigenen Vaters nach, von dem er sich in der Zwischenzeit so entfremdet hatte. Nur der Rahmen war ganz entschieden ein anderer, fernab der größeren Städte und der Kolonialpolitik war der Sohn wenig mehr als der eigenen Autorität verpflichtet. Durch sein handfestes Wirken war Peter bald über das Predigeramt hinaus eine anerkannte Respektsperson unter den Farmern, von denen die meisten die gleiche Muttersprache hatten wie er. Ein freies Leben fernab der Obrigkeit – es war, kurzum, ein sehr amerikanischer Ruf, dem Peter Mühlenberg da gefolgt war.

Ging es den Kaufleuten von Boston und Philadelphia in ihrem Machtkampf mit der englischen Politik nicht am Ende um etwas sehr Ähnliches: darum, auf eigene Rechnung unterwegs zu sein? So aber funktionierte der Kolonialismus nicht, auch wenn das Mutterland seine Kolonien in Nordamerika lange mit viel Laissez-faire behandelt hatte. Trotz allem war dies ein sorgsam austariertes globales System, das auf Landnahme, Handel und einer zentralen Steuerung beruhte – dem klaren Machtzentrum London.

Schon braut sich die nächste Zuspitzung des Konflikts zusammen. Im Sommer 1772, unmittelbar nach Peters Abreise aus London, hat dort eine Schuldenkrise ihren Anfang genommen, die selbst die mächtige East India Company in Schieflage bringt. Das Unternehmen, das alleine die Hälfte des damaligen Welthandels organisiert, will die Regierung unbedingt vor dem Ruin bewahren. Es muss schleunigst Geld in die Staatskasse. Um all den zwischengelagerten Tee, insgesamt 18 Millionen Pfund, schnell nach Amerika abzuverkaufen, macht das Londoner Parlament im Mai 1773 mit dem Tea Act die East India Company zum Monopolisten. Zwischenhändler werden abgeschafft, der noch immer blühende Schmuggel aus Drittländern wird nun ernsthaft bekämpft.

Der Tee war damit nun endgültig zum Politikum geworden. Amerikas Kaufleute sahen sich fortan gezwungen,

die geforderte Abgabe, drei Pence pro Pfund Tee, an die
Krone zu entrichten. Eigentlich keine allzu hohe Summe,
der Einfuhrpreis für (legalen, britischen) Tee hatte sich
sogar verringert. Doch war man es gewohnt, selbst zu entscheiden, von wem man kaufte und zu welchem Preis.
(Nicht zufällig waren die Anführer des Protests wie Samuel Adams auch versierte Teeschmuggler.) Und überhaupt, wohin sollte das alles führen? Würde man mit
einer Akzeptanz des Tea Acts nicht künftigen Abgaben
Tür und Tor öffnen?

Auch vorher hatte sich die Situation nie vollends beruhigt. Angeführt unter anderem von Adams, hatte im
November 1772 eine Gruppe Bostoner Freeholder, freie,
weiße Landbesitzer also, eine öffentliche Diskussion
über die »Rechte der Kolonisten« begonnen. Man gründete dazu eigens ein *Committee of Correspondence*, eine
Kommunikationsabteilung, wie man heute sagen würde,
und forderte sämtliche Gemeinden von Massachusetts
auf, sich zur Sache zu verhalten. Quer durch die Kolonie
gründeten sich nun ebenfalls vergleichbare Komitees.

Mit dem Tee war ein Symbol gefunden, das bei der
breiten Masse verfing. Benjamin Franklin schätzte, dass
»mindestens eine Million Amerikaner zweimal täglich Tee
trinken«. Als Reaktion auf den *Tea Act* stiegen manche
auf Kaffee um. Einige Hartgesottene probierten es gar mit
Ersatzprodukten wie getrockneten Himbeerblättern, was
zumeist jedoch scheußlich schmeckte.

Tatort Boston: Spät am Abend des 16. Dezember 1773
entert eine Gruppe zumeist junger Männer drei mit Tee
beladene Schiffe in der Griffin-Werft im Bostoner Hafen.
Die Männer haben sich in indianisch anmutende Decken
gehüllt und die Gesichter mit Asche bestäubt. Wie Mo-

hawk auf dem Kriegspfad, amerikanische Krieger. Mit
Äxten und Tomahawks brechen sie die Holzkisten auf
und werfen sie eine nach der anderen ins Hafenbecken.
Am Morgen schwimmen 90 000 Pfund Tee der East India
Company im Wasser, insgesamt 340 Kisten.

Es ist eine Kampfansage, die von den Autoritäten im
Mutterland unmöglich ignoriert werden kann. Auch viele
Amerikaner sind bestürzt. »Ich bin wahrlich entsetzt«,
schreibt Benjamin Franklin Anfang Februar 1774 aus London an das Committee von Boston, »dass die Notwendig-
keit zu bestehen scheint, die Dinge in solche Extreme zu
führen und in einem Disput über öffentliche Rechte privaten Besitz zu zerstören«. Vergeblich fordert der gebürtige
Bostoner Franklin eine »zügige Entschädigung« der East
India Company durch die dortigen Händler.

Die Antwort der Regierung in London ließ nicht lange
auf sich warten. Sie kam in Form von vier scharfen Gesetzen ab Ende März 1774, die als Coercive Acts in die
Geschichte eingingen. Man annullierte unter anderem die
Gründungscharter von Massachusetts, ließ in der Kolonie faktisch das Kriegsrecht ausrufen und ordnete an, den
Hafen von Boston zu schließen, bis der Wert des vernich-
teten Tees beglichen wäre. Die amerikanischen Protestler
hatten derweil schnell einen anderen Namen für die als
Zumutung empfundenen Gesetze gefunden. Man wollte
sie fortan nur noch die Intolerable Acts nennen.

»EIN FREIES UND LOYALES VOLK
ZU VERSKLAVEN«

Die Schließung des Bostoner Hafens sollte am 1. Juni 1774 in Kraft treten. In den Wochen davor beriet man in den Städten Nordamerikas über Maßnahmen der Solidarität. In fast allen Kolonien hatten sich mittlerweile Korrespondenzkomitees gegründet. Man stand miteinander im Austausch. In Philadelphia etwa kündeten auch deutschsprachige Plakate vorab vom erklärten Willen vieler Einwohner, am 1. Juni »ihr Mitleiden und Kummer um ihre bedrängten Brüder auszudrücken«. Die Kaufmannschaft wolle »am selbigen Tage alle Geschäfte hintan setzen«.

Viele blickten auf Virginia, die älteste, größte und reichste Kolonie. Dort aber war man sich entschieden uneinig. »Lasst den Yankie seine eigenen Schlachten schlagen«, warnte mancher vor »dummen Beschlüssen«. Die Abhängigkeit vom Tabakexport war hoch, die privaten Schulden vieler Pflanzer bei den englischen Abnehmern ebenso. Weitere Handelsbeschränkungen würden das System schnell zum Kollaps bringen. Andere wiederum, wie etwa der Großgrundbesitzer Landon Carter, sahen in den Coercive Acts ein »Vorspiel, die Freiheiten von Amerika zu zerstören«.

Schließlich beschloss das House of Burgesses für den 1. Juni 1774 vage »einen Tag des Fastens, der Demut und des Gebets« – woraufhin der königliche Gouverneur, Lord Dunmore, tags darauf prompt das Parlament auflöste. Man traf sich fortan konspirativ in der *Raleigh Tavern* und vereinbarte, erst im August endgültig über einen Importstopp britischer Waren zu beschließen. Bis dahin sollten die suspendierten Abgeordneten die Gelegenheit haben, »sich ihre Meinung aus ihren jeweiligen Counties einzuholen«. Man ging also, mit anderen Worten, zurück an die Basis, um sich dort die nötige Rückendeckung zu holen. Für das quasi-feudale Virginia der damaligen Zeit ein ganz erstaunlicher Schritt.

Auch in Woodstock wurde am 16. Juni 1774 eine Versammlung der »Freeholder und anderen Einwohner von Dunmore County« einberufen. Die Anwesenden wählten Peter Mühlenberg zu ihrem Schriftführer oder Clerk. In der Wortbedeutung steckte noch »cleric«, der geistliche Anführer. Auch machten die Teilnehmer ihren Pfarrer zum Chairman eines sechsköpfigen Komitees, das damit beauftragt wurde, die nötigen Resolutionen für die Kolonialversammlung in Williamsburg im August zu verfassen.

Peter war als anerkannte Autorität im stark deutsch geprägten County eine natürliche Wahl. Als Wortführer dürfen wir ihn uns derweil nicht vorstellen. Er war kein großer Redner wie sein Vater, dessen elaborierte Predigten gerne zwei Stunden oder länger andauerten. Peter begnügte sich sonntags meist mit 45 Minuten. Ein Pragmatiker, auch in der Komiteearbeit. Den Wortlaut der Resolutionen übernahm man kurzerhand aus dem benachbarten County, wo die Freeholder bereits getagt hatten.

»Sie erklären größte Loyalität und Zuneigung zu Ihrer Majestät, sind aber gleichzeitig energisch und entschlossen im Verfolgen ihrer rechtmäßigen Rechte und Privilegien«, fasste die *Virginia Gazette* Anfang August in Williamsburg die Beschlüsse aus den Counties zusammen. Die Zeitung wurde von der jungen Witwe Clementina Rind herausgegeben. Als Beispiel druckte Rind ausgerechnet die acht fremdkopierten Resolutionen aus dem Dunmore

County ab – und brachte dabei das kleine Kunststück fertig, Peters Namen gleich auf zwei verschiedene Arten falsch zu schreiben. Aus Mühlenberg wurde erst »Mechlenberg«, dann »Mecklenburg«. Die Sache mit dem vermurksten deutschen Familiennamen wurde langsam zum Running Gag …

»Wir werden uns stets mit Freude allen Gesetzen der Regierung unterordnen, die seine Majestät, als Souverän über das britische Herrschaftsgebiet, rechtmäßig über seine Untertan beschließen darf«, heißt es einleitend in den auch von Peter unterzeichneten Resolutionen. Jeder Akt, der in die interne Politik von Nordamerika eingreife, sei derweil »ein gefährlicher und unkonstitutioneller Eingriff in unsere Rechte und Privilegien«, mehr noch, eine »despotische Ausübung verfassungswidriger Macht, die darauf abzielt, ein freies und loyales Volk zu versklaven«.

Es waren durchaus harte Worte, die nun vervielfältigt und in die koloniale Öffentlichkeit getragen wurden. Da war raunend bereits von einer »notwendigen Tendenz zum Bürgerkrieg« und der möglichen »Auflösung der Union […] zwischen dem Mutterland und ihren Kolonien« die Rede. Als konkrete Maßnahmen forderten die Freeholder einen generellen Import- und Exportstopp britischer Güter, insbesondere von Tee und allen anderen Produkten der East India Company, mit Ausnahme von »Salpeter, Gewürzen und Medizin«. Es war ein kolonialer Schulterschluss, getragen von den Counties des Hinterlandes. »Wir verpflichten uns einander und unserem Land«, gelobten feierlich die Unterzeichner.

Die vereinten Beschlüsse der County Committees trugen sieben Virginier, unter ihnen Patrick Henry und

George Washington, einen Monat später nach Philadelphia, wo der erste Continental Congress stattfand. Zwölf der dreizehn Kolonien nahmen daran teil. Nach einiger Diskussion einigte man sich auf ein Importembargo ab November 1774. Der Export sollte derweil bis September 1775 weitergehen. Bis dahin wollten die Virginier gerne noch ihre nächste Tabakernte loswerden.

Bald rückte auch die Frage nach der eigenen Verteidigung in den Fokus. Die Kolonie Virginia musste sich ohne den Schutz der Krone alleine gegen die Attacken bewaffneter Indigener verteidigen, wollte aber im Notfall auch in Richtung England gewappnet sein. In vielen Counties wurden »independent companies« gebildet, Einheiten von sich selbst ausrüstenden Milizionären.

»Die Zeiten werden sorgenvoll bei uns und nehmen allmählich ein feindliches Antlitz an«, schreibt Peter Anfang 1775 an seinen Bruder Friedrich. »Unabhängige Kompanien formieren sich in jedem County und die Politik bestimmt alle Gespräche.« Zwischenzeitlich war Peter von allen politischen Ämtern zurückgetreten. Hatte ihm ausgerechnet der Vater ins Gewissen geredet, den er im Sommer 1774 in Philadelphia auf eine längere Dienstreise nach Georgia verabschiedet hatte? Oder war ihm die Sache selbst zu heiß geworden? Ohnehin war der Rückzug nicht von langer Dauer. Mitte Januar 1775 stellte man nun auch im Dunmore County ein Sicherheitskomitee zusammen, wie Peter aus Woodstock an seinen Bruder schrieb, »und ich bin erneut zum Vorsitzenden gewählt worden, sodass ich, ob ich es wünsche oder nicht, ein Politiker sein soll«.

Friedrich Mühlenberg hatte 300 Meilen weiter nordöstlich eine entschieden andere Perspektive auf diese Angelegenheit. Am 16. Dezember 1773 war er mit seiner Familie in New York angekommen, genau an dem Tag also, als in Boston die sogenannte »Tea Party« stattfand. Als Prediger an die deutsche lutherische Gemeinde berufen, wohnte Friedrich zusammen mit seiner Frau Catharina, der Tochter eines erfolgreichen deutschen Zuckersieders aus Philadelphia, und ihrem anderthalbjährigen Sohn nahe der Christ Church, einem kleinen Kirchlein mit Mansarddach an der Kreuzung von Frankford Street und Williams Street. Dort, wo heute die mächtige Rampe der Brooklyn Bridge beginnt, war in den 1770er Jahren beinahe schon der nördliche Stadtrand erreicht.

Nur eine Ecke weiter gingen, nördlich der Park Row, die Wohngebiete New Yorks bereits in die Tanyards über, wo die Gerbereien und Leather Shops ihren bestialischen Gestank verbreiteten. Friedrichs Kirche wurde im Volksmund auch »Swamp Church« genannt, die Sumpfkirche. Die Deutschen hatten also keine Premiumlage inne wie etwa die Anglikaner mit ihrer Trinity Church unten am Broadway – gegenüber der Straße, die von den Niederländern einst nach einem alten Befestigungswall »Waalstraat« getauft worden war und mittlerweile Wall Street hieß.

Zu offiziellen Anlässen aber war auch Friedrich mit den anderen Geistlichen der Stadt eingeladen. Wie im Mai 1774, als man ihn »wieder Vermuthen« zum jährlichen Commencement des King's College lud, aus dem später die Columbia University hervorgehen würde. Nach der Messe zog die bunte Gesellschaft, »Prediger, Magistri, Baccalaurei, Lawyers, Docters, Creti und Pleti«, von der Kirche zum Wirtshaus, wo bereits »die General u. Stabofficire und die Vornehmsten der Stadt versamlet« waren. Wie es dort »unter dem Haufen« zugegangen war, traute sich Friedrich anschließend gar nicht, den Eltern in Philadelphia zu berichten. Nur so viel: »Das Wohl und Beste der Colonien wurde so oft verschluckt, daß ich fast fürchte es wird in Zukunft übel gehen.« Bei erster Gelegenheit hatte er sich zur Tür hinausgestohlen.

»Bewahre mich Gott vor mehr dergleichen Gesellschaften«, schrieb er den Eltern – und man meint statt der Stimme des Sohnes die des Vaters zu hören, der solcherlei weltliche Gelage ebenfalls aufs Höchste verabscheute. Man war ganz bei sich, die »geliebtesten Eltern« dort, von Friedrich selbstverständlich gesiezt, deren »gehorsamste Kinder« hier, Glaube, Gemeinde, Familie; Catharina erwartete jeden Tag ihr zweites Kind.

Die Zahl der Gemeindeglieder wächst; Friedrich hat 30 Konfirmanden und 80 Sonntagsschüler; der Kirchenrat will für die Besten zum Ansporn »Sprüche drucken laßen und Pretzel austheilen«: Das sind an diesem 25. Mai 1774 die Neuigkeiten aus der Gemeinde, deren Ruf Friedrich erst angenommen hatte, nachdem »Papa seine Einwilligung gab«. Von der explosiven politischen Lage, den umkämpften Freiheitsbäumen auf den Commons der Stadt, dem Rumoren in der New Yorker Kaufmannschaft und der keine Woche später anstehenden Hafenschließung in Boston: kein einziges Wort.

»Alles geht gottlob nun in guter Ordnung fort«, schrieb der Sohn an die Eltern. Es war ein Brief, der fast gänzlich in der lutherischen Gemeinschaft verblieb, von Pastor zu Pastor formuliert, wie in einer geistlichen Parallelgesellschaft, die das Drumherum der Welt, das immer lauter

Friedrich Mühlenberg (1750–1801), hier auf einem Ölgemälde
von Joseph Wright aus dem Jahr 1790

werdende Getöse der beginnenden Revolution, scheinbar
nichts anging.

Nur gegen Ende des Briefs lassen sich die beginnenden
Verwerfungen auch in der Familie erahnen, als Friedrich
über seine beiden Brüder schreibt: »Von Henrich habe
erst gestern Nachricht erhalten daß er wohl sey. Von Peter sehe und höre ich nichts mehr.«

DIE DEUTSCHEN RIFLEMEN

Eine Weile schon hat sich der Krieg angebahnt. Als er schließlich ausbricht, sind es zunächst die deutschen Einwanderer, die dem verzweifelten George Washington aus der Patsche helfen. Anfang Juli 1775 findet der frisch berufene Oberkommandierende vor den Toren von Boston eine desolate Lage vor. Noch nie hat Washington eine derartig »vermischte Menge an Leuten unter sehr wenig Disziplin, Ordnung« und, ja, »*government*«, gesehen wie hier. Der Gentleman aus Virginia, der die Drecksarbeit auf seiner Tabakplantage Mount Vernon afrikanische Sklaven erledigen lässt, rümpft die Nase über diese »ausgesprochen schmutzigen und üblen Leute«, die ihm im Kampf gegen die Briten zur Verfügung stehen.

Der Truppe mangelt es nicht nur an Körperhygiene, sondern auch eklatant an Schießpulver. Nicht mehr als neun Schuss Munition stehen pro Mann zur Verfügung. Wenn die britischen Truppen in der Stadt davon Wind bekommen, fürchtet Washington, werden sie, obwohl zahlenmäßig unterlegen, zweifellos einen sofortigen Ausfall probieren und die amerikanische Behelfsmiliz mit Leichtigkeit überrennen. Washington ordnet unter den Offizieren, die Bescheid wissen, absolute Verschwiegenheit an. Ansonsten bleibt kaum mehr zu tun, als auf Verstärkung zu warten.

Offiziell begonnen hatte der Krieg mit den Gefechten zwischen lokalen Milizen und britischen Soldaten in den beiden Bostoner Vororten Lexington und Concord am 19. April. Doch schon fast einen Monat zuvor, am 23. März, hatte Patrick Henry in der Kirche der Henrico-Gemeinde in Richmond den Krieg im Munde geführt. »Die Gentlemen mögen Frieden, Frieden, rufen – aber es gibt keinen Frieden«, hat er den 118 County-Delegierten der zweiten *Virginia Convention* zugerufen, unter ihnen auch Peter Mühlenberg. »Der Krieg hat in Wirklichkeit bereits begonnen!« Henrys Vorschläge, eine eigenständige Miliz aus »Gentlemen und Yeomen« (freien Farmern) aufzustellen und in den »sofortigen Verteidigungszustand« zu versetzen, wurden, wenn auch nur knapp, angenommen. Besonders Henrys flammende Schlussworte sind in den amerikanischen Gründungsmythos eingegangen. Mit Waffen um die Freiheit kämpfen? »Ich weiß nicht, welchen Kurs andere einschlagen mögen; aber wenn es nach mir geht, gebt mir Freiheit oder gebt mir den Tod!«

Give me liberty or give me death! Ein Satz für die Geschichtsbücher. Dabei weiß heute niemand, welche Worte Henry tatsächlich gewählt hat an diesem Märztag in Richmond. Ein Protokoll oder Manuskript existiert nicht. Erst 30 Jahre später rekonstruierte ein Biograf Henrys dessen Rede: William Wirt, der Sohn deutscher Einwanderer, zwei Jahre vor Henrys Rede in Maryland geboren. Wirt war es, der in den 1810er Jahren die Rede schrieb, wie wir sie heute kennen, als Teil seiner biografischen Heldenschau. Und Henry den berühmten Satz in den Mund legte.

Die dringend benötigte Verstärkung war im Sommer 1775 indes bereits unterwegs Richtung Boston. Zeitgleich mit Washingtons Berufung zum Commander-in-Chief hatte der Kontinentalkongress, das in Philadelphia tagende Behelfsparlament der Amerikaner, am 14. Juni 1775 die Formierung von zehn neuen Schützenkompanien beschlossen. Angefordert wurden »versierte Riflemen«, vor allem aus Pennsylvania. Man wusste, dass in den ländlichen Regionen dieser Kolonie zahlreiche Männer lebten, die in der prekären Situation würden helfen können. Erfahrene Jäger und Frontiersmen, die gut schießen und ihre eigene Munition mitbringen würden. Zum größten Teil entstammten sie deutschen Einwandererfamilien.

Die Geschwindigkeit, mit der sie sich rekrutierten, war erstaunlich. Kaum zwei Wochen nach Washington trafen bereits Mitglieder der ersten Pennsylvania Rifle Company bei Boston ein. Bald würden weitere folgen. Die Männer waren teils in drei Wochen 600 Meilen marschiert, 965 Kilometer also. Sie trugen breitkrempige Rundhüte, einfache grüne Jagdhemden und indianische Mokassins. Neben Messer und Tomahawk führten die meisten eine sogenannte Long Rifle bei sich, ein besonderes Präzisionsgewehr aus den deutschen Waffenschmieden von Pennsylvania.

Sein Lauf war nicht nur länger und schmaler als der einer Muskete, er war auch innen geriffelt, sodass die Kugel, ein halbes Inch im Durchmesser, kaum 13 Millimeter also, sich um sich selbst drehend in äußerst präziser Flugbahn aus dem Lauf flog. Ihre treffgenaue Reichweite lag so um ein Dreifaches höher, bei 200 Yards oder mehr. Vom »Witwen- und Waisenmacher« war bald die Rede. In den deutschen Werkstätten von Lancaster, Reading und im Lehigh Valley nördlich von Philadelphia entwickelt und hergestellt, war das eine Waffe, die man selbst in Neu-England kaum kannte.

Den deutschen Riflemen eilte ihr Ruf bereits voraus. Die jungen und oft noch ledigen Söhne aus Einwandererfamilien befeuerten mit waghalsigen Schießübungen während ihrer Marschierpausen den eigenen Ruhm. Manche schossen überkopf oder auf Scheiben, die zwischen den Beinen ihrer Gefährten klemmten, gerne ließen sie sich zujubeln, ein Wanderzirkus mit tödlicher Durchschlagskraft.

Vor Boston angekommen, erhalten die deutschen Riflemen vor allem eine Aufgabe: unter den britischen Soldaten Angst und Schrecken zu verbreiten. In kleinen Grüppchen schleichen sie sich auf Schussweite an die feindlichen Linien, schießen auf die kleinsten Bewegungen an den Palisaden. Immer wieder treffen sie dabei auch Offiziere, die Schüsse kommen wegen der hohen Distanz scheinbar aus dem Nichts. Den Rest erledigt auf beiden Seiten die Gerüchteküche. Zwei Drucker aus Philadelphia schaffen es mit einer raunenden Warnung Mitte August sogar bis in den *London Chronicle*: »Die Provinz«, schreiben sie, habe 1000 Riflemen rekrutiert, »von denen die schlimmsten eine Kugel in den Kopf eines Mannes schießen auf … einhundertfünfzig oder zweihundert Yards Entfernung«. Den nach Amerika aufbrechenden Soldaten empfehle man, vorab ihre Angelegenheiten zu regeln. Auch General Howe berichtet von den »schrecklichen Gewehren der Rebellen«. Einen gefangen genommenen Rifleman schickt er wie ein seltenes Artefakt mitsamt seiner Büchse nach London zur Begutachtung.

Auch wenn sie nur vereinzelte Schläge gegen die Briten ausführen, erreichen die deutschen Riflemen doch das erhoffte Ziel. Sie halten die britischen Soldaten in Boston fest, bis Ende August endlich mehr Schießpulver für Washingtons Truppen herbeigeschafft ist. Die Riflemen sind *anders*, eine Snipertruppe mit einigen Sonderrechten, die abseits der restlichen Soldaten auf dem Prospect Hill lagern und sich dem üblichen Drill entziehen darf. Ja, man verwöhnt sie so sehr, dass sie im September aus Langeweile und Übermut sogar eine lokale Meuterei vom Zaun brechen. Washington persönlich muss einschreiten. Am Ende werden 33 Aufrührer festgesetzt, darunter ein John Leamon, offenbar eine englische Ableitung des deutschen Lehmann. Vielleicht auch deswegen fiel Washingtons Urteil abschließend etwas ungnädig aus:»Die Riflemen hatten sehr wenig Gelegenheit, ihre Künste zu zeigen, oder ihre Ignoranz«, schrieb er am 30. September 1775 seinem Bruder,»weil manche von ihnen, speziell aus Pennsylvania, nicht mehr über ein Gewehr wissen als mein Pferd.«

Schein und Sein: Washingtons Amateurarmee hatte auch dank der Frontiersmen aus Pennsylvania eine kritische Anfangsphase überstanden. Boston blieb belagert, langsam wendete sich das Blatt. Im darauffolgenden Frühjahr würden sich die Briten schließlich übers Wasser zurückziehen. Bereits in diesen ersten Wochen jedoch waren wichtige Botschaften von Boston aus in die Welt gegangen. Die amerikanische Provinz wusste sich zu wehren. Und auch die deutschen Einwanderer hatten von sich Reden gemacht. Man hatte sie gerufen, und sie waren gekommen. Binnen weniger Wochen waren ein Dutzend schlagkräftiger Kompanien aus dem Hinterland Pennsylvanias ins Kampfgebiet entsandt worden. Auf die Deutschen würde man sich verlassen können.

»ICH WILL FÜR MEINE FEINDE BETEN«

Mein vielgeliebter Bruder,
… nimmer mehr hätte ich geglaubt daß ich ie ein Brief von dir von einem solchen Inhalt erhalten wür-

de. Die mir aufgelegten Beschuldigungen sind mir unerträglich, und da sie auf so seichtem Grunde gebaut sind, wirklich abgeschmackt ... doch will ich deiner beliebigen Ordnung in deinem eigenen Briefe folgen u. iedes Stück darinnen nach der Reihe beantworten.

In den ersten Monaten des Jahres 1776 debattierte die Bevölkerung der nordamerikanischen Kolonien darüber, wie es weitergehen sollte im Streit mit England, der seit dem Vorjahr nun ein militärischer geworden war. Sollte man eine schnelle diplomatische Lösung anstreben oder, im Gegenteil, eine völlige Loslösung vom Mutterland? Thomas Paines Bestseller-Pamphlet »Common Sense«, seit dem 10. Januar in immer neuen Ausgaben im Umlauf, hatte die Debatte darüber enorm befeuert.

Auch in der Familie Mühlenberg gingen in dieser Zeit hitzige Briefe hin und her. Ein Riss hatte sich aufgetan, zwischen den beiden ältesten Brüdern zumal. Man wähnte sich an entgegengesetzten Enden des Spektrums. Hier Friedrich, der Sohn seines Vaters im treuen Dienste der deutschen Lutheraner von New York; dort der abtrünnige Peter in Virginia, der im Januar 1776 sein Pastorenamt niedergelegt hatte, um auf Bitten George Washingtons unter den Talbewohnern ein Regiment für die Revolutionsarmee aufzustellen und in den Krieg zu führen.

Die Brüder schrieben sich Briefe, immer eifriger, immer wütender. Schnell hatte man sich in eine hitzige Debatte verstiegen. Es ging um gemeinsame Herkunft und scheidende Lebenswege. Um Identität und Loyalität, zur Kirche, zu Gott und zum eigenen Vater. Um die Frage nach Beruf und Berufung, den immer weiter um sich greifenden Krieg und um den Frieden in der Familie. Es ging, kurz gesagt, um alles.

»Verzeih mirs Bruder«, wendet sich Friedrich nun an Peter, »wenn ich itzo wie du, offenherzig schreibe«, um alsgleich die erste Spitze zu setzen: »deine martialische Seele war ohne Zweifel da du schriebst mit marschieren, advanciren, vielleicht auch reteriren beschäftigt«. Das ist Friedrichs Hauptvorwurf an den Bruder: dass Peter im Militär nichts zu suchen habe, ja, dass er sich mit dem Verlassen der Kanzel gegen seinen göttlichen Beruf versündige.

Peters Entscheidung, seine Berufung zum Colonel anzunehmen, hatte die Pastorenfamilie mehr als irritiert. Friedrich hatte sich darüber zunächst in einem Schreiben an Henry Luft gemacht, das der jüngste Bruder, ob aus Naivität oder Mutwillen, prompt an Peter weitergeleitet hatte. Worauf der einen emotionalen englischen Brief an Friedrich gesandt hatte, das eskalierende Dreieck der Brüder vervollständigend. »Du sagst, als Geistlicher kann mein Verhalten nichts entschuldigen«, hatte Peter darin geschrieben. »Diese exzellente Doktrin ist sicherlich ein Produkt dieser exzellenten Stadt N. Y., die mit Feuer überzogen werden muss, bevor sie je vom Toryismus gesäubert ist; möge niemand sie bedauern.«

Friedrich geht in seiner Antwort nun systematisch vor. Punkt für Punkt will er den Bruder und dessen Argumente widerlegen. Er schreibt, anders als Peter, auf Deutsch, und stellt seinen eigenen Entgegnungen dessen Zitate auf Englisch voran. »*None to pity it!* Ach Gott! Worein verfällt doch der Mensch wenn er außer seinem Beruf schreitet. Bruder, Bruder, der rauhe Soldat guckt würklich schon hinter dem schwarzen Kittel hervor ...« Seinen Gegnern selbst im Tod noch das Mitleid, die christliche Nächstenliebe, zu versagen, das lief allem zuwider, womit sie aufgewachsen waren. »*None to pity it* – das ist heidnisch«, setzte Friedrich nach. »Ich will einstweilen für meine Feinde beten, Gott um ihre und meine Erleuchtung bitten.«

Peters ganze Argumentation schien ihm »schwach genug«. Den Vorwurf, New York sei eine Hochburg der Tories, der königstreuen Revolutionsgegner also, wies er scharf zurück. »Unser N.Y. hat schon mehrere Herzhaftigkeit bewiesen als Eure großen Prahler dort hinter den blauen Bergen«, bescheidet er dem Bruder. Überhaupt waren die New Yorker doch »so gut wo nicht besser für die Americanische Sache … als die Virginier«. Aus der sicheren Distanz des Hinterlandes ließ sich leicht reden.

Friedrichs Wahlheimat New York dagegen war eine bedrohte Stadt, in der die Stimmung immer angespannter wurde. Die Freiheitsbäume auf den Commons waren zwischen den »Sons of Liberty« und ihren Gegnern teils bitter umkämpft. Einer von ihnen lag nur einen Steinwurf von Friedrichs Kirche entfernt. Als wichtige Hafenstadt war New York exponiert. Am 10. Februar hatte Friedrich seine Frau und die Kinder bereits bei Catharinas Eltern in Philadelphia in Sicherheit gebracht. Am 17. März zogen sich die Briten endgültig aus dem Hafen von Boston zurück und wandten sich über See nun New York zu.

Peter war derweil zwischen Januar und März 1776 damit beschäftigt, unter den Bewohnern des Dunmore County die nötigen Rekruten aufzutreiben für das neu geschaffene Regiment leichter Infanterie, dessen Kommando man ihm übertragen hatte, das *8th Virginian*. Am Ende hatte er knapp 800 Riflemen beisammen, die allermeisten von ihnen deutschstämmig wie er selbst. Seine Unteroffiziere, Abraham Bowman und Peter Helphenstine, hatten

ihre Namen, Baumann und Helfenstein, bereits voll anglisiert. Colonel Muhlenberg hatte einstweilen nur seinen
Umlaut eingebüßt.

Die Entscheidung, die Kirche zu verlassen, um für die
amerikanische Sache ins Feld zu ziehen, verteidigte Peter
mit Verve. »Mein Land ruft mich zu seiner Verteidigung –
der Grund ist gerecht und nobel«, schreibt er an Friedrich.
»Ich bin überzeugt, es ist meine Pflicht, so zu tun & [eine]
Pflicht, die ich Gott & meinem Land schulde.« – »Sophis-
tereien!«, entgegnet Friedrich wütend. »Dein Beruf nach
Virginien, den Du doch auch göttlich nennst, geht vor.«
Beim Ruf des Landes, den Peter vernommen haben wollte,
verhalte es sich derweil so wie bei dem vieler Prediger:
»der Candidat bietet sich selbst an – versichert dem gnä-
digen Patron seine äußerste Ergebenheit, verspricht allenfalls, noch die Haushälterin zu heiraten – kriegt's auch und
nennt seinen Beruf hernach göttlich. O Tempora o mores.«

Es war, die lateinischen Floskeln verrieten es, die
Stimme des Vaters, die aus Friedrichs Zeilen sprach. Er
war in dieser Sache das Sprachrohr von Heinrich Melchior
Mühlenberg, dem enttäuschten Vater eines abtrünnigen
Sohnes. Er flocht dieselben Sentenzen und Bibelstellen in
seine Sätze ein. Er wies Peters Motivation als blanken Egoismus zurück, sah »eine unnötige Selbstliebe – ein bisschen
Ruhmsucht – oder das Ansehen eines großen Mannes« als
wahre, »geheime Triebfedern« von dessen Handeln.

Peter dagegen war – vielleicht im Eindruck seiner politischen Tätigkeit in Virginia – bereits in eine andere Welt
aufgebrochen, wo man in neuen Maßstäben dachte und
den Klerus nicht mehr aus der Bürgerschaft heraushob.
»Ich bin ein Clergyman, das stimmt«, schreibt er dem Bruder, »aber ich bin ebenso gut ein Mitglied der Gesellschaft

wie der ärmste Laie, & meine Freiheit ist mir so wichtig wie jedem Mann, soll ich dann also stillsitzen & es mir daheim bequem machen, wenn das beste Blut des Kontinents vergossen wird? Himmel bewahre.«

Immer weiter steigerten sich die beiden Brüder in ihren Streit hinein. Bald drohte man, sich in Kleinigkeiten zu verlieren. »Ich halte es nicht für recht daß du Soldat und Prediger zugleich bist«, suchte Friedrich zu präzisieren, was doch eine Grundsatzentscheidung war. »Sei eins oder das andere. Niem[and] kann 2 Herrn dienen.« So stand es schon bei den Evangelisten: »Ihr könnt nicht Gott dienen und dem Mammon.« Dabei dachte Peter ja gar nicht daran, sein geistliches Amt zu behalten. Für den Fall einer amerikanischen Niederlage hoffte er stattdessen, »Asyl unter den Wilden zu finden«, wohl unter den Mohawk, die seinen Großvater Conrad Weiser noch in Ehren hielten. »Nein Bruder«, ätzt Friedrich, »ich mach Dich zum Küster und dann kannst Du als Liedlein anstimmen: Sic transit gloria mundi.«

In diesem Stil geht es hin und her, ehe Friedrich, auf der achten Seite bereits, mit Grauen feststellt, welch »ungeheuren Brief« er da geschrieben hat. Er hält inne, setzt neu an, fährt schließlich in gänzlich verändertem Tonfall fort. »Ich kämpfe«, schreibt er dem Bruder nun in aller Offenheit, »schon lange Zeit mit einig Zweifeln«, und all seine Unsicherheit bricht nun ungeschützt aus ihm heraus. »Ich sehe das Predigamt als das allerschwerste und wichtigste an«, schreibt Friedrich. »Ich erkenne meine völlige Untüchtigkeit dazu, und wie wenig ich im Stande bin, die großen und wichtigen Pflichten die der Beruf mit sich bringt zu erfüllen.«

Es war ein Bekenntnis von geradezu schockierender

Ehrlichkeit, hatte Friedrich doch gerade noch seitenlang die Unantastbarkeit des Pastorenamtes verteidigt. Doch auch in ihm waren die Dinge offenbar bereits in Bewegung geraten. Die Zukunft stand offener vor ihm denn je, Zweifel über seinen Beruf plagten ihn – »vielleicht komt's daher, daß ich nicht ungeneigt bin zu glauben, daß ein Prediger sein Amt mit gutem Gewiß[en] aufgeben u. zu einem andern Beruf schreiten kan«.

Der bittere Streit mit dem Bruder hatte sich am Ende also auf Friedrich selbst gewendet. Es ging gar nicht um Peter. In Friedrich selbst tobte der Kampf zwischen Gehorsam und Selbstbestimmung, zwischen Loyalität gegenüber dem Vater und dem eigenen, dem freien Willen.

Im Mai 1776 war Friedrich noch einmal für ein paar Tage in Philadelphia bei Catharina und den Kindern. Ein letztes Mal kehrte er alleine nach New York zurück. Alles rechnete nun mit dem Angriff der Briten. Fieberhaft versuchte man, die Stadt zum Wasser hin zu befestigen. Washington war mit seiner Armee über Land aus Boston herbeigeeilt. Am 29. Juni stürzte die Sichtung der ersten britischen Kriegsschiffe in einer Bucht vor der Stadt die Bewohner in Panik. Auch Friedrich packte alles an Kleidung und Möbeln zusammen, was man auf einem Wagen transportieren konnte, und floh.

Am Abend des 2. Juli 1776 erreichte Friedrich Mühlenberg erschöpft die Straßen von Philadelphia. Ein historischer Tag, von dem noch kaum jemand wusste. Im State House an der Chestnut Street hatten Amerikas Delegierte gerade ihre Unabhängigkeit von der britischen Krone beschlossen. Eine entsprechende Erklärung lag bereits vor. Es würde nur noch um ein paar letzte Formulierungen gehen.

V.
EINE NATION ENTSTEHT
1781–1787

*Soldaten bei der Belagerung von Yorktown (1781) – Aquarell
von Jean-Baptiste-Antoine de Verger; von links: Soldat des
First Rhode Island Regiment, Milizionär aus Neu-England,
Rifleman von der Frontier, französischer Offizier*

YORKTOWN

Als über der Küste Virginias die Abenddämmerung hereinbricht, rüstet man sich in den amerikanischen und französischen Gräben für den Angriff. Die beiden Überfallkommandos, jeweils 400 Mann, erhalten letzte Anweisungen. Es ist der 14. Oktober 1781, ein Sonntag. Seit einer Woche bombardierte die Artillerie der Allianz unablässig das belagerte Yorktown an der Mündung des York River in die Chesapeake-Bucht, Virginias Verbindung mit dem Atlantik. Die Mehrheit der etwa 1800 Einwohner hatte das Küstenstädtchen längst verlassen. Nur der britische General Cornwallis harrte weiterhin mit etwa 7000 Soldaten aus.

Die Amerikaner und die mit ihnen verbündeten Franzosen hatten vor Yorktown die doppelte Zahl an Soldaten zusammengezogen, unter ihnen mit dem Rhode Island Regiment auch eine aus schwarzen Soldaten und Native Americans bestehende Truppe. 140 Geschütze hatten die Angreifer in den Belagerungsgräben und auf den umliegenden Hügeln in Stellung gebracht, die mächtigsten ihrer Kanonen verschossen bis zu vierundzwanzig Pfund schwere Kugeln. Dazu kamen kleinere Feldgeschütze, mobile zweirädrige Haubitzen mit ihren charakteristischen Kurzrohren sowie einige Mörser mit schwenkbarem Lauf. Deren Projektile sollten – wenn der Zeitzünder richtig funktionierte – in der Luft über dem Feind zerbersten, um ihre Füllung, kleine Eisenkugeln, in alle Richtungen zu versprengen.

Kugel um Kugel flog den britischen Stellungen entgegen. Tagsüber sah man sie als dunkle Punkte in hohen Bögen hinüberfliegen, vor dem schwarzen Himmel der Nacht wurden sie zu Feuerbällen mit brennendem Schweif, todbringenden Meteoren. Auch die Briten schossen Tag und Nacht mit ihren Geschützen aus der Stadt heraus, die meisten waren jedoch kleineren Kalibers, ohne ausreichende Durchschlagskraft. Die Lage der Eingeschlossenen wurde zunehmend aussichtslos. Eine Rettung aufs Meer hinaus war unmöglich, die französische Flotte blockierte die Chesapeake Bay und hatte ein britisches Rettungskommando vor der Atlantikmündung vertrieben.

Immer näher waren die Gräben der Belagerer zuletzt an die Stadt herangerückt. Das erhöhte die Feuerkraft der amerikanischen Allianz. Artilleriebeschuss war im 18. Jahrhundert eine Sache vieler Unwägbarkeiten, des Materials, der Witterung und der Kunstfertigkeit der Mannschaften. Je näher man an den Feind herankam, desto besser. Der vorderste Graben lag nur noch etwa 600 Meter außerhalb Yorktowns. Den Angreifern im Weg waren lediglich zwei vorgelagerte, stark befestigte Schanzen oder Redouten. Ringsum mehrfach mit Erdwerk und Holzpalisaden befestigt und mit Haubitzen bestückt, die Angriffstrupps bis auf die letzten Meter unter Feuer nehmen konnten, glichen sie zwei kleinen, bis an die Zähne bewaffneten Inseln im Niemandsland, von insgesamt etwa 180 Soldaten verteidigt. Ihre Stürmung im nächtlichen Handstreich war nun befohlen worden.

In seinem Offizierszelt hinter den amerikanischen Linien mühte sich Brigadegeneral Peter Mühlenberg um Haltung. Ihm unterstanden vor Yorktown drei Bataillone leichter Infanterie, insgesamt etwa 2200 Mann, die meisten von ihnen Neu-Engländer. Hinter seinen Männern lagen zwei Wochen harter Arbeit. Alle drei Tage waren sie vor in die Gräben geschickt worden, um unter großer körperlicher Mühe und stetem Beschuss der Briten die eigenen Stellungen auszubauen und die eigenen Geschütze näher an die Stadt zu bringen. Nach den letzten sieben Nächten waren von Peters Soldaten nur zwei zurück ins Zelt gekommen.

Peter selbst fühlte sich elend, er glühte. Am Vortag hatte ihn eine Erkrankung unbekannten Ursprungs befallen, die dabei war, sich zu einem »Konstanten & heftigen Fieber« auszuwachsen. Er musste alle Kraft zusammennehmen, um einen klaren Kopf zu behalten. Wichtige Entscheidungen standen an. Peters Brigade sollte die Hälfte des Sturmkommandos auf die kleinere der beiden Schanzen stellen. Es galt, zweihundert geeignete Männer auszuwählen und sie genau zu instruieren. Der Angriff hatte unter größtmöglicher Geheimhaltung vor sich zu gehen, mit aufgepflanztem Bajonett und entladenen Musketen, kein Schuss sollte sich aus Versehen lösen. Jegliches Sprechen beim Sturm war unter Todesstrafe verboten; selbst schwer Verletzte wären ohne Rücksicht zurückzulassen.

400 Amerikaner sollten die rechte der beiden Schanzen erstürmen, 400 Franzosen die linke. Vorweg würden je zwanzig Soldaten mit einer Gruppe Pioniere marschieren, die mit Spaten und Äxten so schnell wie möglich Breschen in die Palisaden und Erdwälle zu schlagen hatten. Befehligt wurde die Vorhut von einem Feldoffizier aus Peters Brigade: Lieutenant John Mansfield aus dem 4th Connecticut Regiment. Weil die Verluste in vorderster Spitze stets besonders hoch waren, nannte man sie im Deutschen den »verlorenen Haufen«, im Englischen »forlorn hope«, die verlorene Hoffnung. Den poetischsten

Begriff hatten jedoch wieder einmal die Franzosen gefunden: *les enfants perdus*.

Frankreich, seit März 1778 offiziell Kriegspartei, hatte die Amerikaner zunächst vor allem finanziell, materiell und mit seiner Flotte vor der Atlantikküste unterstützt. Im Sommer 1780 waren dann 6000 Soldaten unter General de Rochambeau an Land gegangen. Auch Peters Light Division unterstand dem Oberbefehl eines französischen Adligen, des Generalmajors Marquis de Lafayette, einem engen Vertrauten George Washingtons. Der hatte sich zuletzt überaus zufrieden gezeigt mit »Muhlenberghs Brigade« (auch Washington hatte so seine Probleme mit diesem vertrackten deutschen Nachnamen). »Der *Commander in Chief* drückte seine ganze Zustimmung über mein Verhalten aus«, konnte Peter einem alten Freund aus Yorktown berichten, »und in Worten, die meinem Ehrgeiz schmeichelten.«

Bis zum Aufflammen seiner Erkrankung hatte sich Peter durchaus wohlgefühlt vor Yorktown. Endlich einmal kein taktisches Rückzugsgefecht gegen einen überlegenen Gegner, von denen er in bald sechs Jahren Kriegsdienst schon allzu viele hatte befehligen müssen. »Die Kanonen tosen unaufhörlich«, schwärmte er von der »interessanten und unterhaltsamen« Szenerie. Doch wenn Peter Mühlenberg ehrlich mit sich war, dann hatte dieser Krieg ihn von Anfang an krank gemacht.

Gleich in seinem ersten Kriegssommer 1776 war das von ihm rekrutierte Regiment, das 8th Virginian, nach erfolgreicher Verteidigung von Charlestown in der subtropischen Hitze von Georgia schrecklich dezimiert worden. Fast ein Viertel von Peters Männern, etwa 700 zumeist deutschstämmige Riflemen, erkrankte so schwer, dass sie

dienstunfähig wurden; einige starben. Die Wahrschein-
lichkeit, in diesem Krieg an einer Krankheit zu sterben,
war dreimal höher, als erschossen zu werden. Auch Peter
selbst war damals schwer erkrankt. War es die sengende
Sonne gewesen, das Campieren im Freien auf sumpfigem
Boden oder das miserable Trinkwasser? Wer vermochte
das genau zu sagen. Zelte oder andere Schutzausrüstung
gab es nicht für das Provinzregiment aus dem Shenandoah-Tal, das sich selbst aufgestellt und bewaffnet hatte
und erst im August 1776 auf Peters Drängen hin überhaupt offiziell vom Kongress anerkannt und (wenn auch
miserabel) bezahlt worden war.

Die amerikanische Kriegskasse blieb chronisch knapp.
Zwar hatten sich die dreizehn kriegsführenden Kolonien
nach jahrelanger Debatte im März 1781 endlich offiziell
unter den »Articles of Confederation« zu einem Staatenbund zusammengeschlossen, doch blieb der Kongress
unverändert abhängig vom Wohlwollen der Einzelstaaten. Die Behelfsregierung hatte kein Recht, eigenmächtig
Steuern oder Abgaben zu erheben. Zur eigenen Finanzie-
rung nahm man Schulden im Ausland auf, vor allem in
Frankreich, und druckte ansonsten Papiergeld nach, die
sogenannten Continentals. »Not worth a Continental«
war bald ein geflügeltes Wort.

Nach seinem ersten Dienstjahr war Peter Mühlenberg
zwar vom Colonel zum Brigadegeneral aufgestiegen, doch
die Geldprobleme waren geblieben. Lange verdiente Peter kaum halb so viel, wie nötig gewesen wäre, um seine
Familie in Virginia zu versorgen. Im November 1778 hatte
Hanna dort einen zweiten Jungen zur Welt gebracht – und
der hadernde Peter hatte kurz vor ihrer Entbindung dazu
sogar den Vater in Providence um Rat ersucht: Ob er um

Sonderurlaub bitten oder gar seine »Resignation« einreichen solle, um Hanna zu unterstützen? Und Heinrich Mühlenberg hatte in elaborierter Herleitung diese »Collision 2er wichtiger Pflichten« abgewogen und befunden, dass »das gemeine dem privat Besten vorzuziehen« sei. Sicher sei es »tröstlich und pflichtmäßig wenn ein Mann bei der Hand seyn kann«, doch müsse eine Geburt »durch göttlichen Beistand und hülfreiche Hand verständiger Hebammen« vonstattengehen. »In Krieges Zeiten aber kan ein listiger und mächtiger Feind nicht durch Hebammen zurük gehalten werden, sondern es muß unter Gottes Beistand von Männern geschehen, die Beruf, Geschike und Hertz darzu haben.«

Ein am Ende völlig unnützes Geplänkel: Während Vater und Sohn noch umständlich diskutierten, hatte Hanna das Kind längst ohne sie zur Welt gebracht, unterstützt wohl lediglich, wie damals üblich, von den Frauen der benachbarten Höfe.

Sechs Kriegsjahre voller Entbehrung lagen nun, im Oktober 1781, hinter Peter Mühlenberg und Familien wie der seinen im Hinterland. Allerorten war es ein Ringen mit dem chronischen Mangel, auch in der Armee. Peter war an einem halben Dutzend Schlachten beteiligt, doch sein wahres Verdienst lag in der Rekrutierung und der Motivation der unterversorgten Truppen, deren Zustand europäische Offiziere regelmäßig entsetzte. Der preußische General Friedrich Wilhelm von Steuben, Oberbefehlshaber der amerikanischen Truppen in Virginia, berichtete im Dezember 1780 an Washington, in welch »äußerst verzweifelter Situation« er die rund 1100 Mann unter Peters Kommando vorgefunden hatte, »eingeschrieben für verschiedenste Zeiten 18 Monate 8 Monate & 3 Monate generell Nackt & schlecht Bewaffnet« und insgesamt »so gänzlich ohne Kleidung, dass es unmöglich war, sie in Marsch zu setzen«.

Wie lange würde sich der wichtigste Verbündete Frankreich die teure Unterstützung des amerikanischen Freiheitskampfs noch leisten? Noch war der Allianz kein bedeutender Sieg gelungen, während die Briten erst im Mai 1780 über 5000 Amerikaner bei der Belagerung von Charlestown gefangengenommen hatten. Im Frühjahr 1781 stellte Washington fest, »dass wir am Ende unserer Kräfte sind, & dass jetzt oder nie die Erlösung kommen muss«. Alle Hoffnungen ruhten auf Yorktown. Endlich hatte man die Briten in diesem militärischen Schachspiel in die Enge getrieben.

Gebannt warteten die Befehlshaber auf das Zeichen zum Angriff: sechs schnell aufeinanderfolgende Kanonenschüsse. Um acht Uhr abends war es soweit. Lautlos setzten sich die beiden Kontingente in Bewegung. Die 400 Mann der amerikanischen Flanke, darunter Peters Soldaten, wurden von einem 26 Jahre alten Feldoffizier aus New York angeführt, der sich in vier Jahren als persönlicher Assistent George Washingtons verdient gemacht hatte, einem gewissen Alexander Hamilton.

Verteidigt wurden die Schanzen von Briten und deutschen Söldnern aus Hessen und Ansbach-Bayreuth. Auch aufseiten der Angreifer waren zahlreiche Deutsche beteiligt, unter ihnen der Pfälzer Metzgersohn Georg Daniel Flohr aus dem Fremdenregiment Royal Deux-Ponts (»Königliches Zweibrücken«), das unter französischem Kommando gegen die zweite Schanze anstürmte. Mehr stolpernd als laufend näherten sie sich den Wachen, »einer stürtzete hie, der andre dort, dann der Weg ware sehr wüst uneben«, wie Flohr sich erinnert. Kurz vor der Schanze werden die Angreifer entdeckt und sofort beschossen, hastig schlagen die Pioniere auf die Palisaden ein, bis der Weg ins Innere frei wird, den Bajonetten und Äxten der Verteidiger entgegen, »womit sie auch vielen von uns im Hinaufsteigen die Köpfe in der Mitte durchspalteten«.

Immer mehr Franzosen und Deutsche strömen herein und kämpfen sich unter »Vive le roi!«-Rufen vor, die aus den rückwärtigen Gräben lautstark wiederholt werden. Bald herrscht im Dunkel der mondlosen Nacht inmitten des Nahkampfs ein heilloses Durcheinander, es ist »von 4 Nationen Volck« beieinander, wie Flohr berichtet, »Franzosen, Engländer, Schotten, Deutschen etc.« Die Franzosen stechen teils auf die verbündeten Zweibrücker Truppen ein, die ebenso wie Hessen und Ansbacher blaue Uniformen tragen, »die Englische hatten roth, welches bey der fünster Nacht auf blau schiene, also ginge es in dieser Nacht sehr unbarmherzig zu«. Nach einer halben Stunde ist die linke Schanze endlich erobert, der Boden übersät mit Toten und Verletzten, allein bei den Angreifern betragen die Verluste ein Viertel der 400 Mann.

Die Amerikaner haben unter Hamiltons Kommando derweil die kleinere der beiden Redouten weitaus schneller eingenommen und neun Tote und 31 Verwundete zu beklagen. In seinem Bericht an Lafayette stellt Hamilton die anderen beteiligten Offiziere heraus, darunter auch den Feldoffizier aus Peters Brigade, der als einer der Ersten über die Befestigung gestiegen und durch einen Bajonettstoß verletzt worden war, »für die Kühle, Entschlossenheit und Pünktlichkeit, mit der er die Vorhut führte«.

Es ist der erhoffte, entscheidende Schlag: Noch vor dem Morgen hat man die beiden Redouten in den vorderen Laufgraben integriert und bemannt, ein britischer Gegenangriff aus der Stadt wird zurückgeschlagen. Zwei Tage später stellt General Cornwallis die Verteidigung der Stadt endgültig ein. 7087 Soldaten und 900 Seeleute gehen in amerikanische Gefangenschaft, 144 Geschütze und 46 britische Schiffe wechseln die Besitzer. Die Niederlage von Yorktown wird die Politik im englischen Mutterland schließlich dazu bewegen, den Kampf um die nordamerikanischen Kolonien aufzugeben. Knapp zwei Jahre später endet die britische Herrschaft über die dreizehn Kolonien offiziell mit dem Frieden von Paris.

Yorktown befeuert auch den Aufstieg des Kriegshelden Alexander Hamilton. Sein mutiges Kommando des amerikanischen Sturmtrupps wird in den Zeitungen gefeiert. Der Vertraute Washingtons und Freund von Lafayette steht am Beginn einer Karriere, die ihn zu einer der zentralen Figuren der frühen Republik machen wird, zum ersten Finanzminister und eifrigen öffentlichen Verteidiger der amerikanischen Verfassung.

Der kranke Brigadegeneral Peter Mühlenberg will derweil nur noch nach Hause. Kurz nach der Einnahme der Stadt bittet er George Washington persönlich um die Erlaubnis, sich bei seiner Familie erholen zu dürfen. Wenn sein Fieber noch länger anhalte, schreibt er, »wird es fürchte ich für einige Zeit außer meiner Kraft stehen, es loszuwerden«. Lafayette hat keine Einwände, auch Washington stimmt zu, und wenig später ist Peter auf dem Weg nach Woodstock, Virginia, ein geschwächter Kriegsheimkehrer auf dem Weg zu den Seinen.

ZWEI BRÜDER AUF DEM LAND

Eine Woche nach Cornwallis' Kapitulation zog am 24. Oktober 1781 Amerikas Politik in Philadelphia geschlossen zum Gebet. Um zwei Uhr nachmittags versammelten sich die Mitglieder des amerikanischen Kontinentalkongresses, der Assembly und des Executive Councils von Pennsylvania, und machten sich gemeinsam auf den Weg zum größten Gotteshaus der Stadt, der deutschen Zionskirche an der Ecke Fourth & Cherry Street. Als Sprecher der Assembly war Friedrich Mühlenberg ganz vorne mit dabei. Nur wenige Stunden zuvor hatte Washingtons treuester Adjutant Tench Tilghman die Siegesnachricht aus Yorktown in die Stadt gebracht. Nun wollte man »dem Herr der Heerscharen Dank sagen für dieses einzigartige Zeichen seines Eingreifens zu unseren Gunsten«, wie Friedrich an seinen Vater schrieb.

Eine fieberhafte Erregung hatte die Stadt ergriffen. In Zion begingen die Würdenträger der Stadt ihre Zusammenkunft damit, »etliche geistliche Lieder mit Music« zu singen und »einige sich schikende Psalmen« zu verlesen. Aus Sicht des deutschen Pastorensohns war es ein besonderer Anlass an einem doppelt symbolischen Ort. Die Kirche war einst das Prestigeprojekt seines Vaters und dessen deutscher Gemeinde gewesen, nun kam hier die neu entstehende Nation zum christlichen Dankfest zusammen. Zion war aber auch ehemaliger Kriegsschauplatz, die Briten hatten hier in der Zeit ihrer Besatzung der Stadt 1777/78 ein Feldhospital eingerichtet und dabei nur wenig Rücksicht auf das kostbare Interieur genommen.

Im geistlichen Amte war Friedrich inzwischen nicht mehr. Zweieinhalb Jahre war er nun schon in der Politik,

im Dienste der amerikanischen Sache. Aus Friedrich Mühlenberg war Frederick Muhlenberg geworden, so soll er
auch hier fortan heißen. Begonnen hatte Fredericks zweiter Karriereweg, als ihn im Februar 1779 in New Hanover
der Ruf aus Philadelphia ereilt hatte, die Assembly wolle
ihn für einen der drei Sitze Pennsylvanias im Continental
Congress nominieren. Neben seinem guten Namen vor
allem auch, »weil er Englisch und Deutsch verstünde«.
Dass sein Bruder Peter unter George Washington diente,
half ebenfalls. Bei Frederick rannte man offene Türen ein,
zur geistlichen Sinnkrise kamen materielle Sorgen und
die Lasten des unsteten Amtes. Zusätzlich zu New Hanover hatte er nach seiner Flucht aus New York unter großen Mühen zunächst auch weitere Landkirchen bedient,
dies dann jedoch »wegen Mangel an Pferden, Kleidung
und Reise-Kosten« eingestellt. Die kriegsbedingte Teue-
rung war enorm, die Preise betrugen oft das Zehnfache
der Vorkriegszeit. Binnen weniger Tage nach seiner Wahl
in den Kongress Anfang März 1779 hatte Frederick seine
Zelte in New Hanover abgebrochen und Catharina und
die Kinder mit nach Philadelphia geholt. Im Jahr darauf
war er in die Assembly von Pennsylvania gewählt und zu
deren Speaker ernannt worden, zum Parlamentspräsiden-
ten also.

Dass nach Peter nun bereits das zweite Mühlenberg-
Kind den Pastorenberuf verlassen hatte, hatte die halbe
Familie aufgescheucht. »Die vorseyende Sache komt
mir bedencklich und fürchterlich vor«, befand Heinrich
Mühlenberg, »und treibt mich zur 6ten Bitte im Gebet
des Herrn: Laß uns nicht in schädliche Versuchung ge-
rathen ...«, ehe er schließlich dem Johannes-Evangelium
folgend elterlich resignierte: »Fragt ihn, er ist alt genug;

lasst ihn für sich selbst reden.« Auch Anna Maria hätte
ihren Fritz lieber weiter als Prediger in New Hanover gesehen als in der Stadt, die sie aus eigener Erfahrung leidlich satthatte. »Es ist mir das exsembel von david dabey
ein gefalen«, schrieb die Mutter an ihre Tochter Betsy
nach Tulpehocken, »wie er seinen brüdern das Eßen noch
brachte hat er keine noth und hat löwen genießen kenen
wie er aber vor die großen Hern in der Welt hat spillen
müsen ist er oft in Lebens gefahr komen und [hat] sich
verstecken müsen.« Und doch ließ die Mutter alsgleich
eine Kuh und eine halbe bei Fredericks Schwiegervater
in der zweiten Straße abliefern; das würde die Lebenshal-
tungskosten ihres Sohnes und seiner Familie zumindest
anfangs etwas mindern.

Frederick merkte bald, dass ihn die Assembly nicht aus
Altruismus in die Politik gelotst hatte. Man versprach sich
von ihm einen Zugriff auf die »*German vote*«, auf die Stimmen der Deutschen in Pennsylvania. Zwei Lager kämpf-
ten – mal wieder – um die politische Ausrichtung. Nach
der Unabhängigkeitserklärung 1776 hatte sich der neu
entstandene Commonwealth of Pennsylvania eine neue
Verfassung gegeben, die modernste und demokratischste
aller dreizehn Staaten. Sie sah weder einen Gouverneur
noch ein Oberhaus vor, die Assembly war die einzige Par-
lamentskammer, Grundeigentum als Wahlvoraussetzung
abgeschafft; jeder freie männliche Steuerzahler ab 21 Jahren durfte wählen. Schon bald nach ihrer Verabschiedung
war die *Pennsylvania Constitution* eben wegen dieser
demokratischen Elemente höchst umstritten.

Von Beginn an hadert Frederick, von den Befürwor-
tern der Staatsverfassung ins Amt gehoben, mit den Umständen der Politik, ihren Kämpfen und Intrigen. Die

Zeitungen attackieren ihn. Dass viele ihn nur als Mittel zum Zweck sehen, kränkt ihn. Einen Rücktritt verwirft er zwar, zieht sich aber mit der Familie bald wieder aus dem umtosten Philadelphia zurück. Just am Tag von Cornwallis' Kapitulation hat er den Kaufvertrag für das Nachbargrundstück seiner Eltern in Providence unterschrieben, 50 Acres an der Hauptstraße, bereits mit einem Haus bebaut. Hier sollen Catharina und die Kinder leben, hier auch soll sein Rückzugsort sein, wenn die Assembly nicht nach ihm verlangt. Die Hälfte des Kaufpreises, 870 ₤ Pennsylvania Currency, etwa 60 000 US-Dollar heutigen Werts, streckt ein deutscher Freund vor, ein erfolgreicher Kaufmann aus Philadelphia. In einem eigens angebauten Seitenflügel entsteht ein Ladengeschäft.

Schon vor seinem Gang in die Politik hatte Frederick damit geliebäugelt, Händler zu werden – was damals noch heftigere familiäre Reaktionen ausgelöst hatte. »Solte es möglich seyn, teuerster Herr Vater …?«, hatte sein Schwager, Pastor Kunze, empört an Heinrich Mühlenberg geschrieben und sich gewünscht, dass der Fredericks Pläne »hintertreiben möge«. Armut galt unter echten Pietisten nicht als Ausrede: »Er kan nicht leben heißt es. Ich denke doch immer, daß dis nur die Bedeutung hat, er kan nicht reich werden.«

All dessen ungeachtet begann Frederick, ab Frühjahr 1782 seine Pläne in die Tat umzusetzen und sich im Seitenflügel einen Gemischtwarenladen einzurichten. Nach drei Jahren in der politischen Schlangengrube konnte ein zweites Standbein wohl nicht schaden. Der unterkellerte anderthalbgeschossige Anbau, zwölf mal sechs Meter in der Fläche, lag längs zur Straße hin und bestand aus einem Verkaufsraum und einem separaten Lagerraum, der auch zur Buchhaltung diente, sowie einer kleinen Küche. An der geschäftigen Hauptstraße zwischen Philadelphia und Reading war für stete Laufkundschaft gesorgt. Frederick stellte einen Mitarbeiter ein, auch Catharina half oft im Laden. Im Angebot waren alle erdenklichen Güter des täglichen Gebrauchs, von Butter, Mehl, Zucker und Tee über Geschirr, Gefäße, Kerzen, Tinte, Schreibpapier, Leinen und andere Stoffe bis hin zu Rum, Wein und Tabak. Einen Großteil des Sortiments brachte Frederick selbst mit dem Wagen aus Philadelphia herbei.

Alles in allem eine ganz neue Qualität: »itzo genieße ich erst mein Leben zwar im Schweiß des Angesichts, aber doch fern vom Getümmel der Stadt, und des politischen unruhigen Lebens«, schreibt Frederick im Mai 1782 an seinen Bruder Henry. Das Landleben als Ausgleich zur hektischen Stadt, in der er weiterhin seinen politischen Ämtern nachgeht, tut ihm gut. »Hier plagen mich keine Klienten und Petitionen … sondern ich kan mein Arbeit im Garten, im Felde, und im Stor gemächlich abwarten.« Und auch seine eigene körperliche »Constitution« scheint in der gesunden Luft »schon stärker zu werden«.

Was die Zukunft bringen würde, war ohnehin ungewiss. Den Friedensverhandlungen zwischen amerikanischen und britischen Diplomaten, darunter Benjamin Franklin, die im gleichen Monat in Paris begonnen hatten, traute Frederick nicht recht über den Weg. Yorktown mochte ein wichtiger Sieg gewesen sein, doch ein halbes Jahr später gingen die Kämpfe gerade im Süden zwischen Whig- und Tory-Milizen weiter; und in Philadelphia waren am Abend nach der Siegesnachricht einmal mehr einige unbeleuchtete Fenster eingeschmissen worden, hinter denen man Loyalisten vermutete. Mit New York und Charlestown blieben zwei der wichtigsten Hafen- und Handelsstädte vorerst unter britischer Besatzung. Peter übersah weiter in Virginia die Rekrutierung neuer Soldaten.

Henry, dem jüngeren Bruder, vertraute Frederick die eigenen Sorgen offen an. Die gemeinsam verbrachte Zeit in Deutschland verband sie innerlich, die sieben langen Jahre als Waisen auf Zeit, in denen die beiden Brüder glaubten, auch einiges über sich selbst und ihre Herkunft gelernt zu haben. »Der Character der Americaner ists, und mein und dein Exempel auf dem Waysenhaus ist ein Bericht davon«, schrieb Frederick an Henry, »daß sie eher mit Güte als Strenge gewonnen werden.«

Man verstand sich. Henry hatte Philadelphia bereits 1779 verlassen und ebenfalls die Landflucht angetreten. Nach einem Jahr in New Hanover ließ er sich mit seiner Familie schließlich in Lancaster nieder. Eine Rückkehr in die Hauptstadt schloss er aus. Seine Abdankung hatte er der Stadtgemeinde ohne Vorwarnung verkündet, am 25. April 1779, zum Ende des Sonntagsgottesdienstes. Dem vorausgegangen war ein Streit innerhalb der Gemeinde, nachdem der Kirchenrat beschlossen hatte, Heinrich Melchior Mühlenberg nach seinem Wegzug aus Philadelphia vom Rektorenamt zu entbinden und ausgerechnet dessen Schwiegersohn Johann Christoph Kunze als Nachfolger zu benennen. Henry nun warf sich schützend vor den Vater und meinte, »daß der Name Mühlenberg viel zu übel ist behandelt worden, als daß ich in Zukunfft mit Ruhe, Zufriedenheit und Segen mein Amt unter euch verwalten könte«.

Es war ein jähes Ende seiner Amtszeit in der Michaels- und Zionsgemeinde, der er seit Ende 1770 gedient hatte, und eine bittere Abrechnung, mit der Henry, als dünnhäutiger Choleriker seinem Vater im Grunde wohl noch ähnlicher als Peter, die Brücken endgültig abbrach. Er habe feststellen müssen, schleuderte er der Gemeinde zum Abschied entgegen, dass »das Amt unter euch nicht nur beschwerlich, sondern auch der Gesundheit höchst nachteilig sey«; sein Rückzug nun diene auch dazu, »den Lästerern das Maul zu stopfen«. Es war unüberhörbar ein Entschluss auch für das eigene Seelenheil: »Gott segne euch und mich. Lebet wohl!«

Selbst den Vater in Providence, mit dem er sonst regen Austausch pflegte, hatte er erst hinterher informiert und ihm eine Abschrift seiner Abschiedsrede geschickt: »Ob Sie sie gantz billigen werden, weiß ich nicht, aber ich denke die Umstände rechtfertigen sie ...« Dem verdutzten Pastor blieb nichts weiter, als in einem schlichtenden Brief an die Stadtgemeinde »von Hertzens-Grunde« darum zu bitten, »sie wollen doch alle mit den Schlüßen zufrieden und ruhig seyn«; er selbst sei ohnehin zu altersschwach für das Amt.

Lancaster, wo sich der zu diesem Zeitpunkt 26 Jahre alte Henry mit seiner Frau Maria Catharina und ihren zwei kleinen Kindern im Frühling 1780 ansiedelte, war in vielem ein Gegenpol zum ewig geschäftigen und politisierten Philadelphia: mit seinen rund 3500 Einwohnern deutlich kleiner und rund 100 Kilometer weiter westlich gelegen. Die Stadt war nahe des Susquehanna-Flusses auf überaus fruchtbarem Boden errichtet worden. Man baute Roggen, Hafer, Mais, Flachs und Hanf, vor allem aber Weizen an, den man für den Eigengebrauch zu Mehl verarbeitete oder exportierte. Bald nach Henrys Ankunft fingen die Obstgärten an zu blühen mit ihren Äpfel- und Pfirsichbäumen, die als Trockenfrüchte gelagert oder zu

Brandy und Cider gemacht wurden. Ihre Lage entlang der »Great Wagon Road« nach Virginia machte die Stadt attraktiv für den Handel.

Lancaster war die größte Siedlung des pennsylvanischen Hinterlandes, die Einwohnerzahl hatte sich seit den 1740er Jahren verdoppelt. Bei der ersten offiziellen Volkszählung, dem Zensus von 1790, würde das gleichnamige County das drittgrößte hinter Philadelphia und York sein, mit insgesamt 36 147 Bewohnern, darunter 387 Sklaven und 545 freie Schwarze. Lancaster war im Grunde eine deutsche Stadt, Henrys deutsch-lutherische Gemeinde umfasste in den 1780er Jahren mehr als 1300 Kommunikanten. Ohnehin war hier die religiöse Zugehörigkeit weitaus höher als anderswo im ländlichen Pennsylvania; neun von zehn Einwohnern fühlten sich einer Kirche zugehörig.

So deutsch waren Lancaster und seine Umgebung, dass selbst die englischsprachigen Drucker in deutscher Sprache veröffentlichten – so wie der Ulster-Schotte Francis Bailey, der um das Jahr 1744 in eine Presbyterianer-Familie nahe Lancaster hineingeboren worden war und im deutschen Ephrata-Kloster das Druckerhandwerk erlernt hatte. Bailey hatte 1777 den ersten offiziellen Druck der »Articles of Confederation« verantwortet und ein Jahr später auch deren erste deutsche Übersetzung verlegt. In seiner Druckerei an der King Street erschien jährlich ein deutschsprachiger Almanach, der *Gantz Neue Verbesserte Nord-Americanische Calendar*, der in ganz Pennsylvania verkauft wurde.

Henry konnte alsbald berichten, man habe ihn und seine Familie in der Stadtgemeinde »mit vieler Liebe auf genommen«. Maria Catharina hatte er wenige Wochen

nach der Unabhängigkeitserklärung am 26. Juli 1776 in
Philadelphia geheiratet, sie war die Tochter deutscher
Lutheraner aus Providence. Er selbst war zweiundzwan-
zig gewesen, seine Braut neunzehn, und die Geburt ihrer
ersten Tochter nur einen guten Monat später, am 2. September, legt nahe, dass selbst unter den frommsten Pas-
torensöhnen die Dinge nicht immer so sittsam zugingen,
wie man es gerne gehabt hätte. Mittlerweile hatten sie
drei Kinder.

Und als Frederick seinem Bruder im Mai 1782 zur Geburt seines jüngsten Sohnes gratulierte, hatte er seinerseits Neuigkeiten aus der Familie zu berichten: »die Sally
ist verheiratet – hier möcht ich geschwind dein Gesicht
sehen – aber es ist so, und mit völliger Einwilligung des
Vaters und Mutters«. Die Hochzeit der jüngsten Schwester mit dem jungen deutschen Witwer Matthias Richards
(Reichard), wenn auch ein »braver ehrlicher Bursche«
und vermögender Sattler, schien die Geschwister zu über-
raschen. Die Frauen heirateten jung in Amerika, jünger
als in Europa, oft waren sie noch unter zwanzig, Polly und
Peggy waren jeweils neunzehn, Betsy achtzehn Jahre alt
gewesen. Sally dagegen war sogar erst fünfzehn Jahre alt.

Damit waren nun alle Mühlenberg-Kinder verheiratet,
nicht alle zur Zufriedenheit ihrer Eltern. Polly etwa hatte
1775 den irischstämmigen Francis Swaine geheiratet, der
mittlerweile wegen »wiederholter Pflichtvernachlässi-
gung« ohne Ehren aus der Revolutionsarmee entlassen,
aber zu einer Art Familienmaskottchen avanciert war.
Einem bauernschlauen Tunichtgut wie diesem »protestantischen Irrländer« (Heinrich Mühlenberg) konnte man
einfach nicht lange böse sein. Polly und er hatten ihren
einzigen Sohn George Washington Swaine genannt –

Peter und Hanna würden 1795 ihren jüngsten Sohn wiederum auf den Namen Francis Swaine Mühlenberg taufen lassen. Ehre, wem Ehre gebührte.

Die beiden ältesten Töchter hatten standesgemäß zwei in Deutschland geborene Prediger geheiratet, die treu der Kirche Heinrich Mühlenbergs dienten; Eva Elisabeth (Betsy) 1766 den acht Jahre älteren Christoph Emanuel Schultze und Margarethe Henrietta (Peggy) 1771 den sieben Jahre älteren Johann Christoph Kunze, der mit Frederick und Henry aus Halle nach Amerika gekommen war. Dessen ehemaliger Amtskollege Kunze, dieser brillante, hochsensible Hypochonder, der bevorzugt in St. Michael predigte, weil sein dünnes Stimmchen zu zart für die mächtige Zionskirche war, diente Henry als intellektueller Maßstab. An seinem Vorbild maß er sich und verzweifelte dabei regelmäßig. 1780 hatten beide einen Ehrenabschluss an der neu gegründeten Universität von Pennsylvania erhalten (»Potz Welten! dreymal hoch – du bist Magister worden«, hatte Frederick dem Bruder in einem neckisch-ironischen Gedicht zugeprostet). Kunze wurde im selben Jahr überdies in die *American Philosophical Society* aufgenommen. Der 1743 von Benjamin Franklin mitgegründeten und 1780 wiederbelebten Gesellschaft zur Förderung von Kunst, Naturwissenschaft und Wissen aller Art anzugehören, bedeutete für einen Deutschstämmigen die Aufnahme in die englische Elite der Stadt. Jahr um Jahr schickte Henry seine Bewerbung, Jahr um Jahr wartete er jedoch vergeblich auf Annahme.

Denn da war nicht nur das Predigen und Katechisieren, das ihn in Lancaster beschäftigte – ohnehin hatte er, das lutherische Wunderkind, das mit kaum siebzehn Jahren ordiniert worden war, seine Sonntagspredigt meist in einer halben Stunde vorbereitet. Nein, während des Kriegs hatte er seine eigentliche Leidenschaft entdeckt: die Natur. Begonnen hatte alles im kriegsverwirrten Jahr 1778, als er aus dem britisch besetzten Philadelphia zu den Eltern nach Providence geflohen war. Der Krieg hatte viele Wege versperrt und die Tage eines Pastors lang gemacht, und Henry hatte damit begonnen, ein botanisches Tagebuch zu führen.

»Wie werde ich nun am besten in der Kräuterkunde fortkommen«, schrieb er sich selbst die Regeln seiner Naturbeobachtungen. »Es ist Winter und wenig zu tun. Im Winter muss ich bemerken, welche Pflanzen ihr Laub behalten, denn die Bäume usw. gehören auch in mein Fach, welche Kräuter wohl blühen möchten.« Es war die Suche eines wachen Geistes nach Nahrung, das Streben nach einer sinnvollen Beschäftigung in der langen Weile eines Landes im Kriegszustand. Und gleichzeitig eben auch Ausweis einer neuen Zeit, deren Kind Henry war, in der das Interesse für die Erforschung der »Gesetze der Natur und des Gottes der Natur«, um es mit Thomas Jefferson zu formulieren, an vielen Orten geweckt wurde.

Der französische Philosoph Jean-Jacques Rousseau widmete der Botanik seine letzten 16 Lebensjahre. Der Schwede Carl von Linné, auch er ein lutherischer Pastorensohn, hatte 1753, im Jahr von Henrys Geburt, in seinen »Species Plantarum« bereits über 7000 Pflanzenarten aus eigener Anschauung beschrieben und neu klassifiziert, darunter auch 2000 aus Amerika. Er gilt als Gründer der modernen Botanik. Ihm und anderen eiferte nun auch Henry Mühlenberg nach. »Von seinen Büchern entfernt und in der Stille des Landlebens fing er an sich in der Natur umzusehen, und ohne Buch und Lehrer die Natur

Gotthilf Heinrich Ernst (Henry) Mühlenberg (1753–1815)

zu studieren«, so beschrieb er selbst Jahre später diesen Zauber des Anfangs in einer biografischen Skizze. »Er wurde bekannter mit ihr und gewann sie alle Tage lieber.«

Es war ein befreiendes Gefühl, das alles überstieg, was er kannte. Es war schwer, in Worte zu fassen, »wie mein Gemüth erhoben wird wenn ich so in der Einsamkeit umher walle, unter dem freien Himmel mir meinen allgegenwärtigen Schöpfer vorstelle und ihm dancke daß er meiner in Christo gedenket«, so schreibt er es dem Vater – und lässt sich von dessen Skepsis nicht beeindrucken. »Laß Dich ja nicht befremden«, warnt der alte Mühlenberg, und der Sohn versichert ihm, er wollte weder die Gemeindearbeit vernachlässigen noch von seinem Glauben abrücken. Und doch ist auch er nun in eine neue Welt aufgebrochen, die der Vater nicht mehr versteht.

Bald kommt Henry in Kontakt mit Gleichgesinnten, wird etwa Ende November 1783 »von 2 Gelehrten Naturforschern« aus Deutschland besucht. Es sind Johann David Schöpf aus Erlangen und der Wiener Botaniker Franz Joseph Märter, die sich auf einer Entdeckungsreise durch Amerika befinden. Schöpf ist als Feldchirurg der Ansbacher Söldner 1777 nach Amerika gekommen und hat den Krieg auf britischer Seite miterlebt, gleichzeitig ist er aber auch begeisterter Botaniker. Nun lässt er sich gerne Henrys »Naturalien aus dem Stein- und Pflanzen Reich weisen« und staunt über Henrys Eifer und Akribie. Man verbringt »sehr vergnügte Stunden« und verspricht einander, in Zukunft »fleißig zu correspondiren«. Es ist der erste gesponnene Faden eines internationalen Netzwerkes, das Henry später unter anderem die Aufnahme in die Deutsche Akademie der Naturforscher und die Leopoldina einbringen wird.

Mit Schöpf bleibt er auch nach dessen Rückkehr nach Europa in Kontakt. Dass der im Krieg auf der falschen, der britischen, Seite gestanden hat, darüber können die beiden scherzen. Seine späteren botanischen Streifzüge im Land hätten ihm, schreibt Schöpf an Henry, doch hoffentlich »so viel Verdienst um Amerika erworben, als nöthig wäre mir Verzeyhung zu erwerben dafür daß ich es mit habe bekriegen helfen«.

»DEMÜTIGER DIENER«

Heinrich Melchior Mühlenberg indes ließ das Schicksal seiner Söhne nicht los. Waren sie nicht sein eigentliches Vermächtnis? Mehr als jeder Kirchbau und jede Gemeindeverfassung? Der Vater träumte schrecklich von ihrem tiefen Fall. Nach Fredericks Hauskauf in Providence sieht er ihn eines Nachts auf einem Hocker ohne Lehnen sitzen, in desolatem Zustand, »seine Kleider waren so zerrißen, daß man seine gantze Blöße sahe«. Immer wieder laufen Freunde der Familie mit Lumpen herbei und suchen Fredericks Körper notdürftig zu bedecken, doch seine Scham bleibt unbedeckt. Schließlich fällt Frederick vom Hocker auf den nackten Boden herab, liegt gekrümmt da wie ein ausgesetztes Kleinkind, blickt hilfesuchend auf zum Vater, der ihm jedoch nicht aufhelfen kann.

Noch Monate später konnte Heinrich Mühlenberg das schreckliche Traumbild nicht abschütteln. Er schrieb Henry davon. Ihm, dem letzten Amtsbruder unter seinen Söhnen, gestand er seine Ängste und Leidensbilder. Die Träume begannen sich über die Wirklichkeit zu schieben. Heinrich Mühlenberg war mittlerweile über 70 Jahre alt. In den Jahren des Kriegs hatte seine Gesundheit stark gelitten. Auch er war indirekt dessen Opfer geworden, als er beim Begräbnis eines Soldaten aus seiner Gemeinde im Sommer 1778 »durch das Salve Schießen beim Grabe« einen irreparablen Hörsturz erlitten hatte. Seitdem plagte den Pastor »ein unaufhörlich Brausen und Rauschen im Kopfe mit Schwindel ..., als ob ich in einer Mühle oder bei einem Waßerfall wonete«. In seinen Beinen sammelte sich bei längerem Stehen schmerzhaft das Wasser. Gelegentliche Predigten waren ihm zwar noch möglich, der

Religionsunterricht der Kinder am Sonntag dagegen überstieg nun seine Kräfte.

Auch Anna Maria war schwer gezeichnet von ihrer Krankheit. 1781 hatte sie beim Rübenkochen über dem offenen Küchenfeuer einen derart schweren Anfall erlitten, dass sie mit dem Gesicht erst in das heiße Wasser gekippt war und sich dann den Topfinhalt über die linke Körperhälfte geschüttet hatte. Die schrecklich Verbrühte hatte nur knapp überlebt. Ihr Mann stand ihrem Zustand zunehmend hilflos gegenüber. Einmal hatte er ihr während eines Anfalls aufhelfen wollen und war stattdessen selbst hilflos neben ihr auf die Erde gefallen. Ein anderes Mal wurde der Pastor im verschneiten Garten seinerseits vom Schwindel befallen, ein herbeigerufener Nachbar rettete ihn. In dieser Form seien sie beide, Anna Maria und er, nichts mehr als *»inutilia terrae pondera«*, eine unnütze Last der Erde, klagte Mühlenberg bitter. Zwei alte, kranke Taugenichtse.

Und doch blieben sie klar im Geiste und in ihrem Glauben, korrespondierten beide so gut es ging mit ihren Kindern und beherbergten deren Familien, wenn sie auf Besuch kamen oder wie so häufig auf der Durchreise waren. Das Haus der Eltern blieb auch geografisch im Zentrum der Großfamilie, zwischen Philadelphia auf der einen und New Hanover, Tulpehocken und Lancaster auf der anderen Seite. Es war eine gute ländliche Lage, für Anna Maria zumal, »den ich bin noch sat von der Stad«, wie sie offen eingestand.

Und auch wenn Heinrich Mühlenberg über das selbstgewählte Schicksal Fredericks nur den Kopf schütteln mochte und schimpfte, »daß er sein verliehenes Pfündlein im Schweißtuche in den politischen Mist vergraben ... solte«, oft genug hatte er sich selbst in die Politik eingemischt – nicht zuletzt, als die neue Verfassung von Pennsylvania 1776 beim Amtseid für öffentliche Posten nur ein vages Glaubensbekenntnis an Gott als Schöpfer der Welt vorsah. Das hätte allen Nicht-Christen und Deisten den Weg in die Politik freigemacht. Sollte eine mehrheitlich christliche Gesellschaft sich das gefallen lassen? Mühlenberg hatte seine Amtskollegen mobilisiert und direkt bei Franklin interveniert – mit Erfolg. »Ich glaube an einen Gott, den Schöpfer und Regierer des Universums, der das Gute belohnt und das Böse bestraft«, hieß es im finalen Wortlaut der Pennsylvania Constitution; »und ich erkenne die Schriften des Alten und Neuen Testaments als [von Gott] eingegeben an.« Mühlenberg hatte triumphiert und in seinem Journal eine wüste Tirade gegen die »heidnische Moral« losgelassen, die sich in Gesellschaft und Politik breitmache.

Eine noble Ausnahme davon stellte für ihn der scheidende amerikanische Heerführer dar, George Washington, den der Pastor bewunderte. Im Juni 1783, der Friedensschluss war nur noch Formsache, die Armee würde sich auflösen, hatte Washington in einem ausführlichen Rundbrief an die amerikanischen Staaten seinen freiwilligen Rücktritt vom Amt des Oberbefehlshabers bekannt gegeben: »Ich mache es nun zu meinem innigen Gebet, dass Gott Sie alle und die Staaten, denen Sie vorstehen, in seinen heiligen Schutz nehme«, hatte er geschlossen – und damit Heinrich Mühlenberg regelrecht begeistert. Wie vornehm und herrlich war doch der Charakter eines aufrichtigen Christenmenschen! Dabei sprach Washington, mutmaßlich selbst ein Deist, kaum je über seinen Glauben und hatte auch bei seinem Abschied Christus oder das Christentum nicht einmal erwähnt. Es war vielmehr der demütige Ton, der dem Pastor gefiel, der »Geist der Unterordnung & Gehorsam zur Regierung«, den Washington sich von Amerikas Bürgern erhoffte, sein Appell an deren Nächstenliebe auch.

Und noch etwas hatten die beiden, der Pastor und der Feldherr, ab 1784 gemeinsam: den Ehrendoktortitel der Universität von Pennsylvania. Washington hatte man diesen schon im Vorjahr nach seinem Rückzug ins Private verliehen, nun erhielt Pastor Mühlenberg einen »Doctor of Divinity« (D.D.), »wozu ich so wenig Geschik habe als der Esel zum Orgelschlagen«, wie er alsgleich bemerkte, »und kann die DD nicht weiter gelten laßen als Demütiger Diener«.

Auch Peter hatte im November 1783 die Armee verlassen. Kurz zuvor war er noch zum Generalmajor befördert worden, ein längst überfälliger Schritt. Eine Rückkehr in seine alte Kirchengemeinde in Virginia schloss er für sich jedoch aus. Ein Kriegsveteran auf der Kanzel, der von Nächstenliebe predigt? Es schien nicht vorstellbar. Stattdessen löste er den Hausstand in Woodstock auf, verkaufte, was er nicht mitnehmen konnte, wozu neben 30 Pferden und Kühen auch zwei der drei schwarzen Sklaven aus seinem Besitz gehörten. Mit dem verbliebenen Haussklaven, Hanna, ihren drei kleinen Kindern und zwei Wagen mit den wichtigsten Haushaltsgütern trat Peter den Umzug nach Pennsylvania an.

Was nun? Die Eröffnung eines Geschäfts, wie ursprünglich mit seinem Schwager in Philadelphia geplant, zerschlug sich schnell, als Peters Schwiegermutter einen Teil des zugesagten Startkapitals zurückzog. Stattdessen lockte nun vor allem ein Versprechen aus der Armeezeit:

Land. Jede Menge Land. 12 000 Acres, über 4800 Hektar, westlich des Scioto River, tief im Ohiotal. Die indigenen Stämme der Gegend hatten zugesagt, das Gebiet gegen eine Entschädigung abzutreten, wie die Regierung von Virginia versicherte, die das Land vom Kongress zur Entlohnung seiner Veteranen erhalten hatte. Es musste nur noch begutachtet werden.

Heinrich Mühlenberg war skeptisch. Auch die Indianer beherrschten die Kunst von Machiavelli, warnte er. Ihr hintersinniges Versprechen mochte noch so manches Leben kosten. Auch Peters Schwager Francis Swaine versuchte ihn von der »lebensgefährlichen Reise« abzubringen. Peter hörte nicht auf sie. Seine Starrköpfigkeit ließ die Mühlenbergs bestürzt zurück. Nicht einmal den Frühling wollte er abwarten, obwohl der kälteste und härteste Winter herrschte, an den sich die Menschen in Pennsylvania erinnern konnten.

Am 22. Februar 1784 verabschiedete sich Peter in Providence von seinen Eltern und Geschwistern. Frederick begleitete den Bruder und dessen Sklaven bis New Hanover. Dort kehrte er um und ließ die beiden alleine weiterreiten. Durch den tiefen Winter würde es immer nach Westen gehen, bis nach Fort Pitt, wo der Ohio begann.

AM OHIO

Es waren mühsame 450 Kilometer zu Pferd von Providence bis nach Fort Pitt. Der Schnee lag meist bis zu über einen halben Meter und war teils so verweht worden, dass die ursprünglichen Pfade nicht mehr begehbar waren. Ein blindes Pferd trug den beiden Männern das Gepäck. Der Susquehanna River war vollkommen zugefroren, was die Überquerung immerhin erleichterte. Von Carlisle ging es über einen alten Indianerpfad weiter durch die Wälder, bis nach zweieinhalb Wochen, am 18. Tag ihrer Expedition, endlich Fort Pitt erreicht war, das heutige Pittsburgh. »Eine überaus ermüdende Reise«, wie Peter selbst zugab, auch wenn er sich in der Rolle des unerschrockenen Voyageurs ansonsten durchaus zu gefallen wusste. Mit seinen zwei Pistolengurten, Schwert und Langgewehr, seinem Tabakbeutel und einer stattlichen Pfeife »habe ich derzeit perfekte Ähnlichkeit mit Robinson Crusoe«, schrieb er nach Hause. »Dazu kommt die Schwärze meines Gesichts, was die Einwohner dazu bewegt, mich für einen reisenden Spanier zu halten.« Unterwegs in den Gaststuben der Frontier hatte er, ohne erkannt zu werden, seinen eigenen Namen in politischen Diskussionen vernommen, was ihm schmeichelte.

In Fort Pitt machte der noch immer andauernde Winter für drei lange Wochen alle weiteren Pläne zunichte. Auf dem Monongahela River trieben in schneller Folge große Eisschollen, während der Allegheny sogar noch komplett überfroren war. Hier, an den so genannten Forks of the Ohio, vereinigen sich beide Flüsse zum Ohio River, der westwärts fließend die südlichen Grenzen der heutigen Bundesstaaten Ohio, Indiana und Illinois bildet und diese von West Virginia und Kentucky trennt, bevor er in den Mississippi mündet. Das Ziel von Peters Reise lag 650 Kilometer flussabwärts, wo nördlich des Ohio, zwischen dem Scioto River und dem Little Miami, das Land lag, das er im Auftrag der Assembly von Virginia begutachten sollte – insgesamt 1,7 Millionen Hektar.

Voraussetzung für einen der Claims waren mindestens drei Jahre Militärdienst in der Kontinentalarmee oder einem der *State Regiments*. Milizionäre waren ausgenommen. Die Prämien, die Virginia seinen Veteranen versprochen hatte, reichten von 100 Acres für einfache Soldaten bis hin zu 15000 Acres für Generalmajore, Peter lag also im oberen Viertel. Das Zertifikat, das er bei sich führte, datierte vom 13. März 1783 und war »bestimmt für den besagten Peter Muhlenburgh«. (Die Hoffnung, dass auch nur ein Mensch in diesem Land seinen Nachnamen fehlerfrei zu buchstabieren wüsste, musste Peter lange schon aufgegeben haben …)

Nach allem, was er im Fort hörte, war dies prächtiges Land, das ihm versprochen war. Peter war fest entschlossen, sich bald dort anzusiedeln. Am 31. März war der Ohio River endlich eisfrei. Unter Salutschüssen aus dem Fort setzte sich der Konvoi flussabwärts in Bewegung – insgesamt waren fünf Boote unterwegs, denen man launige Namen gegeben hatte, darunter neben der *Carpenter's Mistake* auch die *Muhlenberg*.

Peters schwarzer Sklave wich ihm nicht von der Seite. Wie er hieß, verrät uns keine der vorliegenden Quellen. Im Journal des Vaters ist wahlweise von »Johann Peters Diener«, von dessen »Boy« oder dem »Neger des Generals« die Rede – ein namenloser Mensch als bewegliches Besitzgut, in seiner Existenz nur definiert über den Herren, dem er gehört.

Pastor Heinrich Mühlenberg für seinen Teil blickte eher kritisch auf die Institution der Sklaverei. Zum einen mündete sie, wie er fand, schlicht in eine unvorteilhafte Kosten-Nutzen-Rechnung. »Es ist mühsam, kostbar und wenig profitable mit Negern zu hausen, und dann ist man

dabei des Lebens nicht sicher«, notierte er bei einer aus-
gedehnten Reise in den Süden mit Anna Maria und Sally
im vorrevolutionären Winter 1774/75. Zum anderen kam
ihm das Sklavenhalten als eines Christen unwürdig vor.
Nach dem Besuch eines deutschen Lutheraners, der »eine
eigene Plantage« zusammen mit seiner Frau »selber im
Schweiß seines Angesichts« bearbeitete, erklärte Mühlenberg das zum Beweis, »daß man auch ohne schwarze
Sclaven leben und Nahrung und Kleider finden könne,
wenn man gottselig seyn und sich begnügen laßen und
nicht mehr aus der Welt hinaus nemen will als man herein
gebracht hat«.

Und doch war und blieb die Sklaverei ein Teil der amerikanischen Realität, nicht nur in den Südstaaten. Ob-
gleich sich Pennsylvania mit dem *Gradual Abolition Act*
bereits ein schleichendes Ende der Sklaverei und auch
des Sklavenhandels verordnet hatte – 1790 würde es hier
nur noch 3760 Sklaven geben, während es im Südstaat
Virginia 292 000 waren –, so gab es auch in der Familie
Mühlenberg und ihrem Umfeld weiter vereinzelt Leibei-
genschaft. Neben weißen *indentured servants* besaßen
etwa ein Bruder Anna Marias und auch Francis Swaine
mindestens einen Sklaven. Und so steht die Reise Peter
Mühlenbergs den Ohio hinab eben auch stellvertretend
für das koloniale Unrechtssystem, in das auch zahlreiche
deutsche Einwanderer längst verstrickt waren: Der weiße
Master mit seinem namenlosen Sklaven auf dem Weg ins
Indianerland.

Die Stimmung auf den fünf Flachbooten schwankte
zwischen Abenteuerlust und Paranoia. Man befürchtete
Attacken indigener Stämme vom dicht bewaldeten Ufer
aus und fürchtete sich nachts vor wilden Tieren, »dem

Schreien der Seetaucher, den Rufen der Eulen und dem
Heulen der Wölfe«. Zwei der Boote transportierten Fami-
lien, die sich in Louisville an den Fällen des Ohio nieder-
lassen wollten. Tagsüber sah man Fasane, Enten, Gänse,
Schwäne und Pelikane. Im Fluss schwammen riesige
Welse.

Nach anderthalb Wochen Flussfahrt war am 11. April
Louisville erreicht, heute eine Millionenstadt, damals »ein
Courthouse, ein Gefängnis und sieben Hütten neben dem
Fort«. Peter und der zweite Gutachter wurden bereits von
weiteren Veteranen erwartet. Das Los musste entscheiden, welche Claims zuerst besichtigt wurden. Peter führte
weitere Titel seiner Freunde und Bekannten mit sich, darunter von Baron von Steuben, Gouverneur Benjamin Har-
rison und Patrick Henry.

Bald jedoch stellte sich heraus, dass eine Begutachtung
oder gar Verteilung des versprochenen Lands unmöglich
war. Die Versprechen des Kongresses erweisen sich als
haltlos. Ja, Peter erfuhr schnell, »dass nichts von der Regierung unternommen worden war, die Gunst der Indianer zu erlangen«. In Louisville suchen ihn drei Vertreter
der indigenen Stämme der Gegend auf. Ein Häuptling der
Shawnee sagt, man sei sehr besorgt, »dass sich so viele
Krieger hier versammelten«, ohne dass es einen offiziellen Friedensschluss gebe. Eine baldige Besiedelung ihres
Landes, teilen die Unterhändler mit, werde zwangsläufig
einen blutigen Konflikt auslösen. Kurzum: »Die Indianer
zeigen viele Anzeichen von Unzufriedenheit, & können
den Gedanken nicht ertragen, dass wir im Westen von
Ohio siedeln, wo der wertvollste Teil unseres Militärlan-
des liegt ...«

Am 18. Mai trat Peter desillusioniert den Rückweg an.

In Harrodsburg im heutigen Kentucky besuchte er seinen alten deutschen Unteroffizier Abraham Bowman, der sich dort niedergelassen hatte. Über Land ging es weiter, 42 Männer, eine Frau, drei schwarze Sklaven, nachts wechselte man sich stündlich zur bewaffneten Wache ab. Über North Carolina und Virginia führte der Rückweg bis nach Providence, wo Peter am 25. Juni wieder im Haus der Eltern eintraf. Es sei ein Wunder geschehen, befand Heinrich Mühlenberg: Sein Sohn sei krank ausgezogen und gesund zurückgekehrt.

Gleich am nächsten Tag ritt Peter weiter nach Philadelphia, um dem Kongress schriftlich Bericht zu erstatten. Von dort aus informierte man die Regierung von Virginia: Wenn das Land nördlich des Ohio besiedelt oder auch nur betreten werde, ohne dass ein Friedensvertrag mit den Indianern finalisiert sei, »scheint es unmöglich, einen sofortigen Krieg mit diesen Menschen zu verhindern«. Man würde vorerst alles Nötige in die Wege leiten, um die Besiedelung des Gebiets zu stoppen.

Peter hatte derweil mit seinen euphorischen Schilderungen die halbe Familie angesteckt. Selbst sein alter Vater hatte sich im Namen der Gemeinde um den Landtitel eines Veteranen bemüht. Die Zertifikate waren vererbbar, noch hundert Jahre nach der amerikanischen Unabhängigkeit würden Angehörige der Kriegsveteranen aus Virginia Ansprüche stellen. Land bedeutete im Zweifel Geld, wie auch der Pastor wusste, der befand: »Bats nicht, so schadts nicht.« Wenn es nicht hilft, so schadet es auch nicht.

Auch Frederick war zwischenzeitlich wild entschlossen, in dieses »Paradiß« zu ziehen, von dem ihm Peter vorschwärmte. Er stellte sich seinen Wegzug von der

Ostküste als innere Befreiung vor, als Erlösung von den Faktionen und Intrigen seiner politischen Existenz. Bald würde er, so hoffte er, all dem den Rücken kehren, »und dan gute Nacht Pensilvania unglückliches Pensilvania ... gute Nacht Politick, Partheyen teufeley u. Schelmerey.«

NEUE ÄMTER

Auch der Kongress, immer noch unter den Konföderationsartikeln von 1777 als loser Staatenbund regiert, hatte sich unterdessen mit der drängenden Frage der westlichen Expansion befasst. Noch während Peter am Ohio unterwegs war, war im April 1784 eine von Thomas Jefferson entworfene Anordnung verabschiedet worden, um die künftige Eingliederung des neuen Territoriums zu regeln. So sollten neu aufzunehmende Bundesstaaten den anderen politisch gleichgestellt sein, eine republikanische Regierungsform haben und sich am Bundeshaushalt beteiligen. Vor allem aber ging es um die Frage, ob in ihnen die Sklaverei erlaubt sein würde oder nicht.

Nein, befand Jefferson und schrieb eine entsprechende Klausel in den Entwurf, die Sklaverei zumindest ab dem Jahr 1800 in den nordwestlichen Territorien zu verbieten. Doch bei der anschließenden Kongressdebatte wurde sie auf Intervention von Politikern aus den Südstaaten wieder gestrichen. Erst 1787 würde die Sklaverei nördlich des Ohio gesetzlich verboten werden. Der Fluss wurde so zur Demarkationslinie zwischen freiem Land und Sklavenstaaten. Der wacklige Balanceakt der Union ging weiter.

Einstweilen aber war an eine Besiedelung des Lands ohnehin nicht zu denken, das hatte nicht zuletzt Peters Bericht klar gemacht. Peter sah von einer weiteren Reise an den Ohio ab, begrub seine großen Pläne, im Westen sein Glück zu machen, und folgte stattdessen dem Beispiel Fredericks in Pennsylvania: Er ging in die Politik.

Im September 1784 war die Region um Providence vom Philadelphia County abgespalten und als Montgomery County neu gegründet worden. Da jedes County einen Sitz im Supreme Executive Council von Pennsylvania hatte, einer Art gewählten Regierungskabinett mit einem Präsidenten und einem Vize-Präsidenten an der Spitze, wählte man Peter auf drei Jahre ins Council, wo er später unter Benjamin Franklin Vize-Präsident werden würde.

Frederick saß derweil seit November 1783 im hart umkämpften Council of Censors, dem Regierungsbeirat, der die exklusive Befugnis besaß, einen Verfassungskonvent einzuberufen. Noch immer tobte der Kampf um die radikale Verfassung von 1776, und Frederick hatte sich mittlerweile auf die Seite der moderaten Verfassungsreformer geschlagen. Gleichzeitig war er zum Friedensrichter der vier um Providence liegenden Townships berufen worden. »Armer Wurm«, kommentierte in gewohntem Defätismus der Vater. Es war zweifellos kein ungefährliches Amt, in dem man sich als exponierter Vertreter des Gesetzes rasch Feinde machen konnte. Fredericks Mutter erinnerte sich mit Schrecken an die Nacht, als eine Bande Pferdediebe aus Rache auf ihren Vater, dem Friedensrichter Conrad Weiser, ihr Elternhaus angezündet hat.

In der Gegend von Providence trieb die Doan-Gang ihr Unwesen, eine kriminelle Familienbande von Räubern und Pferdedieben, fünf Brüder und deren Cousin. Als man sie eines Tages in ihrem Unterschlupf überrascht und dabei einen von ihnen erschießt, finden die Autoritäten in dessen Westentasche einen Zettel, den die Gang ganz offenbar für eine Entführung Fredericks vorbereitet hatte. Dort wird mit dessen Ermordung gedroht, sollte ein inhaftierter Doan-Bruder nicht aus dem Gefängnis entlassen werden. Adressiert ist das Schreiben an »Mulinburghs Freunde wenn er Welche hat«. (Auch Amerikas Strauchdiebe machten mit dem deutschen Namen, was sie wollten.) Frederick wird vom Sheriff für eine Weile unter Begleitschutz gestellt, und als in einer Novembernacht 1783 in seinen Store eingebrochen und dieser geplündert wird, erinnert man sich an drei seltsame Gestalten, die »als Gentlemen verkleidet« tags zuvor das Geschäft besucht haben.

1784 übernahm Frederick für das County dann auch noch das Amt des *Recorder of Deeds* und verwaltete Testamente, Kaufbriefe und Schuldscheine, eine Art Ein-Mann-Grundbuchamt also, das er wie seine anderen lokalpolitischen Ämter zumeist aus seinen privaten Räumlichkeiten in Providence heraus führte; offizielle Gebäude oder ein Courthouse gab es noch nicht. Oft pendelte Frederick zwischen Philadelphia und Providence, ging seinen Ämtern in der Stadt nach und brachte auf dem Heimweg Verkaufsgüter mit, nicht selten begleitet von Peter. Die gemeinsame politische Laufbahn brachte die beiden so nahe zusammen wie noch nie.

Fredericks Werdegang war kein leichter. »Bei alle den Ämtern hat er zwar nothdürftigen Unterhalt gefunden, aber noch keinen Vorrath sammeln können«, schrieb Heinrich Mühlenberg im September 1785 nach Deutschland. »Nun wohnet er hier in Neuprovidence hat viele Mühe und Frau und 7 Kinder zu versorgen.« Überhaupt sei das Land durch den Krieg »theils sehr verwüstet, und allesamt in viele Millionen Pfund Schulden versenket worden«, egal ob »Abgaben, Taxen, Kopfsteuern«, das Leben werde immer teurer und teurer. Ein Großteil seiner Kinder war noch immer auf der Suche nach dem eigenen Platz im Leben, in diesem seltsamen Land.

Peggy war mit ihrer Familie im Sommer 1784 nach New York gezogen. Ihr Mann, Pastor Kunze, hatte dort einen Ruf an Fredericks alte Gemeinde angenommen. Das riss wieder eine Lücke in die Stadtgemeinde. Der Favorit Heinrich Mühlenbergs war sein anderer Schwiegersohn, Betsys Mann Emanuel Schultze in Tulpehocken. Doch das Ehepaar wurde im Sommer 1784 so krank, dass sie ihre zwei Söhne sogar zu Polly und Francis Swaine geben mussten. Der Arzt prophezeite Schlimmstes. Monatelang erholte sich Schultze nicht von seinem Fieber, zu dem sich bald eine schwere »Melancholie« gesellte, eine Depression also offenbar. Henry kam von Lancaster herüber, erteilte die Kommunion und zweifelhaften medizinischen Rat: Bei derart hohem Fieber sollte man den Patienten am besten dick im Bett einpacken, den Ofen durchheizen und keinesfalls die Fenster öffnen.

Es war Peter, der dem Irrsinn schließlich ein Ende bereitete und ins glutheiße Zimmer frische Luft hereinließ, was ihm Lob vom Vater einbrachte. »Das ist noch die schädliche deutsche Mode«, schrieb der Pastor, »wenn Fieber Patienten unter schweren Betten schmoret, in Stuben gleichsam einmauert.« Dabei wussten alle verständigen Ärzte: »eine Mundvoll gesunder Lufft thue einem Patienten mehr Dienst als ein Löffel voll Arzenei.« Schließlich, nach monatelanger Krankheit, erholte sich nach Betsy auch ihr Mann.

Aus Lancaster konnte Henry im Februar 1785 derweil melden, daß »wir, dem Herrn sei Dank, noch alle wohl und munter sein«. Er selber sei »merklich gesund gewesen«, was er »nächst Gott, … einer fortgesetzten Motion« zuschrieb, seiner ausgiebigen Bewegung also, »die ich wöchentlich zur Erholung und zur Vermehrung meiner Naturkentnis mir mache«. Henry ging seinen botanischen und mineralogischen Studien nach, besuchte seine deutschen Nachbarn oder hing schlicht »besondern Meditationen nach«.

Er liest viel, bekommt immer neue Bücher von seinem wachsenden transatlantischen Netzwerk, etwa aus Halle und Frankfurt, übersandt. »Es sieht wunderbar in Teutschland aus«, beschreibt er die aufkommende Zeitenwende. »Alles schreibt von Toleranz, und es ist recht gut, wenn die Ketzermacherei einmal aufhört und mehr brüderliche Liebe stattfindet, mehr Tragen der Schwachen ohne selbst schwach zu werden …«

Und auch aus Philadelphia vernimmt Henry durchaus Erbauliches. Nach Jahren des vergeblichen Mühens um Aufnahme und Akzeptanz teilt ihm die American Philosophical Society am 21. Januar 1785 mit, dass man ihn – zusammen mit James Madison und Joseph Priestley – als neues Mitglied aufnehmen wird. Endlich ist er, der deutsche Prediger, der die Natur um Lancaster durchstreift, in der angloamerikanischen Gelehrtengesellschaft angekommen. Einige Monate nach seiner Aufnahme präsentiert er der Philosophischen Gesellschaft seine »Flora

Lancastriensis« sowie ein »Calendarium«. Bald würde er über tausend verschiedene Pflanzenarten gesammelt und katalogisiert haben.

Seinem »zärtlich geliebten Papa« schreibt Henry derweil nichts von alledem. Der hat für die eitlen Versuche seiner Zeit ohnehin nur Hohn und Spott übrig. Neuerdings experimentiert man mit Ballons, die durch heiße Luft in den Himmel steigen sollen wie die Vögel! Stattdessen versichert Henry dem alten Pastor sein lutherisches Credo in acht Punkten, vom Glauben an einen Gott als »Vergelter des guten und … Rächer über alles Böse, Vater, Sohn und heiliger Geist« bis hin zur Auferstehung der Toten. »Fare fort, Geliebter Sohn, fare fort im Licht«, antwortetdankbar der Vater nach dem Kirchenlied von Johann Eusebius Schmidt.

Heinrich Melchior Mühlenberg arbeitet derweil mit schwindenden Kräften am letzten Meilenstein seines Schaffens. Im Jahr 1786 gibt er das erste deutsche Gesangbuch in Amerika heraus, die »Erbauliche Lieder-Sammlung zum Gottesdienstlichen Gebrauch«, insgesamt 700 Liedtexte mit vorangestellten Melodie-Hinweisen, ein lutherisches Standardwerk, das als *Muhlenberg hymn book* bis heute Verwendung findet.

Das Vorwort schreibt Mühlenberg selbst und beschreibt sich in üblicher Demut dort »als ein abgelebter fünf und siebenzig jähriger greiß … am ende meiner vier und vierzigjährigen pilgrimschaft in diesem Abendlande …« Es ist dies der Abschluss eines Lebenswerks, das jedoch ganz bewusst in die Zukunft weist. »Theilet diesen Liederschatz euren kindern und kindes-kindern mit«, schreibt der Pastor an die künftigen Gemeinden, »daß sie nicht am grossen gerichts-tage gegen euch auftreten und klagen mögen, *ihr habt uns zwar mit leibes-nahrung und kleidern versorgt, aber unsere seelen versäumet und verwahrloset: wehe uns und euch!*«

Noch einmal hat er alle Lieder versammelt, die ihm lieb und heilig sind, von »Du Friedens-Fürst, Herr Jesu Christ« über »Jesus, meine Zuversicht«, »Ein feste Burg ist unser Gott« bis hin zu »Alle Menschen müssen sterben«. Es sind die Hymnen, die er Anna Maria und ihrer Familie damals an der Hausorgel der Weisers vorgesungen hat, es sind die Texte des Trostes, zu denen er den Gemeindeältesten zu Grabe gelassen und seine Enkelinnen getauft hat, all die stützenden Melodien, die sich sonntags aus der Tannenberg-Orgel in der Zionskirche erheben und aus dem Chor der Gemeinden von Providence und Reading und Lancaster, ein Klangteppich aus Jahrzehnten des Betens, Hoffens, Liebens und Lebens. Und alles weist nach vorne, ins Licht.

Heinrich Mühlenbergs Gesangsbuch, sein Vermächtnis, endet, natürlich, mit einem »Gebet der Eltern für Kinder«:

Ich denke an meinen tod, o Vater, hilf, daß ich so mit meinen kindern handeln möge, daß ich alsdenn mit einem ruhigen gewissen sie um mein sterbebette versammlen und ihnen sagen könne: Ihr wisset den weg zum leben, ich habe euch davon unterrichtet, ich bin euch auf demselben vorgewandelt.

WIE VIEL DEMOKRATIE
VERTRÄGT DAS LAND?

Die Revolution von 1776 war ein Akt der Selbstbestimmung, die Amerikaner hatten sich vom englischen König losgesagt und von dessen »willkührlicher ... absoluter Regierung«, wie es in der Unabhängigkeitserklärung heißt. Als »Vereinigte Colonien« waren sie in ein vages Freiheitsversprechen aufgebrochen. Das mochte zwar viel bedeuten, für die meisten der Gründer aber eines ganz bestimmt nicht: Demokratie. Eine allgemeine Herrschaft des Volkes? Das war in den Ohren vieler Gründerväter keine Verheißung, sondern eine Bedrohung – für das Staatswesen, die gesellschaftliche Ordnung, für den Frieden.

Es waren die dreizehn Einzelstaaten gewesen, die sich zunächst ihre eigenen, durchaus unterschiedlichen Verfassungen gegeben hatten. Ein freies, allgemeines Wahlrecht sah keine von ihnen vor. Die Gesellschaft war in verschiedene Stufen der Unfreiheit gegliedert. Frauen waren von ihren Männern abhängig. Sklaven von ihren Herren. Einfache Feldarbeiter von den Landbesitzern. Gute politische Entscheidungen treffen konnte nur, so glaubten viele derer, die politische Entscheidungen trafen, wer dazu die nötige Freiheit besaß – das war vor allem ökonomisch gemeint.

Eigentum wurde vielerorts als Schlüssel zur Teilhabe gesehen. Zu den »unveränderbaren Rechten« des Menschen, die John Adams 1780 in die Verfassung von Massachusetts geschrieben hatte, zählte demnach das Recht, »Besitz zu erwerben, zu halten und zu beschützen«. Adams befand, dass nur »sehr wenige Männer, die keinen

Besitz haben, ein eigenes Urteilsvermögen haben«. In Pennsylvania dagegen war Grundbesitz seit 1776 keine Wahlvoraussetzung mehr. Jeder Steuerzahler durfte wählen, was immerhin etwa 90 Prozent der weißen Männer einschloss.

Die Pennsylvania Constitution war ihrer Zeit voraus und zwischen 1776 und 1790 höchst umstritten. Immer wieder unternahmen ihre Gegner neue Anläufe, einen reformierenden Verfassungskonvent einzuberufen, immer wieder scheiterten sie jedoch an der nötigen Mehrheit. Schuld an der verfahrenen Situation war, so urteilte jedenfalls Frederick Mühlenberg, der Unverstand des einfachen Volkes, der nicht mit der Macht umgehen konnte, die man ihm verliehen hatte: »Der unvernünftige Eifer, und rasende Parthey geist ist bey dem gemeinen Haufe der doch nicht für sich selbst urtheilt, dermaßen starck und bitter als sie lieber noch 3mal so viel Mängel der Constitution duldeten, als ein Convention wagen.«

In dem Schreiben an seinen Bruder Henry in Lancaster, das er auf Deutsch begonnen hatte, verfiel Frederick bald ins Englische, der Sprache seiner politischen Ämter, »ich gestehe es, es ist mir wan politics der Gegenstand ist leichter als das deutsche«. Dabei war er gar nicht gegen eine proportionale Repräsentation, basierend auf der Zahl der Steuerzahler in einem County – dann aber doch, bitteschön, in jedem Gremium. Im Executive Council aber hatte jedes County Pennsylvanias genau einen Sitz, ganz egal wie viele Steuerzahler in ihm wohnten. Was die Bewohner des Hinterlandes dort machtpolitisch bevorteilte, »die Kerl von den hinter Counties«, wie Frederick sie nannte, die von den Radikaldemokraten allzu oft machtpolitisch beeinflusst und kontrolliert wurden.

Eine ideale Republik würde derweil zwischen der Herrschaft Einzelner und der Herrschaft der breiten Masse angesiedelt und um Ausgleich zwischen beiden Polen bemüht sein. Um diese Frage musste es nicht nur in den Einzelstaaten, sondern auch auf nationaler Ebene gehen, wenn man dieser bislang nur vage skizzierten Nation eine klare Form geben wollte: Wer würde in welcher Form repräsentiert sein in den Vereinigten Staaten von Amerika – und unter welchen Bedingungen?

Dass die »Articles of Confederation« ein untaugliches Provisorium waren, zeigte schon allein die desaströse Finanzlage des Bundes. Es gab keine einheitliche Währung, keinen nationalen Steuerhaushalt, keine Zentralregierung, die diesen Namen verdiente. 1777 mitten im Krieg entworfen und erst vier Jahre später nach langem Disput um den Zugriff auf das Land im Westen in Kraft gesetzt, war die gründliche Reform der Artikel im Jahr 1787 absolut überfällig.

Es gab weder eine designierte Hauptstadt noch Regierungsgebäude. Der Kongress der Konföderation war ein Nomadengremium: Nach politischen Unruhen war er aus Philadelphia zunächst nach Princeton, New Jersey, dann nach Annapolis, Maryland, und nach einem zweimonatigen Gastaufenthalt in einer Taverne in Trenton, New Jersey, schließlich in die New Yorker City Hall umgesiedelt, wo er seit Januar 1785 tagte.

Um die Konföderationsartikel zu überarbeiten, kehrte die hohe Politik zurück zu ihren Wurzeln, ins geografische wie politische Zentrum des jungen Landes: das Pennsylvania State House an der Chestnut Street. Dort tagten ab dem 25. Mai 1787 insgesamt 55 Delegierte aus immerhin zwölf der dreizehn Staaten. Nur das kleine

Rhode Island hatte niemanden nach Philadelphia entsandt. Pennsylvania stellte mit acht Teilnehmern die größte Delegation und auch den Alterspräsidenten. Der inzwischen einundachtzigjährige Benjamin Franklin, seit 1785 zurück aus Paris, musste wegen seiner fortschreitenden Gebrechlichkeit in einer Holzsänfte in den Tagungsraum getragen werden. Aus Pennsylvania kam auch der Kaufmann Thomas Fitzsimons, der im Königreich Irland geboren war; es gehörte ebenso zum britischen Weltreich wie auch die Westindischen Inseln, von denen der New Yorker Alexander Hamilton ursprünglich stammte. Diverser wurde es nicht. Kein Deutscher war dabei und kein anderer nicht-englischer Immigrant, der erfolgreich für die Revolution gestritten hatte. Die englisch-amerikanische Elite blieb unter sich. Über die Zukunft der Union berieten fünfundfünfzig blütenweiße angelsächsische Männer.

Es war eine seltsame Versammlung, die trotz aller Dringlichkeit elf Tage zu spät begann, weil erst dann das nötige Quorum an Delegierten eingetroffen war. Es war gewissermaßen ein Geheimtreffen in aller Öffentlichkeit: Was im State House besprochen und diskutiert wurde, sollte für fünfzig Jahre nicht nach außen dringen, darauf hatten sich die Teilnehmer geeinigt. Nichts sollte in den Zeitungen stehen, nichts das Wahlvolk da draußen beeinflussen, bevor nicht eine Mehrheit der Berufenen sich auf ein Ergebnis verständigt hatte. Man wählte George Washington zum Vorsitzenden der Versammlung, den Helden des Unabhängigkeitskrieges, der unter Salutschüssen von jubelnden Menschenmassen in Philadelphia empfangen worden war.

Trotz aller äußerlicher Homogenität der Teilnehmer war es ein Zusammentreffen unterschiedlichster Interessen. Es würde um einen Ausgleich gehen zwischen Sklavenhaltern und Gegnern des Sklavenhandels, zwischen bevölkerungsreichen Staaten wie Virginia, Pennsylvania und Massachusetts und kleinen wie Delaware oder Georgia – vor allem aber auch um eine Balance zwischen der Elite der Republik und dem Volk. »Unsere Hauptgefahr entstammt den demokratischen Teilen unserer Verfassungen«, befand etwa Edmund Randolph, der Gouverneur von Virginia. Auch Gouverneur Elbridge Gerry aus Massachusetts hatte in manchen Einzelstaaten einen »Exzess an Demokratie« ausgemacht.

Schnell wurde klar, dass es mit einer Reform der Konföderationsartikel nicht getan sein würde. Es musste ein ganz neues Rahmenwerk her, um diesen diversen, wachsenden Staatenbund zukunftsfähig zu machen. Aus der Zusammenkunft wurde ein Verfassungskonvent, die *Constitutional Convention*. Kompromisse kennzeichneten die Resultate, die in knapp vier Monaten bis zum 17. September 1787 beschlossen wurden. Man trennte die drei Gewalten, die Gerichtbarkeit, die Parlamente und die Exekutive mit einem Präsidenten an der Spitze. Man richtete zwei Kammern mit unterschiedlichen Befugnissen ein. In den Senat, der die kleinen Staaten bevorteilte, würden alle Staaten die gleiche Anzahl an Abgeordneten schicken, ins Repräsentantenhaus dagegen eine Zahl, die proportional zur eigenen Bevölkerung war. Wer aber zählte zur Bevölkerung? Nur die freien Weißen? Oder auch die afrikanischen Sklaven, die keine Bürgerrechte hatten, wie Besitz behandelt wurden, in den Staaten des Südens aber zwischen dreißig und vierzig Prozent der Einwohner ausmachten? Ohne sie würde etwa Virginias politische Macht merklich geschmälert.

Am Ende stand auch hier ein Kompromiss, aus heutiger Sicht zweifellos der absurdeste und faulste von allen. Für »Repräsentanten und unmittelbare Taxen« würde man jeden Sklaven als drei Fünftel eines freien Bürgers zählen. Damit würde der Einfluss der sklavenreichen Südstaaten nach oben korrigiert. Über die Abschaffung des Sklavenhandels erzielte die Runde derweil keine Einigung. Im Gegenteil, der Süden erreichte eine Verfassungsklausel, nach der bis zum Jahr 1808 der Sklavenhandel nicht verboten werden durfte.

Schon damals mochten das nicht alle mittragen. Luther Martin aus Maryland etwa reiste vorzeitig ab, ohne den Verfassungsentwurf zu unterzeichnen. Martin nannte den Sklavenhandel »den Prinzipien der Revolution widersprechend und dem amerikanischen Charakter unwürdig«. Die ganze Angelegenheit sei ein »nationales Verbrechen«. Mit 39 Unterzeichnern von 74 ursprünglich nominierten Delegierten erreichte man gerade so eine Mehrheit. In Kraft war die Verfassung damit noch nicht, sie ging nun zurück in die Einzelstaaten, wo sie erst noch verabschiedet werden musste. Nun wurde auch die Öffentlichkeit eingebunden, das Volk. In Pennsylvania druckten zwei deutsche Zeitungen noch im gleichen Monat, Ende September, deutsche Übersetzungen des Verfassungstextes, die *Gemeinnützige Philadelphische Correspondenz* und die *Neue Unpartheyische Lancäster Zeitung*.

»Wir, das Volk der Vereinigten Staaten«, hieß es in einer der ersten Übersetzungen, »um eine vollkommenere Vereinigung zu errichten, Gerechtigkeit vestzusetzen, innere Ruhe zu versichern, Vorsorge zur gemeinen Beschützung zu machen, die allgemeine Wohlfahrt zu befördern und den Segen der Freyheit für uns und unsere Nachkommen sicher zu stellen, verordnen und setzen diese Verfassung für die Vereinigten Staaten von America veste.«

Neun von dreizehn Staaten mussten die Verfassung mindestens ratifizieren, eine Zweidrittelmehrheit. Nun kamen diejenigen ins Spiel, auf die man beim Verfassungskonvent selbst noch verzichtet hatte: die nicht-englischen Immigranten, allen voran die Deutschen. Es kam nun auf Männer mit Einfluss und einem guten Namen an. Und kein deutscher Name klang im Pennsylvania des Jahres 1787 besser als der des Assembly-Sprechers und des Vize-Präsidenten des Commonwealth, als der Nachname also von Frederick und Peter Mühlenberg.

MACH END, O HERR, MACH ENDE

1787 war ein Jahr des Umbruchs und Neuanfangs, auch in der Familie Mühlenberg. Im April waren Peter und Hanna mit den Kindern bei den Eltern in Providence eingezogen. Sie hatten das Haus auf Vorschlag Anna Marias, die noch immer den besten Blick auf die finanziellen Angelegenheiten der Familie hatte, für 500 £ von den Eltern gekauft, 200 £ davon angezahlt und dafür »der Mama freien Sitz during her Life« eingeräumt, wie Heinrich Mühlenberg hübsch bilingual notierte.

Der Pastor selbst fühlte sich, in seinem 76. Lebensjahr stehend, dem Ende nahe. Ab und an hielt er noch Predigt in St. Augustus. Doch selbst der kurze Gang über 800 Meter erschöpfte den Pastor inzwischen über die Maßen. Was ihn am meisten schmerzte, war jedoch die zunehmende Unfähigkeit seines Körpers, die Gedanken des Geistes fortzuschreiben. Seine einst so weitläufige

Korrespondenz hatte er fast gänzlich eingestellt, »weil ich mit Ach und Kummer nur wenige Zeilen in etlichen Tagen kritzeln kan«.

Peters und Hannas Einzug ins Elternhaus war eine pragmatische Lösung, gegen die er nichts einwenden konnte. Hanna kümmerte sich um die Verpflegung und die Wäsche der beiden Alten. Dafür zahlten sie ihr 3 £ im Monat Logis sowie den Lohn für ein Dienstmädchen, 10 £ im Jahr. Auch eine schwarze Magd lebte mit im Haushalt, ob frei oder nicht, wissen wir nicht. Heinrich und Anna Maria hatten das Wohnzimmer geräumt und waren in ein kleineres Schlafzimmer umgezogen. Vor ihrem Einzug hatten Peter und Hanna die Wände abziehen und mit modischen Tapeten bekleben lassen. Im Juli hatte Peter überdies unter lautem Getöse die Veranda niederreißen lassen. Nachmittags empfing Hanna gerne Frauen aus der Nachbarschaft zum Tee. All das waren missliche Störungen und neue Moden, die den Pastor innerlich aufbrachten, weltliche Grillen, die er sich am liebsten verbeten hätte. Aber nun waren eben andere die Tonangebenden in seinem Haus, unter anderem seine Schwiegertochter.

Am letzten Aprilsonntag 1787 feierte die Großfamilie die Taufe von Peters und Hannas viertem Kind, Peter junior. Frederick und Henry waren gekommen, auch Polly und Sally waren mit ihren Familien da. Eine Woche zuvor war noch einmal der Nachtfrost zurückgekehrt und hatte die zarten Knospen der Obstbäume bedroht. Die Sonne aber schien schon warm. »Lobe den Herren, o meine Seele!«, singen die Großeltern mit ihren Kindern und Enkeln, »ich will ihn loben bis in' Tod«.

Alles schien noch einmal wiederzukehren. Als Henrys kleiner Sohn im Februar »plötzlich mit einem Stichfluß und Convulsionen überfallen und dem Tode nahe geschienen« hatte, musste das im alten Pastor unweigerlich Erinnerungen an den Tod seines jüngsten Söhnleins Enoch geweckt haben. 1764, ein ganzes Leben schien seitdem vergangen. Und doch wollte noch immer keine Entspannung über diesem Land einkehren, keine Einigkeit. »Das Rad der Umwältzung ist noch nicht in der Ruhe.«

Kurz nach dem Familienfest war Henry wieder nach Lancaster geeilt, wo die Vorbereitungen für die Eröffnung einer »Deutschen Hohen Schule« liefen, der ersten ihrer Art in Nordamerika. Neben der deutschen Sprache und der englischen als Wahlfach sollten dort die Grundlagen der Religion »und anderes nützliches Wissen« unterrichtet werden, auch Latein, Griechisch und die Naturwissenschaften standen zur Auswahl – für Knaben wie auch für Mädchen. Henry sollte ihr erster Schulleiter werden.

Als Franklin College war die Schule ausgerechnet nach dem berühmten Pennsylvanier benannt, der die Deutschen und ihre Eigenarten einst so harsch kritisiert hatte. Angestoßen hatte die Gründung derweil der vielbegabte Mediziner Benjamin Rush, Philadelphias berühmtester Arzt. Er hielt die Deutschen für »besonnene, geduldige und fleißige Leute« und sah die Möglichkeit, aus ihnen »die besten Mitglieder republikanischer Regierungen« zu formen. Wie schon mit den englischen Gemeindeschulen in den 1750er Jahren war also ein politischer Zweck mit der Schulgründung gerade in Lancaster verbunden. Rush wollte die Deutschen des Hinterlandes gezielt ausbilden, um aus ihnen künftige Amtsträger zu machen, Stützen der jungen Republik.

Das blieb weder Henry noch seinem Vater verborgen. »Die Politici haben gemeiniglich ihre eigenen Absichten und Zweke«, schrieb der alte Pastor mit untrüglichem Instinkt und verließ sich gleichzeitig auf seinen alten Glaubenssatz: »unsere Gedanken sind nicht Gottes«. Anders gesagt: Der Mensch dachte, Gott lenkte.

Nach dem offiziellen Schulstifter Franklin, der 200 Pfund pennsylvanischer Währung beisteuerte, findet sich »Hon. Peter Muhlenberg Esquire« mit 50 Pfund an erster Stelle der Unterstützer. Die ersten Schülerlisten sind voller deutscher Namen, teils anglisiert. Zwei Hoofnagles, sechs Kinder der prominenten lutherischen Familie Hubley (Hüblich), Elizabeth und Jacob Krug sowie Sarah, Dorothy und Catharine Hand. Neben zwanzig Jungen- stehen auch fünfzehn Mädchennamen. Eine gemischte Bildungseinrichtung – auch das ein Novum im Amerika des Jahres 1787.

Am 6. Juni trat Henry Mühlenberg in Lancaster vor die versammelte Stadtgesellschaft und hielt zur Eröffnung der Schule eine kurze Predigt in deutscher Sprache. Einprägsam sollte sie sein und prägnant, »auf keinen Fall länger als 25 Minuten«, wie ihm sein früherer Amtskollege in Philadelphia, Heinrich Helmuth, noch eingeschärft hatte.

Henry hielt schließlich eine Eröffnungspredigt, die einen Bogen schlug von der Bibel zur antiken Weisheit, vom Göttlichen zum Natürlichen; in der er argumentierte, dass Erziehung und wahre Gottseligkeit auch »das Wohl unsers Landes« beförderte. Aus Henry sprachen der Pastor sowie der Naturforscher gleichermaßen: »Gott lehret und leitet [seine Familie] durch die Natur, das ist seine mannigfaltige und herrlichen Werke, durch Natur und heilige Schrift zugleich …«

Ohne Erziehung dagegen, führte Henry aus, sei der Mensch ein Acker ohne Samen. Wertlos. Denn Ruhm,

Schönheit, körperliche Stärke, all das sei vergänglich. Selbst der alte Grieche Plutarch habe das schon gewusst: »Weisheit ist das einzige das an uns göttlich und immerwärend ist ... So spricht ein Heide, und er hat recht.« Auf die Lebenswirklichkeit der deutschen Farmer und Handwerker in Lancaster übertragen hieß das: »Plantagen und Häuser und alle irrdische Güter vergehen, eine gute Auferziehung bleibt, die ist das beste Erbtheil und folgt bis in die Ewigkeit.« Dazu galt es nun auch, bitteschön, die schlechte deutsche Eigenart zu überwinden und sich das Schulgeld guten Gewissens zu leisten: »Billig, schön und edel ists, Gottes Ehre und der Deutschen Ehre fordern – heute nicht geizig zu sein.«

Im Juli 1787 nahm das Franklin College, die deutsche Schule von Lancaster, den Unterricht auf – stilecht in einem alten Brauhaus, weil sonst kein Gebäude zur Verfügung stand. Die Resonanz war zunächst beachtlich. Im ersten Halbjahr wurden neunzig Kinder unterrichtet. »Gebraucht diese Gelegenheit«, hatte Henry eindringlich gefordert. »Sie ist für euch Deutsche vorjezt in America die einzige in ihrer Art ... Schickt eure Kinder, sie sollen treuen Unterricht bekommen.«

Aus Providence gab Heinrich Mühlenberg seinen christlich verbrämten Marc Aurel dazu: »Ist die Sache von Gott, so wird sie bestehen und per aspera ad astra gehen«, durch harte Zeiten zu den Sternen also. Zwei Tage brauchte der greise Pastor mittlerweile für ein einziges Schreiben an seinen Schwiegersohn. Die Hände spielten einfach nicht mehr mit. Seufzend kratzte er die letzten Zeilen aufs Papier: »Die Mama, alle Angehörigen und ich, empfelen uns Dero fernern Fürbitte vor dem Gnaden-Throne und verharren mit Gruß, Kuß und Segens-Wunsch an hertzlich geliebte Kinder und Enkelgen«, ehe er sich noch eines letzten Postskriptums »an unsre liebwerthe Frau Tochter Margareth« besann. »Sie wird mein Unvermögen mitleidig entschuldigen; ich kan auch meine Finger nicht mehr zwingen gröbere Hand zu schreiben.«

Wenige Wochen später wurde Heinrich Melchior Mühlenberg krank. Seit Jahren schon plagten ihn immer wieder Episoden der Wassersucht, einer Ansammlung von Flüssigkeit im Körper, durch Nierenschwäche oder Herzinsuffizienz ausgelöst. »Wir fanden ihn wohl, doch nun ist er sehr krank«, schreibt Betsy, die mit Polly und Sally im Wagen von deren Mann herbeigeeilt ist. Der Vater fiebere und könne nicht alleine stehen, »ich glaube, er schafft es nicht«.

Der Pastor will seine Töchter nicht gehen lassen. Sie sind es, die sich um ihn kümmern, zusammen mit Anna Maria, auch Hanna und Catharina sind da, die beiden Schwiegertöchter. Und die Söhne? Henry ist in Lancaster. Peter und Frederick sind in der Stadt beschäftigt, gerade steht der Verfassungstext in den deutschen Zeitungen, nun geht es an die Ratifizierung. Zwei Männer in der so genannten großen Welt.

»Lieber Mann«, schreibt Sally auf Englisch nach Hause, »würdest du bitte ein Glas der *Saltz tingtur* an daddy schicken er hofft es wird ihm gut tun.« Doch der Zustand des Vaters verschlimmert sich über die Woche, selbst nachts findet der Pastor bald nicht mehr in den Schlaf. Samstagabends betten ihn die Töchter gemeinsam zur Nacht. Ob es schon zwölf Uhr sei, fragt der Sterbende immer wieder. »Mach End, o Herr, mach Ende«, flüstert er, kaum hörbar. Dann, der Sonntag ist gerade angebrochen, stirbt der Pastor.

Heinrich Helmuth hält die Trauerpredigt. Man begräbt den Verstorbenen im Kirchhof von St. Augustus unter einer einfachen Steinplatte, mit dem Kopf zu der Stelle an der Kirchmauer ausgerichtet, an der sich innen die Kanzel befindet. Hier liegt er, an der ersten Kirche, die er hat bauen lassen, 45 Jahre vor seinem Tod, in einer anderen Welt, einem anderen Land.

Eine Woche vorher hatte Heinrich Mühlenberg hier noch ein letztes deutsches Kind in Amerika getauft, Anna, die 15 Monate alte Tochter der Familie Frey. Eine Kindstaufe und ein Taschengeld, das er seiner Enkelin zugesteckt hat, ein *douceur*, das sind die letzten Einträge im Journal Heinrich Mühlenbergs. »Ruhe denn, sanft erblasster Greis«, beschließt Pastor Helmuth seine Eulogie, »ruhe bis zu einer seligen Auferstehung.«

Bald nach der Beisetzung sind Peter und Frederick wieder in der Stadt. Im State House leitet Frederick den Ratifizierungskonvent. Am 15. Dezember 1787 kann er dem Kongress melden, dass Pennsylvania als zweiter Staat die Verfassung der Vereinigten Staaten bestätigt hat. Fünftausend Kopien werden zur öffentlichen Verteilung in Druck gegeben, dreitausend englische und zweitausend deutsche. Zum Abschluss dankt die Kammer Frederick Mühlenberg für dessen »fähige und treue Erfüllung seiner Pflicht«. Und Frederick, demütiger Diener des Volkes, antwortet, das sei die höchste Belohnung, die er erhalten könne.

Die US-amerikanische Verfassung tritt offiziell am 17. September 1788 in Kraft. Bis heute 27 Mal ergänzt und bearbeitet, bleibt sie auch im 21. Jahrhundert ein Work-in-Progress der Demokratie. Und auch für sie mag der lateinische Sinnspruch gelten, den Heinrich Mühlenberg mit Blick auf die deutsche Schule von Lancaster in seinen letzten Brief eingeflochten hat: »Praesens est imperfectum. Perfectum est Futurum.« Die Gegenwart ist unvollkommen. Perfekt ist nur die Zukunft.

VI.
DIE REVOLUTION
VON 1800

Frederick Mühlenberg führt eine indigene Delegation an der Zionskirche von Philadelphia vorbei – Gravur von William Birch (1800)

DES LANDES VATER

Am 30. April 1789 gegen zwölf Uhr mittags tritt Frederick Mühlenberg auf den Balkon im ersten Stock der New Yorker City Hall. Die Menschenmenge unten auf der Wall Street bricht augenblicklich in Jubel aus. Tausende Menschen haben sich versammelt, um diesem besonderen Anlass beizuwohnen: dem Amtseid des ersten Präsidenten der Vereinigten Staaten von Amerika. Es ist mild, aber bewölkt an diesem Tag, die Sonne wird sich erst später am Nachmittag zeigen. Mühlenberg, ein Mann von mittlerer Größe und rundlicher Figur, sucht sich einen möglichst geeigneten Platz auf dem Balkon. Von hinten drängen weitere Würdenträger nach, bis insgesamt siebzehn Männer im Freien stehen. Alles schart sich um den Mann, für den alle gekommen sind: President-elect George Washington.

Mühlenberg selbst war bereits einen Monat im Amt, seit ihn die Mitglieder des US-amerikanischen Repräsentantenhauses zu ihrem ersten Speaker gewählt hatten. Das Amt des Sprechers hatte man aus dem englischen Mutterland übernommen, wo es bereits seit dem 14. Jahrhundert existierte und im Verlauf des 18. Jahrhunderts zu einer weitgehend überparteilichen Instanz geworden war. Mühlenberg präsidierte über die Sitzungen, wachte über das Protokoll, hatte jedoch auch die Befugnis, Komitees von bis zu drei Mitgliedern eigenmächtig zu besetzen. Die wichtigsten Abgeordneten saßen in Dutzenden Komitees. Sie waren der Kern der parlamentarischen Entscheidungsfindung, jeder Sitzungstag begann und endete mit mehrstündiger Komiteearbeit. Dazwischen, meist zwischen elf und drei Uhr nachmittags, kam das Plenum zusammen.

Wie genau der Speaker sein Amt ausführen sollte, wusste ehrlicherweise niemand so genau. Die Verfassung setzte lediglich fest, dass er vom Repräsentantenhaus zu wählen sei. Ganz allgemein galt: Die Dinge würden sich schon finden. Man betrat politisches Neuland. »Kaum ein Tag vergeht«, schrieb James Madison aus Virginia einem Freund, »ohne dass sich frappierend klar jene Verzögerungen und Verwirrungen zeigen, die allein dem Mangel an Präzedenz entspringen.«

Organisierte Parteien im modernen Sinne gab es noch keine. Auf Washington als Präsident hatte man sich bereits vorab in einer Art Gentlemen's Agreement geeinigt. Es gab schlicht keine veritable Alternative. Man hatte ihn einstimmig gewählt, mit 69 von 69 möglichen Wahlmännerstimmen. Über andere Fragen waren sich Amerikas Politiker dagegen entschieden uneinig. Vor allem darüber, ob die nationale Verfassung von 1787 in dieser Form eine gute Idee war oder, wie nicht wenige glaubten, ein Verrat an den Idealen der Unabhängigkeit. Beschnitt sie nicht die Freiheiten des Einzelnen, der dreizehn Staaten auch, in unzulässigem Maße? Der Übergang vom losen Staatenbund zum Bundesstaat mit Zentralregierung gestaltete sich überaus zäh. Noch immer hatten in diesem April 1789 mit North Carolina und Rhode Island zwei Staaten die Verfassung nicht angenommen und sich folglich auch nicht an den Wahlen zu Kongress und Präsidentschaft beteiligt.

Und in New York hatten sich die beiden bundesstaatlichen Kammern, gespalten in *Federalists* und *Anti-Federalists*, in Befürworter und Gegner der föderalen Verfassung also, nicht rechtzeitig bis zum Stichtag am 7. Januar einigen können, auf welche Weise man die Wahlmänner bestimmen würde, jenes Gremium, das dann Anfang Februar den Präsidenten wählte. Wie sich dieses Electoral College zusammensetzte, oblag den einzelnen Staaten. Nur Pennsylvania und Maryland hatten dazu eine vorbehaltlose direkte Volkswahl im ganzen Staat durchgeführt, anderswo, etwa in Virginia, hatte man taktisch Wahlbezirke gezogen, um auf ein gewünschtes Ergebnis hinzuarbeiten, oder gleich die bundesstaatlichen Parlamente entscheiden lassen. (Auch in Pennsylvania erhofften sich die tonangebenden Föderalisten durch den Wahlmodus einen Vorteil.)

Wie viel Demokratie war wünschenswert, wie viel Mitbestimmung vonnöten? Konnte man dem Volk zumuten, die richtige Entscheidung zu treffen? Nicht einmal den Wahlmännern hatten alle zugetraut, auch wirklich Washington zu wählen. Jeder von ihnen hatte laut Verfassung zwei gleichwertige Stimmen. Vize-Präsident wurde der Kandidat mit dem zweithöchsten Ergebnis. Ein wenig ausgereiftes System. Alexander Hamilton hatte zahllose Briefe in die Einzelstaaten geschrieben, um sicherzustellen, dass genügend Wahlleute ihre Zweitstimme einem chancenlosen Drittkandidaten geben würden, damit John Adams, der als Vize-Präsident vorgesehen war, Washington am Ende nicht aus Versehen zu nahe kam oder ihn gar überflügeln würde. Unbegründete Sorgen. Am Ende hatte Adams mit 34 Stimmen im Electoral College nicht mal die Hälfte von Washingtons 69 erhalten.

Anschließend war der Kongress in New York zusammengekommen, um die Wahl Washingtons zu zertifizieren. Doch es dauerte annähernd einen Monat, bis beide Häuser endlich beschlussfähig waren. Die wenigsten Abgeordneten waren so diszipliniert gewesen wie Frederick

Mühlenberg, der in deutscher Pünktlichkeit bereits am
3. März erschienen war. Am 1. April schließlich kam das
Repräsentantenhaus zusammen und wählte Frederick
gleich im ersten Wahlgang mit 23 von 30 Stimmen zum
Speaker. Er war der beliebteste Kandidat aus Pennsylvania und hatte bei den Kongresswahlen dort mit 8726 Stimmen die meisten aller Kandidaten erhalten. Den Deutschen qualifizierte seine langjährige politische Erfahrung.
Auch wahrte seine Personalie die regionale Balance der
größten und einflussreichsten Staaten des Bundes: Washington kam aus Virginia, John Adams aus Massachusetts, der designierte Oberste Richter des Supreme Court,
John Jay, aus New York.

Auf dem Balkon der City Hall hatte George Washington mittlerweile seinen Platz vorne an der Balustrade
eingenommen. Mit seinen für die Zeit außerordentlichen
1,87 Metern Körpergröße die meisten der Männer um ihn
herum deutlich überragend, stand er gut sichtbar zwischen den mittleren der vier imposanten Rundsäulen.
Man hatte sie mit Bannern in Rot, Weiß und Blau behängt
und mit dem stilisierten Bildnis eines Weißkopfadlers geschmückt, der seit 1782 als US-amerikanisches Wappen-
tier genutzt wurde (auch wenn Benjamin Franklin das
Beutetier für einen »Vogel von schlechtem moralischem
Charakter« hielt). Washington trug passende Adlerknöpfe
aus Silber an der Jacke seines Anzugs, der aus grobem
braunem Walkstoff aus Connecticut gewebt war. Das sug-
gerierte mehr Volksnähe als die feinen englischen Stoffe,
die der Plantagenbesitzer sonst zu tragen pflegte. Seine
Kniestrümpfe waren dagegen aus weißer Seide. Das
Haar trug er modisch gepudert und unter dem Hut ge-
lockt.

Die linke Hand auf der Bibel, die rechte zum Schwur erhoben, sprach Washington New Yorks höchstem Richter, Robert Livingston, den Amtseid nach. Die Bibel hatte man in letzter Minute aus einer benachbarten Freimaurer-Loge herbeigeschafft und auf ein rotes Kissen gelegt. Alles war etwas improvisiert. Niemand hatte daran gedacht, eine passende Bibelstelle herauszusuchen, sodass man zufällig hineingegriffen hatte und bei Genesis, Kapitel 49, gelandet war: »Sebulon wird am Gestade des Meeres wohnen und am Gestade der Schiffe und reichen bis Sidon.« Das ergab wenig Sinn, ebenso wie die Zeile davor: »Seine Augen sind dunkler als Wein und seine Zähne weißer als Milch.« Washingtons Augen waren graublau, seine sagenhaft schlechten Zähne fast sämtlich gezogen und durch meist schlecht sitzende Implantate aus Tierzähnen und Elfenbein sowie mit Zähnen seiner eigenen Sklaven ersetzt worden. Schade um die Bibelstelle, Frederick Mühlenberg hätte sicher aus dem Stegreif eine angemessene Passage nennen können. Doch ihn hatte ganz offenbar niemand gefragt.

»Lang lebe George Washington, Präsident der Vereinigten Staaten!«, rief Livingston und die Menschen jubelten erneut. Washington verneigte sich wortlos. Damit war der öffentliche Teil beendet. Die Rede zur Amtseinführung hielt der Präsident drinnen in der Senatskammer vor dem Kongress. Er wirkte nervös und sprach leise. Dankenswerterweise hatte er sich nicht für seinen ersten, über 70 Seiten umfassenden Redeentwurf entschieden, sondern für die nur 500 Wörter kurze Alternative.

Kein Ereignis hätte ihn »mit größeren Ängsten erfüllen können« als seine Wahl zum Präsidenten, gestand Washington gleich eingangs, ehe er sich in weiteren De-

mutsformeln und Floskeln erging. Seine Adresse ent-
hielt keinerlei politische Programmatik, wichtig war dem
Präsidenten, wie er sagte, »die Bewahrung des heiligen
Feuers der Freiheit und das Schicksal des republikani-
schen Herrschaftsmodells«. Im Schlussteil verbeugte
er sich dann vor dem Schöpfer, dem »*benign Parent of
the human race*«, dem gütigen Elternteil der Menschheit also, dem es »gefallen hat, das amerikanische Volk
zu begünstigen«. Damit knüpfte Washington noch einmal
an die Erzählung vom auserwählten Volk an, die bereits
in den frühen Kriegsjahren entstanden war, ohne freilich Gott beim Namen zu nennen oder allzu christlich
zu werden. Für den entsprechenden Rahmen hatte der
Kongress gesorgt: Direkt im Anschluss zog er geschlossen mit dem Präsidenten, seinem Stellvertreter und allen
anwesenden Offiziellen zur St. Paul's Chapel, wo der Se-
natskaplan Samuel Provoost den Festgottesdienst leiten
würde.

So also zieht die politische Klasse dieses neuen, etwas
wunderlichen Landes los. Leicht unsteten Fußes balan-
ciert man über die Planken des nationalen Kompromisses
und sucht sich erst einmal durchs Gebet seiner selbst zu
versichern. Und zwei Mühlenbergs ziehen mit. Denn nicht
nur Frederick ist in den ersten Kongress gewählt worden,
sondern auch Peter. Offiziell ist er über das andere Ticket,
das der Anti-Federalists, nominiert worden, wie auch
der ebenfalls deutschstämmige Daniel Hiester. Eigentlich aber ist das wenig mehr als Wahltaktik gewesen. Die
Deutschen des Hinterlands haben deutsch gewählt. Sind
die gewählten nicht-englischen Migranten also wieder
einmal politisches Werkzeug? Mag sein. Und doch gestalten sie jetzt dieses Experiment mit.

So wie sie schon während des Kriegs am großen Mythos Washington mitgestrickt haben. Francis Bailey etwa, der deutsche Drucker mit schottischen Wurzeln, der in seinem deutschen *Nord-Americanischen Calendar*, den Commander-in-Chief als Erster zur überlebensgroßen Vaterfigur stilisiert hat. In Baileys Almanach von 1779 war dort ebenjener »Waschington« (sic – in deutscher Lautsprache) auf einem ganzseitigen Stich abgedruckt, umrahmt von Fanfaren und Schicksalsengeln, und zum ersten Mal in einer öffentlichen Publikation als »Des Landes Vater« bezeichnet worden.

Es war eine Zuschreibung, die die bibelfesten deutschen Christen in Lancaster und in ganz Pennsylvania nicht zuletzt aus Martin Luthers deutscher Übersetzung des Buchs Genesis kannten. »Der ist des Landes Vater!«, ließ dort der Pharao über Joseph ausrufen, »und setzte ihn über ganz Ägyptenland.« Dass es sich um eine wohl bewusste Falschübersetzung des hebräischen Originals (»abrech« – in der heutigen Version der Lutherbibel schlicht »Auf die Knie!«) durch Martin Luther handelte, ein Gruß an seinen feudalen Schutzherren Friedrich den Weisen, Kurfürst von Sachsen, schloss den Kreis: Es war ebenjene Welt väterlicher Herrscher von Gottes Gnaden, der auch die deutschen Migranten entstammten. Die hierarchische Ordnungswelt Heinrich Melchior Mühlenbergs, mit der er bis zum Ende nicht gänzlich hatte brechen wollen. Die Trauerrede Pastor Helmuths hatte noch den Geist eines vergehenden Zeitalters geatmet: »ein Mühlenberg, der nur allein die Salbung dazu von Oben hatte, mußte im Namen des Herrn, ein Leben und Bewegen unter das beynahe erstorbene Evangelische Zion in America bringen«, hatte Helmuth dem Pastor gehuldigt. »Beweine Ihn, o Michaelis und Zions Gemeinde! – Dein Vater, Dein Lehrer hat dich verlassen …«

Nun übernahm die nächste Generation. Und mit ihr ein weltlicherer, oder sagen wir: pragmatischerer, Ansatz. Die Machtverhältnisse hatten sich, wenn auch nur zaghaft, zu verschieben begonnen. Niemand mochte es sich mehr leisten, die einst so skeptisch beäugten Deutschen per se auszugrenzen. So wie in den folgenden Jahrzehnten und Jahrhunderten immer weitere Gruppen von Einwanderern Aufnahme finden würden unter dem Leitspruch, hinter den man, einmal formuliert, schlicht nicht mehr zurückkonnte: »daß alle Menschen gleich erschaffen worden«.

Die Wirklichkeit freilich mochte auch 1789 noch von viel Ungleichheit, von zahlreichen Reliquien der Vergangenheit auch, gekennzeichnet sein. Doch das Versprechen war in der Welt und sein Träger: »Wir, das Volk«. Das war sie ja, die zentrale Botschaft der amerikanischen Revolution: Die Erlösung würde nun von woanders kommen. Nicht mehr von oben, so oft man auch noch väterliche Herrscher wählen und am Sonntag zum Herrgott beten würde. Das Streben nach Glückseligkeit, nach einer bestmöglichen Welt, das oblag nun den Menschen auf Erden und denen, die sie aus ihrer Mitte auserwählten.

Für den Moment half es allen, hinter einer riesenhaften Figur herlaufen zu können, die mit all ihren Widersprüchen dann doch diesem Land ganz gut entsprach, das sie an Vater statt angenommen hatte. Washington, ein Hüne seiner Zeit, der sich in seiner Rhetorik demütig selbst verzwergte. Washington, der naive Kriegsverursacher und spätere Volksheld, der vor seiner großen Aufgabe zitterte. Der Halter Hunderter Sklaven, der mit der Institution als

solcher hadern mochte, aber Zeit seines Lebens keinen
seiner Leibeigenen befreien würde. Der strahlende Anführer mit dem verfaulten Mund und sein seltsames Land,
in dem trotz allem einiges möglich war. Ein Land immerhin, in dem 1789 bereits ein nicht-englischer Migranten-
sohn mit einem drolligen deutschen Akzent in ein hohes
Bundesamt gewählt werden konnte.

»DIESE BEIDEN DEUTSCHEN ...«

Der Tod Heinrich Mühlenbergs hat eine Lücke gerissen,
auch in die Dokumentation der Zeit. Mit ihm ist eine ver-
lässliche Begleitstimme verstummt, ein Grundrauschen
der Zeitenwende, ja, die umfassendste deutsch-amerikanische Quelle des 18. Jahrhunderts. Über 45 Jahre hinweg
hatte der Pastor in seiner ausufernden Korrespondenz und
seinem akribisch geführten Journal zwischen Alltagsbe-
sorgung und Weltpolitik so vieles verzeichnet, kommen-
tiert und eingeordnet. Was dagegen die Generation seiner
Kinder wirklich bewegt, was sie antreibt und blockiert,
ist weitaus schwerer zu erschließen. Niemand von ihnen
führt die Tradition des Vaters fort, Frederick hat sein Tagebuch lange schon abgebrochen, Peter wird es in vier
Amtszeiten im Kongress gar fertigbringen, keine einzige
Rede zu halten. Es ist eine zumindest äußerliche Sprach-
losigkeit, die sicher auch linguistischen Defiziten und politischen Rollenerwartungen an die braven Deutschen ge-
schuldet ist. Der eigenen Geschäftigkeit sicher auch. Die
Kinder des Pastors sind, kurz gesagt, ziemlich busy.
    Sie arbeiten am Fortkommen ihrer selbst und des Lan-
des, das sie mitbegründet haben. Sie suchen immer noch

und immer wieder nach ihrem Bestimmungsort. Von seinem deutschen Sprecher mag der Kongress statt großer Reden eher Ordnungshaltung und Rapport erwarten: Was raten die Komitees, wo steht die Debatte? Und doch ist er mittendrin, in alles Entscheidende involviert. Und als 1791 tatsächlich die Bill of Rights verabschiedet wird, die man den Verfassungsskeptikern versprochen hatte, die ersten zehn *Amendments*, die den Bürgern Rede- und Religionsfreiheit zusichern und, ja, auch das viel bemühte Recht auf Waffenbesitz – da ist Frederick Mühlenberg ihr erster Unterzeichner, noch vor Vize-Präsident und Senatsoberhaupt John Adams und ihren beiden Sekretären.

Selbst in seinem moderierenden Amt nutzt Frederick seine Stimme, wenn er es für angebracht hält. Etwa bei der Debatte, an welchem Ort die noch heimatlose Regierung sich künftig ansiedeln soll. Die Verfassung hat dem Kongress die Macht über die Gründung eines föderalen Distrikts gegeben. Nur wo soll dieser entstehen, damit der Sklaven haltende Süden und der abolitionistische Norden beide zufrieden sind? Lancaster und Germantown sind lange im Rennen, die größte und die älteste deutsche Siedlung im Gründerstaat und ewigen *middling ground* Pennsylvania – und Frederick sorgt dafür, dass Germantown im Rennen bleibt. Am Ende aber setzt sich wieder einmal Hamilton durch, dem man auch eine besondere Skepsis, manche sagen: Verachtung, für die Deutschen in diesem Land nachsagt. Für seinen großen Kompromiss hat er ein Sumpfland am Potomac-Fluss auf dem Gebiet von Virginia und Maryland auserkoren.

Bis dort, in der künftigen Hauptstadt Washington, überhaupt die erste Infrastruktur entstanden ist, kehrt man noch einmal ab 1790 für zehn Jahre nach Philadelphia zurück, dorthin, wo alles angefangen hat und die Deutschen mittlerweile aus der notablen Gesellschaft nicht mehr wegzudenken sind. Prächtige Stadthäuser zeugen davon, wie das des erfolgreichen deutschen Steinmetzes und Baumeisters Jacob Graff. In dessen damals gerade frisch errichtetem Domizil hat Thomas Jefferson im Sommer 1776 die Unabhängigkeitserklärung geschrieben. Die Eltern seiner deutschen Vermieter waren fleißige lutherische Kirchgänger und enge Familienfreunde von Heinrich und Anna Maria Mühlenberg.

Auch der Uhrmacher Jeffersons in Philadelphia ist ein Deutscher, der nach oben will, Henry Voigt, der gegenüber der Buck Tavern auf der Second Street nördlich der Race Street seine Werkstatt hat. Mittlerweile ist der Dollar als nationale Währung eingeführt, Hamilton hat gegen große Widerstände eine Zentralbank gründen lassen. Als 1792 die Gründung einer nationalen Münzprägeanstalt beschlossen wird, die *United States Mint*, bewirbt sich Voigt unter dem ebenfalls deutschstämmigen Direktor David Rittenhouse um das Amt des *Chief Coiner*, des leitenden Münzprägers also. Der deutsche Uhrmacher, der nebenbei auf dem Delaware mit Prototypen für dampfbetriebene Boote experimentiert und diese auch schon einigen Kongressabgeordneten vorgeführt hat, erhält den Zuschlag und entwirft unter anderem Vorlagen für große Kupfercents mit Freiheitsmotiv. Statt alten Königen ist auf ihnen das Profil einer jungen Frau mit fliegendem Lockenhaar zu sehen, das Symbol für die *Libertas Americana*. Ja, die amerikanische Freiheit, sie ist eine Frau. Voigt lässt sich dabei von einer Friedensmünze inspirieren, die Benjamin Franklin nach dem amerikanischen Sieg in Yorktown entwerfen ließ.

Mit Gold und Silber lässt man Voigt dagegen zunächst nicht arbeiten, die für die kostbaren Materialien benötigte Bürgschaft über 10 000 Dollar kann er nicht aufbringen. Schließlich tun sich vier wohlhabende deutsche Landsleute zusammen und bürgen für ihn, darunter Peter und Frederick Mühlenberg. Derart ist das Netz der neuen Gesellschaft verwoben. Die Deutschen stehen füreinander ein, empfehlen sich, bewerben sich immer wieder aufs Neue um begehrte Posten. Und können sich selbst doch nicht entkommen. Nehmen wir Peter, das ewige Kind des Jähzorns. Nach zwei vergeblichen Anläufen ist er im Oktober 1787 endlich Vize-Präsident von Pennsylvania geworden, eine Art stellvertretender Gouverneur des Staates unter Präsident Benjamin Franklin. Doch nur ein knappes Jahr später schmeißt er schon wieder hin und verlässt ohne ein Wort die Stadt. Wo steckt er? In Providence? Ein eigens ausgesandter Bote bringt immerhin eine Rücktrittserklärung bei, sodass ein Nachfolger gewählt werden kann.

Es bleibt das Bild eines sprachlosen Kriegshelden a. D., der weiter nach der passenden Rolle sucht. Peters Kongresskarriere bleibt Stückwerk, nach dem ersten Kongress (1789–91) sitzt er wieder im dritten (1793–95), dann im sechsten (1799–1801). Frederick ist derweil acht Jahre durchgehend Repräsentant für Pennsylvania, wird 1793 erneut für zwei Jahre zum Speaker gewählt. Mittlerweile ist er vom Lager der Federalists allmählich zu deren Gegnern übergelaufen, die sich als Republicans um Thomas Jefferson vor allem in den Südstaaten formiert haben, gegen Hamiltons Zentralbank antreten und für eine agrarisch geprägte Gesellschaft mit schwacher Nationalregierung.

Die hitzigste Debatte der 1790er Jahre aber betrifft die Außenpolitik – und Frederick Mühlenberg wird ihre Schlüsselfigur. Bei welcher der beiden europäischen Weltmächte sollen die jungen USA am ehesten Schutz und Nähe suchen? Die Republikaner neigen zu Frankreich, wo Jefferson Botschafter war, die Federalists hingegen zu Großbritannien. Ihr Streit kreist erbittert um den Jay Treaty, ein Außenhandelsabkommen, das Ende 1794 in London verhandelt worden ist und im Februar 1796 schließlich nach Zustimmung von Senat und Präsident Washington in Kraft treten soll. Doch selbst über die Bereitstellung der nötigen finanziellen Mittel können beide Parteien im Repräsentantenhaus über zwei Monate lang keine Einigung erzielen. Am 29. April 1796 schließlich steht die finale Abstimmung an, das House ist als Ganzes zu einem »Committee of the Whole« zusammengetreten, einer Art großem Sonderausschuss bei Fragen von nationaler Bedeutung. Zum Vorsitzenden hat man Frederick Mühlenberg gewählt, den Ex-Speaker, den deutschen Mittelsmann zwischen allen Stühlen.

Unter höchster Anspannung geht man im Erdgeschoss des alten County Courthouse an der Chestnut Street an die Abstimmung. Es geht darum, ob die Mittel für den probritischen Jay Treaty final bewilligt werden oder nicht. Hier nun sitzen die Abgeordneten an ihren Mahagonitischen, ihre Füße tippeln auf dem schlichten Teppich, der über die gesamte Länge des Raumes ausgelegt ist. Nach Auszählung aller Stimmen gibt es tatsächlich ein Patt. 49 zu 49. Nun muss der Chairman entscheiden. Seine Stimme ist es, die zählt. Die Stimme des Deutschen.

Schon atmen die Republikaner auf, wissen sie doch Mühlenberg auf ihrer Seite. Zweifellos wird er die Einsicht haben, in dieser wegweisenden Frage mit der eigenen Partei zu stimmen – und gegen das verhasste Abkommen mit England. Oder etwa doch nicht? Schwerfällig erhebt sich Mühlenberg vom Speaker's Chair, dem beschlagenen Ledersessel des Sprechers, auf dem er kommissarisch Platz genommen hat. Er räuspert sich, zögert. Die vier Stenographen an ihren Tischen zwischen den Fenstern, die zur Sixth Street hinausgehen, starren ihn gebannt an.

Schließlich beginnt der Deutsche zu sprechen. Er sei nicht in allen Teilen mit der Form der vorliegenden Resolution einverstanden. Seine Parteifreunde nicken versonnen. Doch da er annehme, dass dieses Abkommen später erneut debattiert oder verändert werden könne, so wolle er einstweilen seine Zustimmung erteilen. *Resolved:* Für das Treaty! Ungläubiger Jubel bei den Federalists, Entsetzen bei den brüskierten Republikanern. Eine einzige Gewissensentscheidung gegen die Parteiräson – schon im Jahr 1796 ist das genug, eine politische Karriere jäh zu zerstören. In einen Kongress gewählt werden wird Frederick Mühlenberg danach nie wieder.

Auch die erweiterte Familie tobt. Viele Immigranten tendieren zu den Republicans. Darunter Fredericks Schwäger, Catharinas Brüder John und Bernhard Schaeffer, zwei unstete Gesellen. John hat bereits mehrfach im Gefängnis gesessen und von dort aus wirre Briefe an Franklin geschrieben. Bernhard hingegen ist von Fredericks Entscheidung für das Jay-Abkommen derart aufgebracht, dass er den Mann seiner Schwester wenige Tage später, am 5. Mai, sogar mit dem Messer attackiert.

Der Angreifer wird gefasst und im Dezember 1796 vor dem Supreme Court von Pennsylvania wegen Körperverletzung zu einem Jahr Gefängnis und einer hohen Geld-

strafe verurteilt. Frederick erholt sich von dem Angriff
und kann nach zwei Wochen wieder an den Kongressab-
stimmungen teilnehmen – und doch hadert er Zeit seines
Lebens mit seiner Entscheidung. Noch 1801 wird er in
einem persönlichen Bewerbungsbrief an den mittlerweile
zum Präsidenten gewählten Thomas Jefferson von dem
»bedauerlichen Votum« schreiben, »das ich zu jener Zeit
aus der Überzeugung heraus gegeben habe, das geringere
zweier Übel zu wählen, & das, wie ich hoffe, mir nicht das
Vertrauen meiner Mitbürger entzogen hat.«

Da hat er sich bereits mit seiner Familie nach Lancaster zurückgezogen, wo er seit Januar 1800 ein lukratives
Amt im Land Office von Pennsylvania innehat – zweifellos ein Dankeschön des frisch gewählten Gouverneurs
Thomas McKean, für dessen Wahlkampf Frederick und
Peter einmal mehr erfolgreich die Deutschen im Staate
mobilisiert haben. Doch nationale Ämter von Bedeutung
bleiben Frederick verschlossen. Selbst, als der Federalist
John Adams 1796 zweiter Präsident wird.

George Washington, der strahlende Held der Union, ist
nach Virginia zurückgekehrt, zu seiner Frau, deren Kindern und Enkeln aus erster Ehe und ihren Sklaven. Eigene
Kinder hat der Landesvater keine. In seiner Abschieds-
adresse hat Washington zuvor bei seinen »Freunden und
Mitbürgern« noch einmal politische Einigkeit angemahnt.
Die Amerikaner sollten, so bat er, »den immensen Wert
richtig einschätzen, den Ihre nationale Union für Ihre kol-
lektive und individuelle Glückseligkeit hat«. Noch einmal
ein Verweis auf Jeffersons große Glücksvision von 1776.
Und auch schon die Ahnung von Katastrophen, die im
neuen Jahrhundert heraufziehen werden. Bereits »die ersten Anzeichen jedes Versuchs, einen Teil unseres Landes

vom Rest zu entfremden«, so Washington, sei entschieden zurückzuweisen. Im amerikanischen Bürgerkrieg der 1860er Jahre würden über 600 000 Menschen eben dafür ihr Leben lassen.

Es war ein Jahrhundert, dessen Beginn Washington nicht mehr erlebte. Er starb am 14. Dezember 1799. Knapp zwei Wochen später, am zweiten Weihnachtsfeiertag, fand in Philadelphia, der Hauptstadt auf Zeit, die nationale Trauerfeier statt.

Die Prozession geht vom Kongress an der sechsten Straße den kurzen Weg hinüber zur Zionskirche der deutschen Lutheraner, dem größten Versammlungshaus der Stadt. Die Nation trauert in Mühlenbergs Kirche – wenn der alte Pastor das noch erlebt hätte … Dessen Geist lebt fort. Auf den Tag genau fünf Jahre zuvor, am 26. Dezember 1794, war die Kirche durch ein Feuer fast völlig ausgebrannt, in nur zwei Jahren hatte die Gemeinde sie wiederaufbauen lassen.

Die sieben Kinder der Mühlenbergs strecken sich in ein neues Jahrhundert. Peggy bleibt mit Johann Christoph Kunze in New York, der dort neben seinem Pastorenamt an der Columbia-Universität lehrt; sie stirbt 24 Jahre nach ihrem Mann 80-jährig in Manhattan. Betsy lebt bis 1808 in Tulpehocken, ihr Sohn John Andrew Shulze wird nach ihrem Tod sechster Gouverneur des Commonwealth Pennsylvania werden. Sally, die jüngste Tochter, stirbt 1827. Ihr Mann Matthias Richards ist wie Frederick und Peter Kongressabgeordneter. Anna Maria überlebt den Pastor um genau die 15 Jahre, die sie jünger war als er. Nach dem Tod ihres Mannes lebt sie lange im Haushalt von Polly und Francis Swaine.

Das Franklin College, Henrys deutsche Schule in Lancaster, scheitert trotz aller Mahnungen vor dem deutschen Geiz binnen weniger Jahre an finanziellen Schwierigkeiten. Erst später lebt die Schule wieder auf und existiert bis heute als Franklin & Marshall College. Henrys naturwissenschaftliches Netzwerk wächst derweil weiter. Anlässlich seiner Aufnahme in die Gesellschaft Naturforschender Freunde von Berlin schreibt er 1799 über sich selbst:»1780 kam er, des Stadtlebens müde, nach Lancaster wo er bis jetzt als Prediger und Naturforscher lebt ... Übrigens hat er ein feistes Gesicht und ein ofnes Herz.«

Im Juni 1804 besuchen ihn Alexander von Humboldt und Aimé Bonpland am Ende ihrer fünfjährigen Amerikareise in Lancaster. Aus Philadelphia schreibt der deutsche Forscher einen euphorischen Abschiedsbrief an Henry:

Mein theurer verehrungswerter Freund, – Ich benuze diese letzten Augenblikke vor meiner morgenden Abreise, um Ihnen nochmals meinen herzlichsten Dank für die unbeschreibliche Güte zu sagen, mit welcher Sie mich und meine Freunde in Lancaster behandelt haben. Ihre Gräser und Ihr lieber Brief sind in meinen Händen und ich verspreche Sie sollen die Michaux'schen Namen erfahren. Bonpland empfiehlt sich dankbarst Ihrem Andenken. Wir haben gestern einen herrlichen Mittag mit Ihrem Herrn Bruder dem würdigen General zugebracht ... Ihr dankbarster Humboldt

Peter verbringt seine letzten Jahre als Oberster Zollbeamter des Hafens von Philadelphia, ein lukrativer Posten, auf den ihn Präsident Jefferson 1802 persönlich berufen hat. Er lebt mit seiner Familie außerhalb der Stadt bei Gray's Ferry, dem südlichsten Fährübergang über den Schuylkill-Fluss, wo es Richtung Virginia geht und der neuen Hauptstadt Washington. Hanna stirbt überraschend im Oktober 1806, Peter nur ein Jahr nach ihr, an seinem 61. Geburtstag. Sein englisches Testament verfügt die Befreiung von »Kitty, einer Sklavin« und die vorzeitige Entlassung von Hanna, einer unfreien Vertragsknechtin.

Henry stirbt 1815 nach einer Reihe von Schlaganfällen. Um die Jahrhundertwende ist er in Lancaster für eine kurze Zeit wieder mit Frederick vereint, wie in den sieben langen Jahren im Halleschen Waisenhaus, die sie als Kinder so geprägt haben. Frederick stirbt im Juni 1801. Er wird nur 51 Jahre alt und ist in Lancaster begraben. Noch kurz vor seinem Tod hatte er sich bei Präsident Jefferson um hohe Bundesämter beworben. Fredericks Frau Catharina wird 85. Wie ihr Mann, der Speaker, hat sie sich Anfang der 1790er Jahre vom berühmten Kongressmaler Joseph Wright in Öl malen lassen. Das prächtige Gemälde, das sie mit entschlossenem Blick und einem Buch in der Hand zeigt, hängt heute im Speaker's House in Providence.

So ist das bei den Mühlenbergs: Die Frauen überleben ihre Männer und haben die Dinge im Griff, ein wissendes Lächeln auf den Lippen, während die großen Herren vielleicht am Ende doch mehr Wind gemacht haben, als gut für sie war. Ein halbes Jahr vor seinem Tod, Ende 1800, ist Frederick zusammen mit Peter noch einmal in den Ring gestiegen. Es ist ein bitterer Wahlkampf, den Jeffersons Republikaner mit Präsident John Adams und seinen Federalists ausfechten. Im Kern geht es auch um die Rechte neuer Einwanderer, die mehrheitlich republikanisch wählen und von der Adams-Administration in einer Reihe von

Catharina Mühlenberg, geb. Schaeffer (1750–1835) –
Ölgemälde von Joseph Wright, um 1790

Gesetzen benachteiligt worden sind. Die Mühlenbergs lobbyieren für Jefferson.

Am Ende steht es im Wahlmännerkolleg der nunmehr sechzehn Staaten unentschieden, acht gegen acht. Das Repräsentantenhaus muss entscheiden, doch Wahlgang um Wahlgang endet im Patt. Erst im 36. Versuch ist die Entscheidung gefallen, und Jefferson steht als Sieger fest. Eine wegweisende Wahl, die eine Dynastie begründet. Bis 1824 wird niemand Präsident werden, der nicht ein Republikaner aus Virginia ist. Beide Kammern werden bei dieser »Revolution von 1800« republikanisch, ein neues, festes Zweiparteiensystem mit modernen Zügen entsteht in den Folgejahren.

Pennsylvania hat denkbar knapp mit acht zu sieben Wahlmännerstimmen für Jefferson votiert. Der Mühlenberg-Faktor? John Adams sieht es so: »Diese beiden Deutschen, die lange schon in der Politik und in hohen Ämtern gewesen waren, waren die großen Anführer und Orakel aller deutschen Interessen in Pennsylvania und den benachbarten Staaten«, schreibt er rückblickend. »Die Muhlenburgs (sic!) drehten alle Deutschen, große Zahlen an Iren und viele der Englischen um: und führten damit den totalen Umbruch in beiden Häusern der Legislative und in allen exekutiven Abteilungen der Landesregierung herbei. An solch seidenen Fäden hingen damals unsere Wahlen.«

Ein langes amerikanisches Jahrhundert beginnt, in dem sich die USA industrialisieren und bis 1917 zur Weltmacht aufsteigen. Die Bevölkerung explodiert von fünf auf hundert Millionen. Mehr als fünf Millionen weitere Deutsche kommen in der Zeit über den Atlantik. Nach und nach werden die Demokratie und die Bürgerrechte ausgeweitet. In einem blutigen Bürgerkrieg wird 1863 die Sklaverei abgeschafft, 1920 erhalten Frauen das Wahlrecht, 1965 auch endgültig die schwarze Bevölkerung.

340 Jahre sind seit der Gründung von Germantown, dem Deutschenstädtlein, vergangen. Die deutschen Migranten

haben die Vereinigten Staaten seitdem in all ihren Facetten geprägt und mitgestaltet, all die Hubers und Eisenhauers und Gehrigs und Steinbecks und Röblings und Astors
und Rockenfelders und Boeings und eben auch Mühlenbergs – all die Menschen mit einem seltsamen Namen und
der Vorstellung von einem neuen Leben im Herzen.

THE NAMESAKE

Der Name MÜHLENBERG in seinen verschiedenen
Schreibweisen in den amerikanischen Quellen der Zeit:

1. Muhlenberg
2. Muhlenbergh
3. Muhlenburg
4. Muhlemberg
5. Muhlenburgh
6. Mulinburgh
7. Muhlenbourg
8. Mulenberg
9. Mullemberg
10. Mullenburgh
11. Mughlinburg
12. Mughlenburg
13. Mechlenberg
14. Mecklenburg

VERWENDETE LITERATUR

1 PRIMÄRQUELLEN

Adams, Angela und Willi Paul (Hrsg.), *Die Amerikanische Revolution und die Verfassung 1754–1791*, München 1987.

Aland, Kurt (Hrsg.), *Die Korrespondenz Heinrich Melchior Mühlenbergs aus der Anfangszeit des deutschen Luthertums in Nordamerika*, Bd. 1–5, Berlin 1986–2002.

Als sich Der Wohl-Edle, Groß-Achtbare und Kunsterfahrne Herr, Herr Johann Gotthard Armbrüster, Vornehmer Buchdrucker-Herr zu Philadelphia auf der berühmten Insul Pensylvania, Mit Der Wohl-Edlen, Ehr- Sitt- und Tugendreichen Jungfer, Jungfer An[n]a Margaretha Kernin in ein Eheliches Vereinigungs-Band einließ ..., 1747, Niedersächsische Staats- und Universitätsbibliothek Göttingen, Original online http://resolver.sub.uni-goettingen.de/purl?PPN1027490808.

Benton, Thomas Hart, *Abridgment of the Debates of Congress, from 1789 to 1856*, Bd. 1, New York 1857.

Butterfield, Lyman Henry (Hrsg.), *Letters of Benjamin Rush*, Bd. 2 (1793–1813), Princeton 2019.

Continental Congress, *Thanksgiving Proclamation 1777*, Pilgrim Hall Museum, https://pilgrimhall.org.

Crane, Elaine Forman (Hrsg.), *The Diary of Elizabeth Drinker: The Life Cycle of an Eighteenth-Century Woman*, Philadelphia 2011.

Deutsches Evangelisch-Lutherisches Ministerium (Hrsg.), *Erbauliche Lieder-Sammlung zum Gottesdienstlichen Gebrauch in den Vereinigten Evangelisch-Lutherischen*

Gemeinen in Pennsylvanien und den benachbarten Staaten,
Philadelphia 1834 (Erstauflage 1786).

Diary and Autobiography of John Adams, in: The Adams
Papers, Band 1, 1755–1770, Cambridge, Mass. 1961.

Dippel, Horst (Hrsg.), *Constitutions of the World from the the*
late 18th Century to the Middle of the 19th Century, Bd. 1:
National Constitutions / State Constitutions (Alabama –
Frankland), München 2006.

Flohr, Georg, *Reisen Beschreibung von America welche das*
hochlöbliche Regiment von Zweybrücken hat gemacht
zu Wasser und zu Land vom Jahr 1780 bis 1784, Straß-
burg 1787, Médiathèques Strasbourg www.mediatheques.
strasbourg.eu.

Ford, Paul Leicester (Hrsg.), *Letter of Dr. Thomas Græme to*
Thomas Penn, 1750, The Pennsylvania Magazine of History
and Biography, 39:4 (1915), S. 445–449.

Ford, Paul Leicester (Hrsg.), *The Writings of Thomas Jefferson,*
Bd. 1–10, New York 1892–1899.

Franklin, Benjamin, *Observations Concerning the Increase of*
Mankind, 1751, Founders Online, National Archives, https://
founders.archives.gov/documents/Franklin/01-04-02-0080.

Franklin, Benjamin, *Versch. Korrespondenz,* in: *Franklin*
Papers, Founders Online, National Archives, https://founders.
archives.gov.

Helmuth, Henrich, *Empfindungen über das höchst nutzbare*
Leben und seligen Abschied des Doctor und Senior Mühlen-
bergs, in: *Etwas für Kleine und Grosse Deutsche Kinder,*
Philadelphia 1787, Library Company Philadelphia.

Journal Notes of the Pennsylvania Ratification Convention,
in: *Pennsylvania Ratification Debates 1787,* Quill Project,
Pembroke College Oxford, https://www.consource.org.

Journals of the Continental Congress 1774–1789, S. 464; zitiert
via Library of Congress, http://memory.loc.gov.

Kindliche Zähren zweer Brüder, vergossen von Friedrich
August Conrad Mühlenberg, Gotthilf Heinrich Ernst Mühlenberg, in: Johann Georg Knapp (Hrsg.), *Denkmal der schuldi-*
gen Hochachtung und Liebe gestiftet dem weiland Hochwur-
digen und Hochgelarten Herrn D. Gotthilf August Francken,

Halle 1770, S. 135f, Original in The Library Company of Philadelphia.

Miller, Henry (Hrsg.), *Schreiben des Evangelisch-Lutherischen und Reformirten Kirchen-Raths, wie auch der Beamten der Teutschen Gesellschaft in der Stadt Philadelphia, an die teutschen Einwohner der Provinzen von Neuyork und Nord-Carolina*, Philadelphia 1775, *Early American Imprints, Series I: Evans (1639–1800)*, https://nl.sub.uni-goettingen.de/collection/nlh-eai2.

Miller, Henry, *Des Herumträgers des Staatsboten Neujahrs-Verse bey seinen resp. Geehrten Fundleuten abgelegt den 6ten Jenner, 1766, Broadside, Philadelphia 1766*, Historical Society of Pennsylvania (CHECK HSP).

Muhlenberg Family Papers: German-Language Documents, Trexler Library, Muhlenberg College, Pennsylvania, Online: https://trexlerworks.muhlenberg.edu/dh/scripto/s/transcribes/3/3/item.

Mühlenberg, Anna Maria u. a., *Muhlenberg Family Papers, 1768–1895*, Winterthur Library, Winterthur, Delaware.

Mühlenberg, Friedrich, *Brief an Peter Mühlenberg* (dt. Transkript), Lutheran Archives Center, Philadelphia.

Mühlenberg, Friedrich, *Tage=Buch für Friederich August Conrad Mühlenberg*, Special Collections and Archives, Trexler Library, Muhlenberg College, Pennsylvania.

Mühlenberg, Gotthilf Heinrich, *Brief von Gotthilf Heinrich Ernst Mühlenberg an Sebastian Andreas Fabricius*, Original in Staatsbibliothek Berlin, Haus Unter den Linden.

Mühlenberg, Gotthilf Heinrich, *Eine Rede gehalten den 6ten Juny 1787*, Lancaster 1788, *Early American Imprints, Series I: Evans (1639–1800)*, https://nl.sub.uni-goettingen.de/collection/nlh-eai2.

Mühlenberg, Gotthilf Heinrich, *Letters and Papers (1779–1815)*, Mikrofilm in: American Philosophical Society, Philadelphia 1962.

Mühlenberg, Heinrich Melchior, *Ein Zeugniß von der Güte und Ernst GOttes gegen sein Bundesvolk in alten und neuern Zeiten*, Philadelphia 1766, Archiv Franckesche Stiftungen, Halle/Saale.

Mühlenberg, Heinrich Melchior, Tagebuch (deutsches Original), in: Lutheran Archives Center, Philadelphia.

Müller-Bahlke, Thomas (Hrsg.), *Heinrich Melchior Mühlenberg – Selbstbiographie von 1711 bis 1743*, Halle 2011.

Nachrichten von den vereinigten Deutschen Evangelisch= Lutherischen Gemeinen in Nord=America, absonderlich in Pensylvanien. Erster Band, Halle 1787.

Paine, Thomas, *Gesunde Vernunft: an die Einwohner von America, über folgende wichtige Gegenstände, Gedruckt bey Melchior Steiner und Carl Cist, in der Zweyten-Strasse*, Philadelphia 1776.

Pennsylvania Constitution (1776), National Constitution Center, https://constitutioncenter.org/the-constitution/historic-document-library/detail/pennsylvania-constitution.

Tappert, Theodore & John Doberstein (Hrsg., Übers.), *The Journals of Henry Melchior Muhlenberg*, Bd. 1–3, Philadelphia 1942–1958.

The Papers of George Washington, Founders Online, National Archives, https://founders.archives.gov.

2 MONOGRAPHIEN

Baer, Friederike, *The Trial of Frederick Eberle: Language, Patriotism and Citizenship in Philadelphia's German Community, 1790 to 1830*, New York 2008.

Braudel, Fernand, *Civilization and Capitalism, 15th–18th Century*, Bd. 1: *The Structure of Everyday Life*, New York 1981.

Brinck, Andreas, *Die deutsche Auswanderungswelle in die britischen Kolonien Nordamerikas um die Mitte des 18. Jahrhunderts*, Stuttgart 1993.

Brubaker, Jack, *Remembering Lancaster County: Stories from Pennsylvania Dutch Country*, American Chronicles 2010.

Brunner, Bernd, *Nach Amerika: Die Geschichte der deutschen Auswanderung*, München 2009.

Cecere, Michael, *General Peter Muhlenberg: A Virginia Officer of the Continental Line*, Westholme 2020.

Christman, Margaret, The First Federal Congress, 1789–1791, Washington D.C. 1989.

Coe, Alexis, *You Never Forget Your First: A Biography of George Washington*, New York 2020.

Depkat, Volker, *Geschichte der USA*, Stuttgart 2016.

Ellis, Joseph, *Sie schufen Amerika, Die Gründergeneration von John Adams bis George Washington*, München 2005.

Ferlin, John, *Adams vs. Jefferson: The Tumultuous Election of 1800*, Oxford 2005.

Heideking, Jürgen, *Die Verfassung vor dem Richterstuhl: Vorge-schichte und Ratifizierung der amerikanischen Verfassung 1787–1791*, Berlin 1988.

Hocker, Edward W., *The Fighting Parson of the American Revolution: A Biography of Peter Muhlenberg*, Philadelphia 1936.

Hucho, Christine, *Weiblich und fremd: Deutschsprachige Ein-wanderinnen im Pennsylvania des 18. Jahrhunderts*, Frank-furt am Main 2005.

Hutson, James H., *Pennsylvania Politics 1746–1770: The Move-ment for Royal Government and Its Consequences*, Princeton 1972.

Juliani, Richard N., *Philadelphia's Germans: from colonial settlers to enemy aliens*, Lanham 2021.

Keane, John, *Tom Paine: A Political Life*, London 1995.

Kenny, Kevin, *Peaceable Kingdom Lost: The Paxton Boys and the Destruction of William Penn's Holy Experiment*, Oxford 2009.

Kroke, Claudia, *Unter den Händen der Barbaren: Indian Cap-tivity Narratives des kolonialen Nordamerikas in deutscher Sprache, 1697–1774*, eDiss., Univ. Göttingen, http://dx.doi.org/10.53846/goediss-1265.

Lepore, Jill, *These Truths: A History of the United States*, New York City 2019.

Löher, Franz, *Geschichte und Zustände der Deutschen in Amerika*, Leipzig 1847.

Longenecker, Stephen L., *Shenandoah Religion: Outsiders and Mainstream 1716–1865*, Waco 2002.

Menck, Peter, *Die Erziehung der Jugend zur Ehre Gottes und zum Nutzen des Nächsten: die Pädagogik August Hermann Franckes*, Tübingen 2001.

Muhlenberg, Henry A., *The Life of Major-General Peter Muhlenberg of the Revolutionary Army*, Philadelphia 1849.

Muhlenberg Richards, Henry Melchior, *Descendants of Henry Melchior Muhlenberg*, Lancaster, PA 1900.

Müller, Thomas J., *Kirche zwischen zwei Welten: die Obrigkeitsproblematik bei Heinrich Melchior Mühlenberg und die Kirchengründung der deutschen Lutheraner in Pennsylvania*, Stuttgart 1994.

Neumann, Josef N. & Udo Sträter, *Das Kind in Pietismus und Aufklärung*, Tübingen 2000.

Oberschelp, Axel, *Das* Hallesche Waisenhaus *und seine Lehrer im 18. Jahrhundert: Lernen und Lehren im Kontext einer frühneuzeitlichen Bildungskonzeption*, Tübingen 2006.

Overhoff, Jürgen, *Benjamin Franklin: Erfinder, Freigeist, Staatenlenker*, Stuttgart 2006.

Ragosta, John A., *Patrick Henry: Proclaiming a Revolution*, Routledge 2016.

Riforgiato, Leonard R., Missionary of Moderation: Henry Melchior Muhlenberg *and the* Lutheran Church in English America, Lewisburg PA 1980.

Roeber, A. Gregg, *Palatines, Liberty, and Property: German Lutherans in Colonial British America*, Baltimore 1993.

Roth, Rodris, *Tea Drinking in 18th-Century America: Its Etiquette and Equipage*, Smithsonian Institution, Washington D.C. 1961.

Schönhofer, Matthias, *Letters from an American Botanist: The Correspondence of Gotthilf Heinrich Ernst Mühlenberg*, Stuttgart 2014.

Spero, Patrick, *Frontier Country: The Politics of War in Early Pennsylvania*, Philadelphia 2016.

Splitter, Wolfgang, *Pastors, People, Politics: German Lutherans in Pennsylvania, 1740–1790*, Trier 1998.

Trommler, Frank (Hrsg.), *Amerika und die Deutschen: Bestandsaufnahme einer 300jährigen Geschichte*, Opladen 1986.

Tschachler, Heinz, *George Washington and Political Father-hood: The Endurance of a National Myth*, Jefferson, NC 2020.

Wallace, Paul A. W., *Conrad Weiser: Friend of Colonist and Mohawk*, Philadelphia 1945.

Wallace, Paul A. W., *The Muhlenbergs of Pennsylvania*, Philadelphia 1950.

Weigley, Russell F., *Philadelphia: A 300-Year History*, New York 1982.

Wellenreuther, Hermann & Thomas Müller-Bahlke, A. Gregg Roeber (Hrsg.), *The Transatlantic World of Heinrich Melchior Mühlenberg in the Eighteenth Century*, Halle an der Saale 2013.

Wellenreuther, Hermann (Hrsg.): *Heinrich Melchior Mühlenberg und die deutschen Lutheraner in Nordamerika, 1742–1787: Wissenstransfer und Wandel eines atlantischen zu einem amerikanischen Netzwerk*, Berlin 2013.

Wick, Wendy C. (Hrsg.), *George Washington – An American Icon: The Eighteenth-Century Graphic Portraits*, Washington D.C. 1982.

3 FACHARTIKEL

Aldrich, John H. & Ruth W. Grant, *The Antifederalists, the First Congress, and the First Parties*, The Journal of Politics 55:2 (1993), S. 295–326.

Alexander Hamilton on the Naturalization of Foreigners, Population and Development Review 36:1 (2010), S. 177–182.

Arndt, Karl J. R., *German as the Official Language of the United States of America?*, Monatshefte 68:2 (1976), S. 129–150.

Arndt, Karl J. R., *The First Translation and Printing in German of the American Declaration of Independence*, Monatshefte 77:2 (1985), S. 138–142.

Arnold, Hans, *Die Aufnahme von Thomas Paines Schriften in Deutschland*, Publications of the Modern Language Association of America 74:4 (1959), S. 365–386.

Arsenault, Anne H., *E Pluribus Unum: Pluralism in the Continental Army*, Pennsylvania Legacies 2:1 (2002), S. 18–24.

Baensch, Emil, *A German Boy, the First Martyr for American Liberty*, Monatshefte 18:3 (1917), S. 69 ff.

Baglyos, Paul, *The Muhlenbergs Become American*, in: *Lutheran Quarterly* 19:1 (2005), S. 43–62.

Bötte, Gerd-J., *Der Erstdruck der amerikanischen Unabhängigkeitserklärung in deutscher Sprache*, Deutsches Historisches Museum, www.dhm.de.

Childress, Boyd, *Charles Cist: Philadelphia Printer, The Papers of the Bibliographical Society of America* 85 (1991), S. 72–81.

Cunningham, Barbara, *An Eighteenth-Century View of Femininity as Seen through the Journals of Henry Melchior Muhlenberg*, Pennsylvania History 43:3 (1976), S. 196–212.

Dorpalen, Andreas, *The German Element in Early Pennsylvania Politics*, Pennsylvania History 9:3 (1942), S. 176–190.

Frantz, John B., *Franklin and the Pennsylvania Germans*, in: *Pennsylvania History: A Journal of Mid-Atlantic Studies* 65:1 (1998), S. 21–34.

Frantz, John B., *The Religious Development of the Early German Settlers In »Greater Pennsylvania«: The Shenandoah Valley of Virginia*, Pennsylvania History 68:1 (2001), S. 66–100.

Frasca, Ralph, *»To Rescue the Germans out of Sauer's Hands«: Benjamin Franklin's German-Language Printing Partnerships*, The Pennsylvania Magazine of History and Biography 121:4 (1997), S. 329–350.

Friesen, Michael D., *Conrad Weiser and His Hausorgel*, Journal of the Organ Historical Society, 55:4 (2011).

Frost, J. William, *Pennsylvania Institutes Religious Liberty, 1682–1860*, Pennsylvania Magazine of History and Biography 62:3 (1988), S. 323–347.

Germann, William, *The Crisis in the Early Life of General Peter Muhlenberg*, Pennsylvania Magazine of History and Biography 37 (1913), S. 298–329.

Glanville, Jim, *The Fincastle Resolutions*, The Smithfield Review 14 (2010), S. 69–119.

Gleason, Philip, *Trouble in the Colonial Melting Pot*, Journal of American Ethnic History 20:1 (2000), S. 3–17.

Grubb, Farley, *German Immigration to Pennsylvania, 1709 to*

1820, The Journal of Interdisciplinary History 20:3 (1990), S. 417–436.

Henderson, Rodger C., *Demographic Patterns and Family Structure in Eighteenth-Century Lancaster County, Pennsylvania, The Pennsylvania Magazine of History and Biography* 114:3 (1990), S. 349–383.

Huch, C. F., *General Peter Mühlenberg*, in: *Mitteilungen des Deutschen Pionier-Vereins von Philadelphia, Bd. 2* (1906), S. 2–13.

Kunitz, Stephan J., *Mortality Change in America, 1620–1920, Human Biology* 56:3 (1984), S. 559–582.

Lewis Pardoe, Elizabeth, *The Many Worlds of Conrad Weiser: Mystic Diplomat, Explorations in Early American Culture* 4 (2000), S. 113–147.

McClure, James, *The Continental Congress in York Town, Pennsylvania Legacies* 3:1 (2003).

Meier, Judith A., *The General and his Slaves at the Muhlenberg House, The Historical Society of Trappe*, Collegeville, and Perkiomen Valley (online) http://trappehistoricalsociety.org/the-general-and-his-slaves-at-the-muhlenberg-house/.

Minardi, Lisa, *Frederick Muhlenberg (1750–1801)*, in: *Immigrant Entrepreneurship, German-American Business Biographies 1720 to the Present, Vol. 1*, German Historical Institute 2018, www.immigrantentrepreneurship.org.

Newcomb, Benjamin H., *Effects of the Stamp Act on Colonial Pennsylvania Politics, The William and Mary Quarterly* 23 (1966), S. 257–272.

Pope, Clayne L., *Adult Mortality in America before 1900: A View from Family Histories*, in: Claudia Goldin & Hugh Rockoff (Hrsg.), *Strategic Factors in Nineteenth Century American Economic*, Chicago 1992, S. 267–296.

Seidensticker, Oswald, *Frederick Augustus Conrad Muhlenberg, Speaker of the House of Representatives, in the First Congress, 1789*, The Pennsylvania Magazine of History and Biography 13:2 (1889), S. 184–206.

Selig, Robert A., *A German Soldier in America, 1780–1783: The Journal of Georg Daniel Flohr, The William and Mary Quarterly* 50:3 (1993), S. 575–590.

Shiffler, Harrold C., *Religious Opposition to the Eighteenth Century Philadelphia Stage*, in: *Educational Theatre Journal*, 14:3 (1962), S. 215–223.

Smolenski, John, *Embodied Politics: The Paxton Uprising and the Gendering of Civic Culture in Colonial Pennsylvania*, *Early American Studies* 14:2 (2016), S. 377–407.

Splitter, Wolfgang, *»Neger«, »Miterlöste«, »Nebenmenschen«: Heinrich Melchior Mühlenberg über die afro-amerikanische Ethnie und die Sklaverei*, *Amerikastudien / American Studies* 45:3 (2000), S. 293–323.

Stein, Charles F., *The German Battalion of the American Revolution, Society for the History of the Germans in Maryland* 1975.

Stoudt, John Joseph, *The German Press in Pennsylvania and the American Revolution, The Pennsylvania Magazine of History and Biography* 59 (1935), S. 74–90.

Strahan, Randall & Matthew Gunning, Richard L. Vining Jr., *From Moderator to Leader: Floor Participation by U. S. House Speakers, 1789–1841, Social Science History* 30:1 (2006), S. 51–74.

Tappert, Theodore G., *Henry Melchior Muhlenberg and the American Revolution, Church History* 11:4 (1942), S. 284–301.

van Buskirk, Judith, *They Didn't Join the Band: Disaffected Women in Revolutionary Philadelphia, Pennsylvania History* 62:3 (1995).

Wallace, Paul A. W., *The Muhlenbergs and the Revolutionary Underground, Proceedings of the American Philosophical Society* 93:2, (1949), S. 119–126.

Weaver, Glenn, *Benjamin Franklin and the Pennsylvania Germans, The William and Mary Quarterly* 14:4 (1957), S. 536–559.

White, William E., *The Independent Companies of Virginia, 1774–1775, The Virginia Magazine of History and Biography* 86:2 (1978), S. 149–162.

Wright, John W., *The Rifle in the American Revolution, The American Historical Review* 29:2 (1924), S. 293–299.

Young: Henry J., *Agrarian Reactions to the Stamp Act in Pennsylvania, Pennsylvania History* 34:1 (1967), S. 25–30.

Zuckerman, Michael, *The Fabrication of Identity in Early America*, *The William and Mary Quarterly* 34:2 (1977), S. 183–214.

4 ONLINE-QUELLEN

Historical Marker Database, www.HMdb.org.
Library of Virginia, https://lva-virginia.libguides.com.
National Archives, www.archives.gov.
National Park Service, www.nps.gov.
Office of the Historian, US Department of State, www.history.state.gov.
United States Census, www.census.gov.

BILDNACHWEIS

REGISTER